한국해양사연구총서 1
조선전기 해양개척과 대마도

부경대학교 해양문화연구소

국학자료원

| 간행사 |

우리나라 역사의 주 무대인 만주와 한반도는 해양과 마주하고 있다. 해양 너머에는 수많은 나라들이 있다. 그러므로 우리나라의 역사는 땅과 바다를 통합적으로 바라볼 때 온전한 모습이 그려질 수 있다.

그럼에도 불구하고 그 동안의 역사연구는 땅만을 중심으로 이루어져 왔다. 이 결과 우리의 역사는 농업과 대륙 중심으로 이해되고 있다.

물론 우리 역사의 핵심에는 땅이 있다. 아울러 농업문명과 대륙관계도 우리 역사의 핵심임에는 틀림이 없다.

그렇지만 그것만이 모두인 것은 아니다. 해양과 해양교류가 또 있는 것이다. 해양과 해양교류의 역사도 우리 역사의 중요한 부분임에 틀림이 없기 때문이다.

21세기의 해양은 지난 과거와는 또 다른 의미와 중요성을 가지고 있다. 21세기의 국가자원과 국가안보는 해양을 중심으로 개척되고 구축될 가능성이 높다. 그런 의미에서 해양에 대한 본격적인 관심과 연구는 더더욱 절실하다.

본 '한국해양사연구총서'는 이 같은 문제의식에서 구상되었다. 이 책은 그 첫 결실이다. 비록 시작은 미약할지 모르지만, 그 의의는 크고 중요하다고 자부한다.

장차 '한국해양사연구총서'를 통해 우리나라 해양역사에 대한 관심과 연구가 더욱 진전되기를 충심으로 기원한다.

부경대학교 해양문화연구소 소장 신명호

| 목 차 |

제1장 조선전기 동아시아 국가, 바다 그리고 정책

- 조선초기 해양개척과 어장개방 … 9
  (신명호, 부경대 사학과)

- 조선전기 남해안의 어장과 어종 … 53
  (최영하, 부경대 사학과)

- 조선초기의 염업발전과 대마왜인 … 91
  (한임선, 부경대 사학과)

- 조선전기 남해안 조어왜인과 해양방어 … 119
  (김기훈, 부경대 사학과)

- 嘉靖연간의 倭寇와 江南 海防論 … 163
  (김문기, 부경대 사학과)

제2장 조선전기의 바다교류, 대마도

- 대마도의 지리와 역사 … 201

(이근우, 부경대 사학과)

- 조선전기 대마도인 어염업과 교역양상 … 241

(심민정, 부경대 사학과)

- 일본근세 어촌사회의 성립과 변모 … 269

(박화진, 부경대 사학과)

제1장
조선 전기 동아시아 국가, 바다 그리고 정책

조선초기 해양개척과 어장개방

신 명 호

목 차
1. 공도정책(空島政策)인가 해양개척정책인가?
2. 제해권 회복과 포소(浦所) 제한
3. 왜구와 삼도왜(三島倭)
4. 대일관계와 대마도
5. 대마도의 집단이민과 생활난민
6. 경상도 어장 요구와 3포의 어장개방
7. 전라도의 고초도(孤草島) 어장개방과 북방개척

---

1. 공도정책(空島政策)인가 해양개척정책인가?

어느 때부터인지 공도정책(空島政策)이라는 용어가 고려 말과 조선시대 중앙정부의 도서정책(島嶼政策) 또는 해양 정책을 대표하는 용어로 인식되기 시작하여 현재는 통설이 되다시피 하였다. 공도정책이란 말 그대로 '섬을 비워버리는 정책'이란 의미인데, 이런 정책을 추진한 이유는 고려 말과 조선 초의 왜구 그리고 섬으로 도망간 유랑민들의 반란을 우려했기 때문이라고 한다. 그래서 삼국시대 또는 고려시대에 여러 섬에 설치되었던 읍치(邑治)가 고려 말과 조선 초에 대거 폐지되었으며 주민들은 내륙으로 소개되었고 더 이상의 거주는 금지되었다고 한다. 이것이 공도정책에 대한 대략적인 이해이다.

그런데 특이한 사실은 현재 통설처럼 굳어진 공도정책이라는 용어에 대하여 지금까지 엄밀한 연구사적 비판이 이루어진 적이 없었다는 점이다. 그래서 조선시대를 연구하는 학자들도 공도정책이라는 용어가 언제 누구에 의해서 무슨 의도로 사용되기 시작했는지 잘 알지 못하는 실정이다. 단지 관행적으로 공도정책이라는 용어를 답습해서 사용할 뿐이다.

사실 연구사를 검토할 것도 없이, '공도정책'이란 용어 자체만 가지고 의심을 품어도 매우 의심스럽게 느껴진다. 도대체 어떻게 해서 '섬을 비워버리는 정책'이 공공연하게 그것도 고려 말과 조선시대라는 그 오랜 기간에 걸쳐 꾸준히 시행될 수 있었단 말인가? 당시의 국가 지도자들이 얼마나 정신이 나갔으면 자기 나라의 섬을 비워버리는 것을 공식적인 국가정책으로 입안하고 실천할 수 있었단 말인가?

생각해보면 '공도정책'이라는 용어는 수많은 오해를 불러일으킬 소지가 다분하다. 주지하듯이 한반도의 삼면은 바다로 둘러싸여 있으므로 우리나라에는 섬이 무수하게 많다. 현재 남북한을 합하면 대략 4,215개의 섬이 있다고 한다. 이 중에서 2005년도를 기준으로 할 때 남한에 3,170개의 섬이 있는데, 유인도가 491개이고 무인도가 2,679개라고 한다.[1] 그렇다면 고려 말과 조선시대에는 이 4천 여 개의 섬들을 모두 비워버리는 정책을 공공연하게 시행했단 말인가?

물론 고려 말과 조선시대에 몇몇 섬들을 대상으로 '공도(空島)'가 시행된 적은 있었다. 그러나 그것을 곧 공도정책이라고 부를 수 있는가? 그것도 고려 말과 조선시대를 일관하는 공식적인 중앙정부의 정책으로 부를 수 있는가? 상식적으로 생각해도 이런 일은 있을 수도 없으며 있

---

1) 육근형, <우리나라 무인도서 관리 문제점과 정책방향>『해양수산동향』1173, 2005.

어서도 안 된다.

고려 말과 조선시대에도 사람들이 거주하는 섬은 많이 있었다. 또 중앙정부에서 섬 주민들의 생활을 장려하기 위한 정책을 시행한 사례도 많았다. 실제로 조선건국 이후 사람들이 들어가 사는 섬의 수는 계속해서 늘어갔다. 다만 고려 말과 조선시대에 중앙정부에서는 부득이한 사정으로 몇몇 섬에서 '공도'를 취했던 사례가 있을 따름이다. 역사적 사실이 그러한데도 그런 몇몇의 '공도'를 곧바로 '공도정책'으로 일반화시킨 것은 단순한 오해를 넘어 의도적인 왜곡이라 하지 않을 수 없다.

고려 말과 조선시대 중앙정부의 도서정책 또는 해양 정책을 '공도정책'이라 낙인찍은 최초의 연구자는 진전좌우길(津田左右吉)이라는 일본인학자이다. 진전좌우길은 일제시대의 대표적인 식민사학자인데, 그는 1913년에 「왜구지도(倭寇地圖)에 대하여」라는 논문을 발표했다.[2] 그는 이 논문에서 고려 말의 왜구 때문에 고려정부는 도서지역과 연해지역의 거주민들을 내륙으로 소개시키는 정책, 즉 '무인화정책(無人化政策)' 또는 '공도정책'을 시행했다고 주장하였다.

진전좌우길이 사용한 '무인화정책' 또는 '공도정책'이라는 용어는 의도적인 왜곡이라고 하지 않을 수 없다. '무인화정책' 또는 '공도정책'이라는 용어를 사용하게 되면 '무인화' 또는 '공도'의 주체는 엄연히 고려정부가 된다. 물론 왜구 때문이라는 단서가 달려 있지만, 고려정부가 스스로 섬들을 비워버렸다는 뜻이 강해지는 것이다.

진전좌우길이 사용한 '무인화정책' 또는 '공도정책'이라는 용어는 고려 말과 조선시대에 있었던 몇몇 '공도' 사례를 근거로 하고 있다는 점에서 일부분 사실이기는 하다. 하지만 그것은 몇몇 예외적인 사실일 뿐이다. 그런데도 그것을 굳이 '공도정책'이라고 일반화 한 것은 뭔가 숨은 의도가 있다는 생각을 갖게 만든다.

---

2) 津田左右吉, <倭寇地圖に就いて> 『朝鮮歷史地理』 2, 南滿洲鐵道株式會社, 1913.

고려 말, 조선시대에 중앙정부에서 '공도'를 시행한 이유는 거의가 왜구 때문이었다. 그런데 '공도'에 '정책'을 붙여서 '공도정책'이라는 용어를 쓰게 되면, 왜구의 침략성이나 약탈성 보다는 도서와 해양을 포기하고 내륙으로 후퇴한 중앙정부의 무책임이나 비겁함, 또는 안목 없음 등이 부각될 수밖에 없다.

과거 왜구를 연구하던 일본인학자들의 태도는 가능한 왜구의 침략성이나 약탈성을 축소 또는 희석시키려는 것이었다.3) 공도정책이라는 용어도 고려 말, 조선시대 왜구의 침략성이나 약탈성을 축소 내지 희석시킨다는 점에서 왜곡된 용어라고 하겠다.

더 심각한 것은 공도정책이라는 용어가 위험하게 오용될 수도 있다는 점이다. 왜구 때문에 공도정책을 시행했다고 하지만, 고려 말과 조선시대에 장기간 공도정책이 지속되었다면 결국 조선시대의 섬들은 버려졌다는 말이 된다. 버려진 섬을 점유하는 것은 침략이 아니라고 주장할 수도 있는 것이다.

게다가 공도정책이라는 용어는 도서주민들과 중앙정부를 이간질시킬 수도 있다. 도서주민들이 중앙정부로부터 버림받았다는 생각을 할 수도 있기 때문이다. 고려, 조선시대에 도서주민들이 차별받고 수탈당한 것은 사실이지만, 그것을 확대 조장하는 것은 또 다른 왜곡, 날조라고 하겠다. 이런 왜곡, 날조는 조선시대의 섬과 도서주민들이 중앙정부로부터 버림 받았으므로 조선의 섬도 아니고 조선의 백성도 아니라는 논리로까지 발전할 수도 있다. 1913년에 진전좌우길이 고려 말, 조선시대 중앙정부의 도서정책, 해양 정책을 공도정책이라 낙인찍음으로써 의도했든 안했든 이런 효과들이 나타났던 것이다.

진전좌우길 이래로 공도정책이라는 용어는 일본인학자들 사이에 널리

---

3) 예컨대 왜구의 구성원 중에는 일본인뿐만 아니라 고려인 또는 중국인들도 많이 있었다거나, 왜구는 약탈보다는 해양교류 또는 해상무역을 주도했다는 식의 논리들이 그렇다.

통용되었다. 예컨대 저명한 한일관계사 연구자인 장절자(長節子)가 1979년에 발표한 논문에는 이런 표현들이 등장한다.

> "고려 말기부터 조선시대의 해도정책(海島政策)을 돌이켜볼 필요가 있다. 고려 말기에 왜구의 노략질을 피해, 도서 및 연해지방의 주민을 내륙부로 소개한 사실은 잘 알려져 있으므로 여기에서 상술하지는 않는다. 하지만 조선에 들어와서의 도서, 연해 대책에서도 무인화정책(無人化政策)이 보인다. (중략) 진도, 거제도, 남해도, 창선도 등과 같이, 섬에 잠입한 기왕의 사실을 인정하고 방위조치를 강구했던 것은 경지가 풍족했던 극히 일부의 큰 섬들에 관해서뿐이었다. 다른 일반의 섬들에 관해서는 들어가 거주하는 것을 금하는 공도정책이 처음부터 끝까지 시행되었다.(중략) 이상의 내용들을 염두에 둔다면, 조선 남부의 다도해에서는, 예전부터 고려시대까지 사람들이 거주하고 있던 섬들이 이조(李朝) 정부의 공도정책에 의해서 무인도가 된 것은 지극히 당연한 것이었다."[4]

장절자도 진전좌우길과 마찬가지로 몇몇 사례에서 보이는 '공도'를 근거로 이런 주장을 폈다. 게다가 장절자는 진도, 거제도, 남해도, 창선도 등 섬에 거주를 허락했던 중앙정부의 정책들을 극히 일부의 예외라고 간단히 치부해 버리면서 조선시대 전 기간에 걸쳐 공도정책이 시행되었다고 주장하였다. 더욱이 조선시대 남해의 다도해가 무인도화 된 것은 '이조정부의 공도정책에 의해서'라고 하여, 어느덧 왜구의 침략성과 약탈성은 논외로 치고 공도정책만을 부각시켰다.

장절자의 이런 태도와 주장은 크게 비판할 필요도 없는 말 그대로의 주장일 뿐이다. 사실을 말한다면, 조선시대 남해의 다도해는 고려 말의 왜구 때문에 무인도화 되었다가 조선이 건국되면서 점차 유인도화 되었다. 혹 무인도가 있었다면 그것은 공도정책 때문이 아니라 여전히 남

---

[4] 長節子, <孤草島釣魚研究-孤草島の位置を中心として> 『朝鮮學報』 91, 1979. 이 논문은 2002년에 간행된 『中世國境海域の倭と朝鮮』(吉川弘文館, 2002)에 그대로 전재되어 있다.

해를 횡행하던 왜구 때문이거나 사람이 살기에 적합지 않았기 때문이었다. 현재도 우리나라의 섬들 중에는 유인도보다 무인도가 훨씬 많은 것이 현실이다.

그런데 심각한 문제는 장절자와 같은 근거와 논리가 거의 그대로 무비판적으로 한국에서도 통용된다는 사실이다. 예컨대 한국에서 도서 및 해양에 관해 가장 심도 있고 폭넓은 연구를 해온 곳이 목포대학교의 도서문화연구소인데, 이 연구소에서 발간되는 『도서문화』에 게재된 관련 논문들은 조선시대의 공도정책을 당연한 사실로 받아들이고 있다.5) 전문 연구소에서 이런 실정이므로 그 외 대중서나 관련서적들이 조선시대의 공도정책을 당연한 사실로 답습하고 있는 것은 의아할 것도 없다고 하겠다.

이처럼 일제식민사학자가 낙인찍은 공도정책이라는 용어가 현재 통설화 하도록 방치한 것은 궁극적으로 한국사 연구자들의 책임이라고 하겠다. 무엇보다도 한국사 연구자들 특히 고려시대, 조선시대 연구자들이 도서, 해양에 대하여 큰 관심을 갖지 않았던 것이다. 게다가 기왕의 도서, 해양에 관한 연구는 대부분이 사례 연구로만 진행되어 조선시대의 도서정책이나 해양 정책을 동아시아 관계 또는 중앙정부 차원에서 조망하려는 노력이 부족했다.

다행스러운 것은 이제 한국 역사학자들도 도서, 해양에 대하여 큰 관심을 갖기 시작하였으며, 공도정책에 대하여도 비판적인 시각을 갖기 시작했다는 사실이다. 예컨대 2005년에는, 공도정책이라는 용어를 폐기해야 한다는 의견이 논문으로 제출되기도 하였다.6)

---

5) 『도서문화』는 1983년도에 1호가 창간된 이후 2006년까지 27호가 발간되었다. 『도서문화』는 전라도의 무수한 섬들을 중심으로 한국의 도서, 해양에 관한 역사적, 문화적 연구 성과를 집대성하고 있는 명실상부한 한국의 도서, 해양 문화연구의 보고라 할 만하다. 비록 공도정책에 관한 인식에서 문제가 있다고 해도, 그것은 궁극적으로 일제 식민사학자들의 책임이라고 하겠다. 그런 의미에서 도서문화연구소의 그간의 노고와 업적은 평가 절하되어서는 안 될 것이다.

이 글은 조선초기의 도서정책 또는 해양 정책을 '개척정책'이라는 측면에서 살펴보고자 하였다. 특히 조선 초기에 남해 어장을 일본에 개방했다는 어찌 보면 개척정책과 상반되는 결과가 초래된 이유를 일본 특히 대마도와의 관계 속에서 조망해 보고자 하였다. 왜냐하면 조선시대의 해양개척정책은 국내만의 문제가 아니라 일본과 직결되는 문제였기 때문이다. 이를 통해 공도정책이라는 용어로 말미암아 왜곡된 조선시대 해양 정책 및 해양 개척의 실상을 밝혀 보고자 하였다.

2. 제해권 회복과 포소(浦所) 제한

　고려 말 왜구가 창궐할 때는 남해, 서해, 동해 전부가 왜구의 소굴이 되었다. 그것은 고려 말에 바다의 제해권을 왜구에게 빼앗겼다는 뜻이나 마찬가지이다. 뿐만 아니라 고려 정부는 수도 개경까지도 왜구의 노략질로부터 지켜낼 자신이 없어 천도를 논의해야 할 정도로 수세에 몰렸다. 하지만 고려 정부는 공민왕 후반부터 수군과 관련된 전술과 무기 등을 적극적으로 개발하면서 수군력을 강화하였고[7], 그 결과 창왕 원년(1389) 박위의 대마도 정벌에서처럼[8] 공세적으로 나설 수 있었다.
　왜구에 대한 공세는 이성계가 위화도 회군으로 중앙정부의 실권을 장악하면서 더욱 강화되었다. 이성계가 조선을 건국한 이후에는 왜구에 대한 공세뿐만 아니라 해양개척 정책도 적극적으로 추진하였다. 그것은 조준의 다음 상소문에 잘 나타난다.

---

6) 金皓東, <조선 초기 울릉도, 독도에 대한 '空島政策' 재검토>『민족문화논총』32, 2005.
7) 임용한, <고려후기 수군 개혁과 전술변화>『군사』54, 2005.
8) 손홍렬, <麗末鮮初의 對馬島征伐>『호서사학』6, 1978.

"압록강 이남은 거의가 모두 산이고 비옥한 토지는 바다에 인접한 곳에 있습니다. 그런데 비옥한 들판에 있는 수 천리의 논밭이 왜구에게 함락되어 황폐해져서 갈대숲이 하늘에 닿았습니다. 이에 국가에서는 어염과 목축의 이익을 잃었고, 또 기름진 들판에 있는 좋은 논밭의 수입을 잃어버렸습니다. 원하건대 중국 한나라에서 백성을 모집하여 변방에 채워 흉노를 막은 고사를 따라서, 도망한 고을의 황무지를 개간하는 자에게는 20년을 기한하여 그 밭의 전세를 받지 말고, 그 백성을 부역시키지 말며, 수군만호에 전속시켜 성보를 수축하고, 노약자를 불러 모으며, 먼 곳까지 척후를 두고 봉화를 신중히 하며, 평소에 일이 없을 때는 농사짓고, 고기 잡고, 소금 굽고, 철공질하여 먹고 살며, 때때로 배를 만들다가, 왜구가 오면 들을 비우고 성보 안으로 들어가고, 수군을 시켜 치게 하소서. 합포에서 의주에 이르기까지 모두 이렇게 하면 몇 해가 되지 않아서 뿔뿔이 흩어져 도망갔던 백성들이 모두 고향 고을로 되돌아오게 될 것이며 변방 고을이 충실하게 되고 또 여러 섬들도 점차로 차게 될 것입니다. 그렇게 되면 전함이 많아져 수군은 익숙해지고, 왜구가 도망가 변방 고을은 편안해지며 조운이 편리해 창고가 채워질 것입니다."9)

조준은 조선건국의 1등 공신으로서 위화도 회군 이전부터 이성계의 핵심 참모였다. 그러므로 조준의 이 같은 건의는 위화도 회군 이후 이성계가 고려의 실권을 장악한 뒤 적극 채용되기 시작하였다. 조준은 태조 때는 물론 정종과 태종 때에도 권력실세로 군림하였으므로 그의 정책은 고려 말과 조선 초에 일관되게 추진되었다.

조준의 건의, 즉 '중국 한나라에서 백성을 모집하여 변방에 채워 흉노를 막은 고사를 따라서, 도망한 고을의 황무지를 개간하는 자에게는 20년을 기한하여 그 밭의 전세를 받지 말고, 그 백성을 부역시키지 말

---

9) "大司憲趙浚陳時務日 (중략) 自鴨綠以南 大抵皆山 肥膏之田 在於瀕海 沃野數千里之稻田 陷于倭奴 蒹葭際天 國家旣失魚鹽畜牧之利 又失沃野良田之入 願用漢氏募民實塞下 防匈奴之故事 許於亡邑荒地開墾者 限二十年 不稅其田 不役其民 專屬水軍萬戶府 修立城堡 屯聚老弱 遠斥候 謹烽火 居無事時 耕耘魚鹽鑄冶而食 以時造船 寇至 淸野入堡 而水軍擊之 自合浦以至義州 皆如此 則不出數年 流亡盡還其鄕邑 而邊境州郡旣實 諸島漸次而充 戰艦多而水軍習 海寇遁而邊郡寧 漕轉易而倉廩實矣"(『고려사절요』권33, 신우 14년 8월).

며, 수군만호에 전속시켜 성보를 수축하고, 노약자를 불러 모으며, 먼 곳까지 척후를 두고 봉화를 신중히 하며, 평소에 일이 없을 때는 농사 짓고, 고기 잡고, 소금 굽고, 철공질하여 먹고 살며, 때때로 배를 만들다가, 왜구가 오면 들을 비우고 성보 안으로 들어가고, 수군을 시켜 치게' 하자는 건의는 근본적으로 내륙으로의 후퇴가 아니라 해안과 바다로의 진출을 주장하는 것이었다. 그러므로 조준의 건의는 해양개척정책이라 부를 수 있으며, 그의 건의가 채택된 것은 조선초기의 도서정책 또는 해양 정책이 기본적으로 개척정책이었음을 보여준다.

조준이 건의한 해양개척정책이 추진되면서 조준이 예언했던 일들, 즉 '뿔뿔이 흩어져 도망갔던 백성들이 모두 고향 고을로 되돌아왔으며 변방 고을이 충실하게 되고 또 여러 섬들도 점차로 차게 되었으며, 전함이 많아져 수군은 익숙해지고, 왜구가 도망가 변방 고을은 편안해지며 조운이 편리해 창고가 채워지는' 상황이 전개되었다. 요컨대 조선은 해양개척정책을 통하여 고려 말 왜구들에게 빼앗겼던 도서, 해양을 다시 되찾은 것이었다.

게다가 세종 1년(1419) 6월의 이른바 기해동정(己亥東征) 즉 이종무 장군의 대마도 정벌까지 성공적으로 수행되자 왜구는 급격히 줄어들었다. 예컨대 고려 말에는 몇 백 척 단위로 준동하던 왜구가 조선건국이후에는 몇 십 척 단위로 줄었고 기해동정 이후에는 몇 척 단위로 줄었다. 몇 척 단위로 준동하는 왜구는 더 이상 조선정부에 군사적인 위협이 되지 못하였다.

해안과 바다로의 진출, 수군력의 강화, 대마도 정벌 등 적극적인 해양개척을 통해 조선은 고려 말에 왜구에게 빼앗겼던 바다의 제해권을 되찾아올 수 있었다. 이런 상황에서 태종 7년(1407) 7월에는 다음과 같이 왜선의 기항지를 내이포(乃而浦)와 부산포(釜山浦)의 두 곳으로 제한하는 조치가 취해질 수 있었다.

"경상도 병마절제사 강사덕이 각포(各浦)의 사의(事宜)로 상서하기를, '(중략) 흥리왜선(興利倭船)이 각 포구에 흩어져 정박하여 병선의 허실을 엿보고 있으니 진실로 불편합니다. 지난번에 도절제사가 의정부에 보고하여, 좌우도 만호(左右都萬戶)가 방어하는 곳에 와서 정박하도록 하였으나, 여러 섬의 왜선에게 두루 알리지 못한 까닭으로 전과 같이 각포에 흩어져 정박합니다. 바라건대, 각 섬의 거수(渠首)에게 두루 알리고 행장(行狀)을 만들어 발급하여 주어서 도만호가 있는 곳에 와서 정박하게 하여, 속이고 위장하는 것을 막고 체통을 세우소서. (중략) 스스로 원하여 우리나라에 귀화해서 해변의 각 군에 나뉘어 거주하는 왜인들이 흥리왜인과 서로 왕래하는 것을 금하지 않음으로 언설이 난잡하니 장래가 염려됩니다. 원하건대 귀화한 왜인들을 육지의 먼 곳에 옮겨 두도록 하소서. (하략)' 하였다. 이 글을 의정부에 내려 의논하게 하니, 아뢴 대로 시행하도록 청하였으므로 그대로 따랐다."[10]

　당시에 왜인들의 기항 포소를 내이포와 부산포 두 곳으로 제한한 이유는 근본적으로 군사상 목적에서였다. 그것은 당시 포소 제한을 건의한 주체가 병마절제사 강사덕이었다는 점뿐만 아니라 포소 제한의 목적 자체도 실제 군사적 필요에 있었기 때문이다. 군사적 목적이란 물론 조선 바다를 횡행하는 왜구를 근절함으로써 조선 바다에 대한 제해권을 확보고자 하는 것이었다.
　예컨대 세종 6년(1424) 12월 17일자 실록의 기사에 보이듯이, 대마도인들이 이예에게 기항 포소가 내이포와 부산포 두 곳으로 제한된 것에 불만을 토로하자, 이예는 '대마도인들이 매매를 칭탁하고 여러 포구에 횡행하면서 때때로 노략질하는 까닭에 그 횡행을 금한 것이니, 이것은 실로 자업자득이라 할 것이다.'[11]고 응수했는데, 이것은 당시의 포

---

10) "慶尙道兵馬節制使姜思德 以各浦事宜上書 (중략) 一 興利倭船 於各浦散泊 窺覘兵船虛實 實爲未便 前番都節制使 報于議政府 使於左右道都萬戶防禦之處 到泊 令諸島倭船 不能通知其故 依前 於各浦散泊 乞通論各島渠首 行狀成給 使於都萬戶在處到泊 以防詐僞 以一體統 (중략) 且自願向化海邊各郡分處倭人 與興利倭人 往來無禁 亂雜言說 將來可慮 乞於陸地遠處移置 (중략) 下其書政府擬議 請如所啓施行 從之"『태종실록』권14, 태종 7년 7월 27일).

소 제한의 목적이 바다를 횡행하는 왜구를 근절하고자 하는 데 있었음을 분명하게 보여준다.

당시 강사덕이 왜인들의 기항 포소를 내이포와 부산포로 제한하자고 했던 이유는 내이포와 부산포가 각각 경상우도와 경상좌도의 도만호가 주둔하는 해양방어의 군사기지로서 그곳에 경상도의 주력수군이 있었기 때문이다. 군사적 측면에서 생각해본다면, 왜인들이 남해 바다를 횡행하며 아무 포소나 들어가는 것은 남해 바다와 연해지역 전부가 왜구들의 노략질 위험에 노출되어 있는 것이나 마찬가지였다. 따라서 조선에서는 중요 거점에 수군기지를 건설함으로써 거점방어에 힘쓰게 되었다. 그래서 조선 건국 이후 남해 연안에는 수많은 수군기지가 건설되었지만, 그렇다고 한정 없이 수군기지를 건설할 수도 없었다.

따라서 왜구의 근절과 바다에 대한 제해권을 확보하기 위한 최선의 방법은 왜인들을 제한된 곳에 집중시키는 것이었다. 왜인들을 제한된 곳에 집중시키면 시킬수록 그들을 통제하기는 쉽기 때문이었다. 그렇게 하려면 제한된 지역에 집중된 왜인들을 통제할 정도의 수군력 뿐만 아니라 제한 지역 밖의 해역을 횡행하는 왜선들을 진압하기 위한 수군력도 필요했다.

강사덕은 왜인들의 기항포소를 내이포와 부산포로 제한하자고 하면서, 동시에 내이포와 부산포의 수군력을 강화할 것을 요청하였다. 예컨대 내이포의 도만호가 담당하던 전라도 해역에 인접한 안부도(安釜島)의 방어임무를 전라도에 넘겨주자고 한 것은 내이포의 수군들이 내이포 자체에 집중하도록 하기 위해서였다. 마찬가지로 다대포에 설치되었던 천호를 폐지하자고 한 것은 그곳에 배치되었던 수군들을 부산포에 합침으로써 부산포의 수군 방어력을 강화하기 위해서였다. 이 외에 강사덕은 수군무기의 정예화를 요청하였으며 남해현의 장곶(長串) 만호,

---

11) "此島之人 托以和賣 橫行各浦 有時擄掠 故茲用禁其橫行 是固自取也"(『세종실록』권 26, 6년 12월 17일).

적량(赤梁) 만호 그리고 울산의 서생포 만호의 폐지를 요청하였는데, 이것은 공인되지 않은 해역을 횡행하는 왜선들을 효과적으로 진압하기 위한 수군 재배치였다.[12]

그런데 태종 7년 7월에 왜선의 기항지를 내이포와 부산포 두 곳으로 제한했다고 하지만 그것은 당시 상황에서는 곧바로 실현시키겠다는 의미보다는 선언적인 의미가 강했다. 고려 말 이래로 남해바다를 횡행하던 왜선들이 갑자기 조선의 정책에 순응하기를 기대하기는 어려웠기 때문이다. 명실상부 왜선들이 내이포와 부산포에만 기항하도록 하려면 시간도 필요하고 수군력과 외교력도 필요했다. 그것은 궁극적으로 왜구들을 근절하고 압도할만한 수군력이 뒷받침되어야 성취될 수 있었다. 사실 태종 이후로도 오랫동안 비록 소규모이기는 하지만 왜구는 남해는 물론 서해에서도 여전히 출몰하고 있었는데, 그것은 왜구를 100퍼센트 근절시키기는 거의 불가능하였음을 반영한다. 따라서 조선에서는 왜구를 100퍼센트 근절시킬 수는 없다고 해도 통제 가능하도록 하기 위해 수군 강화와 더불어 기항 포소를 제한했던 것이다. 비록 선언적 의미가 컸다고 하더라도 태종 7년 7월에 기항 포소를 두 군데로 제한하겠다고 공언한 것은 조선의 국력과 수군력이 그만큼 강성해졌음을 반증한다.

3. 왜구와 삼도왜(三島倭)

왜구는 삼국시대부터 존재했지만 이들이 한국사에 치명적인 영향을 끼친 때는 고려 말, 조선 초의 약 50~60년간이었다. 왜구는 특히 14세기 중반 즉 충정왕 2년(1350)부터 창궐하기 시작했다.『고려사절요』에 의하면, 충정왕 2년에 왜구가 고성, 죽림, 거제 등에서 노략질하였

---

12)『태종실록』권14, 7년 7월 27일.

는데 이때부터 왜구가 일어나기 시작하였다고 한다.[13]

당시의 왜구는 규모나 조직 면에서 단순한 해적수준을 넘어섰다. 고려 말의 왜구는 많은 경우 400~500척의 대 선단으로 이루어졌으며 그 수는 수만 명이나 되었다. 왜구를 이끄는 지휘관들은 말을 타고 갑옷까지 갖춘 정규 장교들이었다.

14세기 중반에 왜구가 갑자기 창궐하기 시작한 이유는 일본이 남북조로 분열되면서 격심한 전란을 겪었기 때문이다. 고려정부에서는 왜구를 진압하기 위해 전함을 건조하고 수군을 강화하기도 하였지만 외교적 노력을 기울이기도 했다. 즉 일본에 항의사절을 파견해 일본에서 자체적으로 왜구를 통제해줄 것을 요청했던 것이다. 예컨대 우왕 1년(1375) 2월에 나흥유(羅興儒)를 일본에 파견한 것 등은 그런 목적에서였다.[14] 그때 일본에서는 왜구가 창궐하게 된 원인을 이렇게 해명하였다.

"나흥유가 일본에서 돌아왔는데, 일본에서는 스님 양유(良柔)를 파견하여 답례하였다. (중략) 그때 일본의 스님 주좌(周佐)가 편지를 보내 말하기를, '지금 일본의 서해도 일대와 구주(九州)에는 난신들이 할거 하고 있으면서 이미 20여 년이나 공납을 바치지 않았습니다. 일본 서쪽 바닷가의 우매한 백성들이 틈을 엿보아 귀국을 침공하는 것은 우리가 하는 것이 아닙니다. 그러므로 조정에서 장수를 보내 토벌하는데 그 지방에 깊이 들어가서 날마다 서로 싸우고 있습니다. 이제 구주를 거의 평정하였으니, 하늘과 해에 맹세하건대 해적들의 노략질을 금지할 것을 약속합니다.(중략)' 하였다."[15]

---

13) "倭寇固城竹林巨濟等處 合浦千戶崔禪等 戰破之 賊死者三百餘人 倭寇之興始此"(『고려사절요』 충정왕 권26, 2년 2월).
14) "判典客寺事羅興儒聘日本"(『고려사』열전 46, 신우, 1년 2월).
15) "羅興儒還自日本 日本遣僧良柔來(중략) 其國僧周佐寄書日 惟我西海道一路九州亂臣 割據不納貢賦 且二十餘年矣 西邊海道頑民 觀釁出寇 非我所爲 是故朝廷遣將征討 深入其地 兩陣交鋒 日以相戰 庶幾克復九州 則誓天指日 禁約海寇"(『고려사』열전 46, 신우, 2년 10월).

이처럼 당시 왜구의 근거지는 일본의 서해도 일대와 구주 지역이었다. 특히 대마도, 일기도, 송포(松浦) 등 세 곳의 왜구가 심하였는데, 조선에서는 이들을 삼도왜(三島倭)라고 하였다. 이들 삼도왜는 남북조 시대의 전란에서 패배한 북구주(北九州)의 무사단과 재지세력인 송포당(松浦黨) 등 조직무장집단, 그리고 전쟁으로 인해 곤궁에 빠진 비조직적 영세민 등으로 구성되어 있었다.[16]

삼도왜 중에서도 왜구의 소굴은 대마도였다. 대마도가 왜구의 소굴이 된 이유는 남북조의 전란 때문이기도 하지만 보다 더 근본적인 이유는 생활난 때문이었다.

대마도는 고래로 산이 많고 토지가 척박하여 해산물을 채취하여 판매하는 것으로써 생계를 꾸렸다. 예컨대 대마도에 관한 최초의 기록인 『삼국지』에 대마도는 '산이 험하고 깊은 숲이 많으며, 도로는 짐승들이 다니는 좁은 길과 같다. 1천여호가 있으며, 좋은 밭이 없고 해산물을 먹으며 자활(自活)한다. 배를 타고 남북으로 장사한다.'고 하였다. 『삼국지』는 약 3세기경의 책으로서 당시 대마도에 1천여호가 있었다고 하면 인구수가 약 4천~5천명쯤이었을 것으로 추정된다. 3세기의 대마도는 4천~5천 명 정도의 인구도 자체적으로 살기 힘들어 남북으로 돌아다니며 장사를 했는데, 해산물을 판매하여 식량을 구입, 충당했을 것이다.

이처럼 자체적으로 식량을 해결할 수 없는 대마도에서는 인구가 늘어나면 늘어날수록 인구 압력이 가중될 수밖에 없었다. 대마도의 인구는 17세기에 19,857명이었다고 한다.[17] 이 수는 3세기에 비해 약 4배쯤 늘어난 수인데, 이 당시 대마도 사람들은 어업활동과 무역활동은 물

---

16) 하우봉, <일본과의 관계> 『한국사』22, 국사편찬위원회, 1995, 373쪽.
17) 長節子, 『中世國境海域の倭と朝鮮』, 吉川弘文館, 2002, 12쪽.

론 조선으로부터 식량을 원조 받아야 생활을 유지할 수 있었다. 요컨대 전통시대의 대마도는 수 천 명 정도의 인구를 유지하기 위해서도 외부로부터의 식량유입이 필수적이었던 것이라 하겠다.

그런데 고려 말, 조선 초의 대마도에는 수 천 명 정도가 아니라 수 만 명 정도의 인구가 있었다. 심지어 17세기보다 훨씬 더 많은 인구가 있었던 것으로 보인다. 신숙주가 지은 『해동제국기(海東諸國記)』에 의하면, 15세기의 대마도에는 8,800여 호가 있었다고 한다. 호당 인구가 4, 5명이라고 가정한다면 당시의 대마도에는 3만에서 4만 정도의 인구가 있었다는 계산이 나온다. 3만에서 4만이라는 숫자는 17세기에 비해 거의 배 이상의 인구가 되는 셈이다.

대마도의 인구가 15세기에 비해 17세기에 대폭 감소했다는 것은 몇 가지 문제를 내포하고 있다. 첫째는 15세기와 16세기에 기후와 같은 자연환경이 악화됨으로써 17세기의 대마도 인구가 감소했다는 측면이다.[18] 하지만 이보다 더 중요한 것은 고려 말에 창궐하던 왜구가 조선건국을 전후하여 대거 진압됨으로써 약탈에 의한 식량 및 인구의 유입이 격감했다는 측면일 것이다. 이는 달리 말하면 고려 말, 조선 초에는 약탈에 의한 식량 및 인구의 유입으로 대마도의 인구가 격증했다는 의미라고 하겠다.

고려 말의 왜구는 도서지역과 해안가는 물론 내륙 깊숙한 곳까지도 노략질하였다. 이 결과 고려의 도서지역과 해안지역은 거의 무인지경이 되다시피 하였다. 『고려사절요』에는 왜구 때문에 '바다에서 50리, 혹은 30~40리 떨어진 곳이라야 백성들이 겨우 편안히 살 수 있다.'[19]는 증언까지도 있다.

---

18) 蔣持重裕, <海洋社會로서의 對馬> 『島嶼文化』 20, 2002.

19) "去海五十里 或三四十里 民方有寧居者 朕詢其故 言倭奴所擾"(『고려사절요』권29, 공민왕 19, 5월).

이것은 고려의 도서지역은 물론 해안에서 내륙으로 50리 정도는 거의 왜구에게 약탈되었음을 반증한다. 한반도의 지형적 특성상 전답은 넓은 평지가 발달한 해안가 가까이에 많았다. 그러므로 해안가로부터 50리 정도의 사이에는 비옥한 전답이 많이 있었다. 예컨대 고려 말인 공양왕 1년(1389)에 경기도, 충청도, 경상도, 전라도, 황해도, 강원도의 6도를 양전했을 때 96만여 결(結)이었는데, 그로부터 17년 후인 태종 6년(1406)에 6도를 양전했을 때는 30여만 결이 증가하였다. 17년 사이에 늘어난 30여만 결은 대부분이 왜구 때문에 황폐화 되었던 바닷가의 전답을 다시 개간한 것이었다.[20] 이렇게 보면 고려 말에 120여만 결이었던 6도의 전답이 왜구 때문에 96여만 결로 줄었다가 다시 120여만 결로 회복된 것이라 하겠으며, 왜구 때문에 줄어든 해안가의 전답은 전체 전답 중에서 대략 4분의 1이나 되었음을 알 수 있다. 이렇게 많은 전답이 왜구에게 약탈되었다는 것은 고려의 피해가 그만큼 컸으며, 동시에 대마도를 비롯한 삼도왜의 약탈이 그만큼 대규모였음을 보여주기도 한다. 정확한 수량을 파악할 수는 없지만 막대한 양의 약탈 곡물과 약탈 인구가 대마도를 비롯한 삼도왜에게 유입되었을 것이다. 이런 배경에서 대마도의 인구는 폭증하였을 것이다.

하지만 왜구의 약탈은 조선건국을 전후하여 격감하였다. 그것은 조선의 해안방어강화, 대마도정벌[21] 같은 군사적 요인과 일본의 남북조 통일이라는 정치적 요인 기타 조선과 일본 사이에 교린체제의 성립이라는 외교적 요인 등이 복합적으로 작용함으로써 성취되었다.

---

20)『태종실록』권11, 6년 5월 3일.
21) 이은규, <15세기초 한일교섭사 연구>『호서사학』3, 1974.
　　손홍렬, <麗末鮮初의 對馬島征伐>『호서사학』6, 1978.

4. 대일관계와 대마도

신숙주는 세종 25년(1443) 년에 서장관 자격으로 일본에 다녀온 후 『해동제국기』라고 하는 책을 간행하였다. 신숙주는 『해동제국기』에서 당시의 대마도를 다음과 같이 묘사하고 있다.

> "대마도는 군(郡)이 8개인데 사람들은 모두 바닷가의 포구에 살고 있다. 포구는 무릇 82개이다. 남북의 거리는 3일 일정이고 동서의 거리는 혹 하루 일정이거나 반나절 일정이다. 대마도의 사면은 모두 돌산이다. 토지가 척박하고 백성은 가난하여 자염(煮鹽), 포어(捕魚), 판매(販賣)로써 생계를 삼는다."22)

세종 25년(1443)은 기해동정 이후 조선의 대일교린체제가 확립되었던 시기이다. 대마도 사람들은 조선과의 대일교린체제 하에서 가난하였고 살아가기 위해 자염, 포어, 판매에 종사하였던 것이다.

대마도 사람들이 자염, 포어, 판매에 매달리는 이유는 자체에서 생산되는 곡물만 가지고는 생활할 수 없었기 때문이다. 대마도 사람들은 조선과의 대일교린체제가 확립되기 이전에는 대규모의 약탈을 통해 생활에 필요한 곡물을 마련했지만 조선건국을 전후하여 조선의 해양방어력이 강화되면서 그것은 점점 어렵게 되었다. 따라서 대마도 사람들은 약탈이 줄어드는 만큼 다른 방법을 통해 곡물을 마련해야 했다. 그 방법이란 조선으로부터의 무상원조 및 대마도에서 생산되는 소금과 물고기를 곡물과 교환하는 것이었다. 대마도에서 생산되는 소금과 물고기를 곡물과 교환한다는 것은 약탈자 왜구가 어부 또는 교역자로 전환되어 갔음을 의미한다. 그것은 단기간 안에 이루어진 것이 아니라 수십 년을 두고 서서히 이루어졌다.

---

22) "對馬島 郡八 人戶皆沿海浦而居 凡八十二浦 南北三日程 東西或一日或半日程 四面皆石山 土瘠民貧 以煮鹽捕魚販賣爲生"(『해동제국기』 일본국기, 대마도).

약탈자 왜구가 어부 또는 교역자로 전환되는 과정에는 몇 번의 계기가 있었다. 첫 번째 계기는 조선 태종 4년(1404) 7월부터 일본의 아시카가 막부 장군을 '일본국왕(日本國王)'으로 인정함으로써[23] 양국 중앙정부간에 정식으로 국교가 체결된 것이었다. 일본의 아시카가 막부 장군은 1392년에 남북조를 통일한 후, 1403년에 명나라로부터 '일본국왕(日本國王)'에 임명됨으로써 동아시아의 중국적 세계질서에 편입 되었는데, 그 직후에 조선에 사신을 보냈던 것이다. 조선에서 아시카가 막부의 장군을 '일본국왕'으로 인정한 것은 동아시아의 중국적 세계질서 속에서 막부 장군이 조선국왕과 대등한 외교 대상자임을 확인한 것이었다. 이로써 조선과 일본 사이에는 이른바 상호 대등한 교린체제가 성립되었는데, 이것은 통일신라 이후 550여 년간에 걸친 국교단절 상태가 끝났음을 의미했다.[24]

그런데 양국간의 교린체제 성립은 몇 가지 문제를 야기했다. 첫 번째는 일본의 무역선 또는 사행선들이 합법적으로 조선의 모든 포구에 기항하게 됨으로써 생기는 문제였다. 또 하나는 여전히 왜구가 준동한다는 문제였다. 첫 번째 문제와 두 번째 문제는 상호 연계되어 조선에 어려움을 가중시켰다. 왜냐하면 무역선과 왜구가 구별되지 않았을 뿐만 아니라 무역선을 가장한 왜구가 많았기 때문이다. 그것은 일본의 막부 체제상 막부장군이 지방의 영주들을 조선국왕처럼 중앙집권적으로 지배, 통제하지 못함으로써 더욱 악화되었다. 이런 문제를 해결하기 위해 태종 7년 7월에 왜선의 기항지를 내이포와 부산포로 한정했던 것이다.

그런데 이 조치는 대마도의 경제는 물론 외교에도 커다란 타격을 주었다. 예컨대 세종 6년(1424) 12월 17일자의 기록에 의하면, 당시 대마도인들은 '전에는 물고기와 소금을 매매할 때, 각 포에 통행할 것을 허

---

[23] "日本遣使來聘 且獻土物 日本國王源道義也"(『태종실록』권8, 4년 7월 30일).
[24] 하우봉, <일본과의 관계> 『한국사』22, 국사편찬위원회, 1995, 371쪽.

락하였는데 지금은 내이포와 부산포 이외에는 통행하지 못하게 한다.'[25]는 불만을 토로하고 있는데 이것은 기항 포소가 제한됨으로써 어염무역에서 크나큰 어려움을 겪게 된 대마도인들의 현실을 반영한다고 하겠다.

대마도는 태종 4년(1404) 7월에 조선과 아시카가 막부 사이에 국교가 재개된 후 공식적으로 조일간의 교린체제 속으로 편입되어야 했다. 그것은 공식적으로 왜구의 약탈행위를 중지해야 한다는 의미였다. 만약 대마도 사람들이 왜구의 약탈행위를 계속한다면 그것은 조선왕조와 아시카가 막부 양쪽에 저항하는 것이 되기 때문이었다.

대마도의 왜구가 약탈행위를 중지하고 그 대신 할 수 있는 일은 대마도에서 생산되는 소금과 물고기를 판매하는 것이었다. 예컨대 태종 4년 7월의 실록 기사에 의하면, '흥리왜선이 연속하여 나와서 경상도에 이르는데, 일시에 혹은 수십 척이 된다'고 하였는데, 이 흥리왜선은 '소금과 물고기'를 가지고 와서 '쌀 또는 콩으로' 바꾸어 갔다.[26] 이로 본다면 당시 수십 척씩 나온 흥리왜선은 대부분이 대마도에서 왔다고 생각된다. 그들은 어염을 팔기 위해 아무 포구나 마음대로 들어가 오래도록 머물 뿐만 아니라 혹은 흩어져서 백성들의 집으로 들어가 강매함으로써 소동을 일으키곤 했던 것이다.[27]

흥리왜선이 아무 포구나 마음대로 들어간 것은 고려 말 이래로 왜구가 장악했던 조선 바다의 제해권을 당시까지도 조선정부가 되찾아오지 못했기 때문이다. 그런 상황이므로 태종 4년에 공식적으로 일본과 교린체제를 성립했다고는 하지만, 조선정부에서는 바다를 횡행하는 일본 선박들을 통제할 수 없었던 것이다. 따라서 교린체제 성립 이후 대마도를

---

25) 『세종실록』권26, 6년 12월 17일.
26) "倭船以沿海各官倉庫陳米豆 從時價貿易 使其倭船 卽還本島之後 將所貿魚鹽"(『태종실록』권14, 태종 4년 7월 27일).
27) "動輒留連 或散入民戶 抑賣驚擾"(『태종실록』권14, 태종 4년 7월 27일).

비롯한 삼도왜들은 비록 공식적으로는 교린체제에 편입되었다고 해도 여전히 왜구 때와 마찬가지로 바다를 횡행하며 합법적인 무역과 불법적인 약탈을 자행하고 있었던 것이다.

태종 7년 7월의 조치는 내이포와 부산포를 제외한 다른 곳의 포구 및 바다를 횡행하는 일본 선박을 금지하겠다는 선포였다. 그것은 곧 조선정부가 명실상부 바다 주권을 되찾겠다는 공포나 마찬가지였다. 반면 대마도를 비롯한 삼도왜의 입장에서는 고려 말 이래 제멋대로 횡행하던 조선 바다에서 더 이상 활동할 없게 되는 상황이었다.

왜구는 약탈뿐만 아니라 조선 바다에서의 어업 등도 마음대로 행하고 있었다.[28] 물론 이런 것을 행하던 사람들도 주로 대마도를 비롯한 삼도왜였다. 태종 때에 소금과 물고기를 팔기 위해 수십 척씩 온 흥리왜선에 선적된 소금과 물고기는 대마도에서 생산된 것만이 아니라 상당부분이 조선바다에서 생산된 것들이었다. 그러므로 태종 7년 7월의 조치는 대마도를 비롯한 삼도왜에게 무역시장의 축소뿐만 아니라 그간 마음대로 사용하던 조선 바다의 어장도 상실하게 되었음을 의미했다.

당연한 반응이겠지만, 대마도를 비롯한 삼도왜들이 태종 7년 7월의 조치를 아무런 저항 없이 수용하지는 않았다. 그들은 왜구로 돌변하여 노략질하기도 하고 조선의 조치를 무시하고 여전히 조선 바다를 횡행하기도 하였다. 자연히 조선바다를 횡행하는 왜선과 바다 주권을 되찾으려는 조선 수군 사이에 충돌이 잦아졌다. 예컨대 태종 7년(1407) 8월 11일자 실록에는 이런 기사가 보인다.

"경상도 병마도절제사 강사덕이 왜적을 방비하는 계책을 올려 아뢰기를, '대마도 왜인 여미다라(餘彌多羅), 비고시라(非古時羅)가 와서 말하기를, 그 섬의 왜적들이 공모하기를 조선에 가서 장사하여도 욕망에 차지 않으니 우

---

[28] 長節子, 『中世國境海域の倭と朝鮮』, 吉川弘文館, 2002, 140쪽.

리 배를 수리하여 가지고 변방을 침략하는 것이 차라리 좋겠다고 했다고 하였습니다. 만일 그 말이 사실이라면 많지 않은 병선이 정박한 곳에 불시에 이르면 혹 해를 입을 수도 있습니다. 바라건대 요해처의 각포에 병선을 모아 그 변에 대비하도록 하소서.' 하였다."[29]

위의 기사가 실린 날자는 일본선박의 기항지를 내이포와 부산포의 두 곳으로 제한하는 조치가 취해진 지 보름도 되지 않는 시점이다. 위에서 보듯이 기항지를 두 곳으로 제한하는 조치에 불만을 품고 노략질을 모의하는 사람들은 대마도 사람들이었다. 그것은 제한 조치 이전에 조선의 바다와 포구를 마음대로 드나들며 어업과 무역을 행하던 사람들이 바로 대마도인들이었기에 제한 조치로 가장 크게 불이익을 당한 사람들도 대마도인들이었기 때문이다.

실제로 태종 7년 7월 조치 이후 대마도인들의 노략질은 대폭 증가하였다. 예컨대 실록을 통해 볼 때, 태종 4년에 일본과의 교린체제가 성립된 후 제한조치가 취해지가까지 약 3년간 왜구가 먼저 도발한 노략질은 5건에 불과했지만, 태종 7년 7월의 조치가 취해진 후 연말까지 약 5개월 동안 왜구의 노략질은 5건이나 되었다. 이것은 거의가 제한 조치에 불만을 품은 대마도를 비롯한 삼도왜의 노략질이라 할 것이다. 이에 태종은 1419년 6월에 이종무 장군을 보내 대마도를 정벌하게 했던 것이다.

대마도 정벌은 227척의 병선과 17,285명의 병력이 동원된 조선시대 최대의 군사정벌이었다. 결과도 매우 성공적이었다. 정벌군은 100여척의 적선을 소각하고 1,939채의 가옥을 불태웠으며 114명의 왜적을 참수하고 131명의 중국 피로인을 색출해 오는 전과를 올렸다. 대마도 정벌은 명실상부 조선시대 최대의 군사작전이며 가장 성공한 군사작전이기도 했다.

---

29) 『태종실록』권14, 7년 8월 11일.

대마도 정벌 이후 왜구의 노략질은 거의 소멸되었다. 그것은 조선의 군사력에 대한 대마도 인들의 두려움 때문이었다. 더 이상 노략질을 하다가는 그 이상 보복공격을 당할 것이라는 두려움이었다. 그래서 대마도인들은 조선과 일본 사이의 교린체제 속에서 생존을 모색해야 했다. 기왕의 노략질이나 불법적인 어업, 무역 대신에 명실상부하게 합법적인 어업, 무역을 통해 살 길을 찾아야 했던 것이다.

5. 대마도의 집단이민과 생활난민

세종 1년(1419) 6월의 대마도 정벌 이후 대마도인들은 당장 생활고에 시달렸다. 왜구의 노략질과 불법적인 무역이 봉쇄됨으로써 대마도인들은 생활에 필요한 곡물을 확보하기가 어려웠던 것이다. 그 결과 수많은 대마도인들이 생활난민으로 전락하여 조선에 들어왔다. 뿐만 아니라 다음에 보듯이 대마도의 최고 실권자가 직접 생활고를 호소하며 집단이민을 요청하기도 하였다.

> "예조에서 아뢰기를, '대마도의 도도웅와(都都熊瓦)의 부하 시응계도(時應界都)가 와서 웅와의 말을 전달하기를, 「대마도는 토지가 척박하여 생활이 실로 곤란합니다. 바라건대 대마도 사람들을 보내 가라산(加羅山) 등의 섬을 지켜 귀국(貴國)을 외호(外護)하게 하며, 대마도의 인민들이 섬에 들어가 안심하고 경작하게 하고, 그 전세를 받아 저에게 나누어 주어 사용하게 하소서. 저는 족인이 저의 지위를 빼앗을까 두려워 나갈 수가 없습니다.(하략)」하였습니다.' 하였다."[30]

도도웅와가 이런 요청을 한 때는 세종 2년(1420) 윤1월이었다. 대마도 정벌이 있은 지 반년 정도 지난 시점이었다. 그때 집단이민을 고려

---
30) 『세종실록』 권7, 2년 윤1월 10일.

해야 할 정도로 대마도의 상황이 어려웠던 것이다.

당시 도도웅와가 요청했던 가라산은 거제도에 소재하는 산이다. 결국 도도웅와는 거제도에 집단 이민을 보낼 생각이었던 것이다. 도도웅와가 생각하는 집단이민의 규모가 어느 정도였는지는 알 수 없다. 하지만 대마도의 절반 정도나 되는 거제도를 수비하며 농사를 짓겠다고 한 것으로 보아 대규모 이민을 생각했던 것은 틀림없다고 생각된다.

도도웅와의 요청을 조선정부가 어떻게 처리했는지는 나타나 있지 않지만 거절했던 것으로 보인다. 왜냐하면 세종 8년(1426) 1월에 대마도에서 같은 요청을 하였는데, 그때 조선에서 '거제도의 농토를 지급해 달라고 한 요청은, 거주민이 거의 다 개간했기 때문에 들어줄 없다.'[31]고 거절했다는 기록이 있기 때문이다. 대마도에서는 세종 10년(1428) 5월에 거제도 밖의 작은 섬에서 보리를 심게 해달라는 요청을 하기도 했지만 조선은 이 요청도 거절하였다. 심지어 이런 요청을 접수한 예조에서는 요청 자체를 무시하고 왕에게 보고하지도 않았다고 한다.[32] 조선정부에서는 농토에 대한 대마도의 요구는 철저하게 거부했던 것이다.

조선정부에서 계속 거부하는데도 불구하고 대마도가 거제도의 농토를 반복적으로 요청한 이유는 그만큼 생활이 어려웠기 때문일 것이다. 고려 말 같으면 생활이 어려워진 대마도인들은 약탈이나 불법무역에 나섰을 것이다. 하지만 그렇게 하지 못하는 상황이 되자 그들은 거제도의 농토를 요청했던 것이다.

약탈과 불법무역이 금지된 상황에서 거제도의 농토까지 얻지 못하자, 대마도인들 중에는 생활난민으로 전락하여 가족단위로 조선에 귀화하는 사람들도 나타났다. 그런 생활난민은 세종 2년(1420)부터 세종 10년(1428) 사이에 많이 나타났다.

---

31) "答書云 諭級巨濟土地 居民開墾已盡 難以塞請"(『세종실록』권31, 8년 1월 18일).
32) "肆未啓達"『세종실록』권40, 10년 5월 18일).

대마도인들이 조선에 귀화하기 시작한 것은 조선건국 직후부터였다. 조선에서는 이들을 향화왜(向化倭)라고 하였는데, 향화왜에는 노략질을 하다가 어쩔 수 없이 귀화한 사람들과 생활의 안정을 찾아 본인의 자유의지로 귀화한 사람들이 있었다.[33] 태조부터 태종 때까지의 향화왜는 대부분이 노략질을 하다가 어쩔 수 없이 귀화한 사람들이었다. 이에 비해 세종 이후에는 생활의 안정을 찾아 본인의 자유의지로 가족들과 함께 귀화하는 사람들이 많았다. 예컨대 세종 5년(1423) 2월과 세종 8년(1426) 1월의 다음 기록은 그 같은 상황을 대표적으로 보여주고 있다.

"예조에서 경상도 감사의 보고문에 의거하여 아뢰기를, '대마도의 왜인 변삼보라(邊三甫羅)와 만시라(萬時羅) 등이 배 1척에 같이 타고 이달 12일에 해운포에 이르러 스스로 말하기를,「본 대마도에는 농토는 적은데 세금은 과중하여 생계가 매우 어렵습니다. 조선에서는 어진 정치를 시행한다는 말을 듣고, 성덕을 우러러 사모하여 귀화해서 직업을 얻어 편안히 살고자 각각 처자를 거느리고 남녀 24명과 함께 바다를 넘어 왔습니다.」라고 하였습니다. 이에 명하여 늙은이와 어린이와 부인들에게는 양식을 주어 편안히 머물게 하고, 장정들은 한양으로 올려 보냈다고 하였습니다.' 하였다."[34]

"예조에서 경상도 감사의 보고문에 의거하여 아뢰기를, '대마도의 시라삼보라(時羅三甫羅), 사이문구로(沙伊文仇老) 등 남녀 14명이 내이포에 이르러 스스로 말하기를,「본 대마도에는 아무도 의지할 만한 친척이 없어서 생활해 나가기가 어렵습니다. 원하건대, 귀국의 바닷가에 살면서 고기도 잡고 술도 팔면서 생활해 나가고자 합니다.」하였습니다. 그들이 원하는 것을 들어주어 내이포에 거주하게 하소서.' 하였다. 그대로 따랐다."[35]

조선은 왜구의 약탈, 불법적인 무역, 농토 요구 등은 철저하게 금지

---

33) 李鉉淙, <朝鮮初期 向化倭人考> 『역사교육』 4, 1959, 349~350쪽.
34) 『세종실록』권19, 5년 2월 21일.
35) 『세종실록』권31, 세종 8년 1월 3일.

하고 거부하였지만 왜인들의 귀화는 적극적으로 받아들이는 입장이었다. 나아가 왜인들의 귀화를 장려하기 위해 각종 정책을 정비하기까지 하였다. 예컨대 새로 귀화해오는 왜인에게는 3년간의 세금과 10년간의 요역을 면제하였으며[36], 귀화한 왜인에게는 3년간 갓과 신발 이외에도 옷값으로 1인당 춘하에 저포(苧布) 2필과 면마포(緜麻布) 각 1필을 추동에는 면주(綿紬) 4필과 저포 1필 그리고 면포(緜布) 1필과 면자(緜子) 3근 7냥을 주었고[37], 살 집으로는 관에 속한 가사(家舍)나 빈 집 또는 큰길가의 좌우에 있는 빈 행랑을 주도록[38] 하였다. 이런 정책은 귀화 왜인들의 의식주를 모두 해결하는 것인데, 이외에도 관직 수여와 성명 하사 등이 더 있었다.[39] 바로 이런 정책들을 두고 세종 5년(1423) 2월에 귀화했던 변삼보라(邊三甫羅)와 만시라(萬時羅)가 '어진 정치'라고 칭송하였던 것이다. 대마도에서 살기 어려워 조선으로 넘어오는 생활난민들에게 조선의 세종대왕이 시행한 각종 정책들은 명실상부 '어진 정치'였던 것이다.

그런데 조선의 이런 정책은 대마도의 지배자들에게는 위험하였다. 자신들 지배하의 백성들이 생활난민의 형태로 대량 빠져나가면 존재기반이 송두리째 무너지기 때문이었다. 이에 대마도의 지배자들은 조선으로 간 생활난민들을 송환하려고 하였다. 하지만 조선정부에서는 자발적으로 귀화한 생활난민들은 송환하지 않았는데, 그들은 포로가 아니므로 조선백성으로 간주하였던 것이다.

여기에서 조선의 입장과 대마도의 입장은 분명하였다. 조선은 고려 말 이래의 왜구를 근절시키는 것과 동시에 왜구에게 빼앗겼던 도서지

---

36) 『세종실록』권19, 세종 5년 3월 25일; 『세종실록』권25, 세종 6년 7월 1일.
37) 『세종실록』권20, 5년 5월 13일.
38) 『세종실록』권64, 세종 16년 4월 11일.
39) 李鉉淙, <朝鮮初期 向化倭人考> 『역사교육』 4, 1959, 355~360쪽.

역과 조선 바다의 제해권을 되찾으려 하였다. 이를 위해 해군력을 강화하고 대마도를 정벌하는 등의 강경책을 쓰는가 하면, 아시키가 막부장군과 교린관계를 맺고 향화왜인들을 적극적으로 받아들이기도 하는 등 강온양면 전략을 구사했던 것이다.

이에 비해 고려 말 이래로 왜구의 약탈에 의해 식량문제를 해결했던 대마도 등의 삼도왜는 더 이상 왜구의 약탈이 가능하지 않은 상황에서 최대한의 식량을 확보하려 하였다. 이를 위해 조선으로부터 가능한 많은 무상원조를 끌어내려 하였으며 무역규모를 늘리려 하였다.

결국 조선의 목적은 왜구근절과 조선바다의 제해권 확보였고, 대마도의 목적은 안정적 식량 확보였다. 그러므로 영토나 영해에 대한 침략 또는 불법적 무역은 조선에서 받아들일 수 없었고, 반면 극단적인 굶주림은 대마도에서 견딜 수 없었다. 그러므로 이 둘 사이의 절충점에서 타협이 이루어지게 되었다. 즉 조선은 대마도의 최소한의 생활안정을 보장하기 위해 곡물지원은 물론 대마도의 독점적 무역권을 인정해주는 것이었다. 이에 비해 대마도는 허락된 범위 내에서만 조선의 국토나 바다를 이용하는 것이었다. 예컨대 왜인들의 합법적 무역권을 인정해주는 도서제도(圖書制度), 매년 일본에서 파견되는 무역선의 규모를 정한 세견선 제도 그리고 내이포, 부산포, 염포 등 3곳에서만 무역을 공인한 3포제도 등이 그것이었다. 이런 제도들은 기본적으로 대마도의 도주를 중심으로 시행되었으므로 대마도는 조선과 일본 간의 교린체제에서 독점적 권익을 보장받을 수 있었다.[40]

---

40) 하우봉, <일본과의 관계> 『한국사』 22, 국사편찬위원회, 1995.

6. 경상도 어장 요구와 3포의 어장개방

조선에서 왜선의 기항 포소를 내이포와 부산포로 제한한 것은 그곳에서만 무역을 허락했다는 점 이외에 어업활동도 그곳에서만 허락한다는 의미까지도 내포하고 있었다. 즉 태종 7년 7월의 조치는 왜인들의 무역 및 어업 활동을 내이포와 부산포에서만 허락하고 그 이외의 포소 및 바다에서의 무역이나 어업은 금지한다는 선포였다. 그러므로 대마도인들의 입장에서는 조선의 모든 포구와 조선의 모든 바다에 열려있던 무역시장과 어장이 갑자기 두 군데로만 축소되었음을 의미했다. 이에 따라 조선 바다에서 횡행하는 왜선과 이를 통제하려는 조선 수군과의 충돌이 잦아졌으며, 대마도를 비롯한 왜인들은 필사적으로 합법적 무역항과 어장의 확대를 요구했다.

실록에 의하면 조선에서 왜선의 기항 포구를 두 곳으로 제한한 것에 대하여 대마도인들이 공식적으로 불만을 나타낸 것은 세종 6년(1424) 12월의 다음 기록이다.

"일본군 회례사(會禮使) 상호군 박안신과 부사 대호군 이예가 복명하였다. 임금이 내전에 불러 들여 접견하였다. 박안신이 아뢰기를 (중략), '일기도에 이르러 좌모도(佐毛道)에 거주하는 도구라(都仇羅)를 보았는데 그가 신 등에게 말하기를, 「지좌전(志佐殿)의 관내인 일기주 동면(東面) 서토리(西吐里)의 배 1척과 우라우미(亏羅亏未)의 배 1척과 대마도의 배 2척이 일찍이 고기를 잡기 위하여 귀국 전라도에 들어갔다가 그 도의 병선에게 붙잡혔습니다. 붙잡힌 사람들의 친인척들이 만일 조선의 회례사가 이 곳에 도착하면 원수를 갚겠다고 하며 군민 300여 명을 무장시키기고 주둔하고 있었습니다. 그런데 마침 대마도의 좌위문대랑(左衛門大郎)이 보낸 박다(博多)의 배 2척과 절도사의 호송선 1척이 무장하여 변고에 대비하였고 또 사람을 보내 이익과 손해를 가지고 설득했던 까닭에 모였던 사람들이 나흘 만에 해산했습니다.」하였습니다. 대마도에 이르니 좌위문 대랑(左衛門大郎)이

이 신 등에게 말하기를, 「젊어서부터 남달리 임금의 은덕을 입었지만 보답할 길이 없어 다만 난동을 금지시키리라 마음먹고 늘 본 대마도 사람들에게 화와 복을 가지고 타일렀습니다. 그렇지만 이곳 사람들은 저의 말을 믿지 않고 말하기를, 조선에서 우리를 대접하는 것이 종정무 때와 같지 않으니 전에는 어염을 매매할 때 각 포에 통행할 것을 허락하였는데 지금은 내이포와 부산포 이외에는 통행하지 못하게 하고, 전에는 과해량(過海糧)을 한 달 치씩 주었는데 지금은 열흘 치밖에 주지 않으며 또 소이전(小二殿)과 종정성(宗貞盛)에게는 전권 사신을 보내지 않는다고 합니다.」하였습니다.' 하였다."[41]

위에서, 일기주의 도구라(都仇羅)가 전라도의 병선에게 잡혔다고 말한 일기주 동면(東面) 서토리(西吐里)의 배 1척, 우라우미(亐羅亐未)의 배 1척, 대마도의 배 2척은 세종 6년(1624) 9월 20일에 전라도 수군도안무처치사 윤득홍이 보고한 다음의 내용에 나오는 왜선이 분명하다.

"전라도 수군도안무처치사 윤득홍(尹得洪)이 녹사(錄事) 전정리(錢丁理)를 보내 아뢰기를, '이번 9월 12일에 왜적의 배 12척이 서여서도(西餘鼠島)에 와서 정박하였으므로 신이 병선을 이끌고 협공하여 고초도(孤草島) 동쪽까지 추격하여 적선 1척을 잡고, 머리 5급을 베었는데 물에 빠져 죽은 놈이 16명입니다. 또 군관 전 사직(司直) 정숭립(鄭崇立)을 시켜 병선 4척을 거느리고 쫓게 하여 적의 배 1척을 잡고 머리 13급을 베었습니다.' 하였다."[42]

위의 기록에는 나포된 왜선이 2척, 죽은 왜인이 34명인데 도구라는 4척이 나포되었다고 하였다. 불명인 2척은 아마도 싸움 중에 침몰했거나 도망가던 중 침몰했을 것이다. 어쨌든 윤득홍이 공식적으로 죽인 왜인만 34명이므로 행방불명인 2척의 왜인까지 생각하면 그때의 싸움에서 죽은 왜인은 50여명 쯤 되었을 것으로 생각된다. 그러므로 그들의 원수를 갚겠다고 모인 왜인들이 300여명이나 되었던 것이다.

---

41)『세종실록』권26, 세종 6년 12월 17일.
42)『세종실록』권25, 세종 6년 9월 20일.

그런데 윤득홍은 서여서도에 정박한 왜선들을 공격했다고 하는데, 서여서도는 지금의 여서도(麗瑞島)로서 위치는 거문도와 추자도의 중간쯤이다. 세종 6년(1424) 9월에 대마도와 일기도의 왜인들이 12척의 선단을 구성하여 이곳까지 고기를 잡으러 왔던 것이다. 이것은 태종 7년(1407)에 공식적으로는 왜선의 기항 포구를 내이포와 부산포에 한정했지만, 실제로는 세종 6년(1424)까지도 왜선이 여전히 남해를 횡행하며 어로행위를 하고 있었음을 보여준다.

그런데 당시 대마도에서 박안신과 이예를 접대한 사람은 좌위문 대랑(左衛門大郞)으로 나오는데, 그는 어린 대마도주 종정성을 대신하여 실권을 쥐고 있던 사람이었다. 실록에는 좌우문 대랑이 태종 때부터 등장하는데, 그는 대체로 조선과의 평화관계를 주장하는 사람이었다. 그래서 조선과 대마도 사이에 시급한 현안이 발생하면 좌우문 대랑이 나서서 조정하곤 했던 것이다.

그러므로 좌우문 대랑이 박안신과 이예에게 전달한 대마도인들의 불만은 실제 대마도인들의 최대 민원이라고도 할 수 있었다. 그 같은 대마도인들의 민원 중에 '전에는 어염을 매매할 때 각 포에 통행할 것을 허락하였는데 지금은 내이포와 부산포 이외에는 통행하지 못하게 한다.'는 내용이 있었던 것이다. 좌위문 대랑은 비록 노골적으로 말하지는 않았지만, 실상은 왜선을 내이포와 부산포에만 기항할 수 있도록 제한한 조치를 해제하거나 아니면 더 많은 포구를 허락해줄 것을 요구한 것이었다. 그것은 분명 대마도인들의 민원이었을 것이다. 그렇지만 박안신은 '어염의 매매는 피차가 다 그렇게 하고 있으니 하필 각 포구에 통할 필요가 없으며, 아직까지 매매하지 못하고 돌아갔다는 말도 듣지 못했다.'고 일언지하에 거절하였다.

이 같은 박안신과 이예의 보고에 세종은 '박안신이 일본에 갔다가 오는 길에 일기도에 도착했을 때 매우 위태로웠는데, 수호대관(守護代官) 등의 우리나라에 대한 지성에 힘입어 무사할 수 있었다.'고 하며 다른 언급은 하지 않았다. 이것은 그 당시 세종에게는 왜인들에게 내이포와 부산포 이외에 포구를 더 개항할 의지가 없었음을 보여준다.

그런데 세종 8년(1425) 1월에 좌위문 대랑이 '상선은 다만 내이포와 부산포 2곳에서만 정박하여 무역하도록 허락하였는데, 앞으로는 좌우도의 각 포구에도 마음대로 다니며 무역할 수 있도록 해 달라'고 공식적으로 요청하자, 세종은 울산 염포에서의 무역을 허락하였다.[43] 이로써 내이포, 부산포, 염포의 3포 무역이 허락되었는데, 세종은 왜 울산의 염포 무역을 허락했을까? 이와 관련하여 태종 17년(1417)년 10월 22일자 실록에는 이런 내용이 있다.

> "경상도에 염포 만호를 두었다. 병마도절제사가 보고하기를, '염포에는 왜선이 연속하여 와서 정박하는데, 순풍을 만나면 조석으로 오고가니 염려하지 않을 수 없습니다. 만호를 두어 비상사태에 대비하소서.' 하였다. 병조에 내려 의논하게 하니 모두 말하기를, '염포는 방어하는 것이 가장 긴요하니 마땅히 만호를 두어야 합니다.' 하므로 그대로 따랐다."[44]

염포는 대마도에서 가까워 왜선이 수시로 왕래하는데도 태종 17년까지 수군기지가 설치되지 않았던 것이다. 그래서 왜선들이 마음대로 이곳에 드나들었을 것인데, 물론 태종 7년 이래로 이곳에서의 무역은 금지되었을 것이다. 그러므로 염포에 왕래하는 왜선들은 대부분이 어로를 위해 왔을 것으로 보인다.

하지만 태종 17년 10월에 수군만호가 염포에 설치되자 왜인들은 이곳에서 더 이상 어로를 하지 못했을 것이다. 이 결과 염포 쪽으로 왔

---

43) "在前來泊 乃而富山兩浦外 蔚山鹽浦 亦許販賣"(『세종실록』권31, 8년 1월 18일조).
44) 『태종실록』권34, 태종 17년 20월 22일.

던 왜선들은 거의가 부산포 쪽으로 몰리게 되었을 것이다. 이는 당연히 부산포의 왜인에 대한 통제 문제를 야기 시켰다. 다음의 기록은 그 같은 상황을 명확하게 보여준다.

"병조에서 경상도 수군도절제사의 보고서에 의거하여 아뢰기를, '부산포에 와서 거주하는 왜인이 혹은 장사꾼이라 칭하고 혹은 유녀(遊女)라고 칭하면서 일본 객인(客人)과 흥리왜선이 도착해 정박하면 서로 모여서 지대(支待)하고 남녀 섞여 즐깁니다. 다른 포에 이르러 정박하는 객인들까지도 또한 술을 사고 바람을 기다린다고 핑계하며 오래 날짜를 끌면서 머물러 허실을 엿보며 난언하여 폐단을 일으킵니다. 바라건대 경상좌도의 염포와 경상우도의 가배량에다 각각 왜관(倭館)을 설치하여 항거왜인(恒居倭人)을 색출하여 나누어 안치하여 거주하게 하는 것이 어떻겠습니까?' 하였다. 명령하기를, '경상도로 하여금 나누어 안치할 때에 인심이 들떠 움직이지 말게 하라.' 하였다."45)

위의 내용은 다음과 같은 상황을 반영한다고 생각된다. 첫째는 태종 7년에 왜선의 기항 포구를 내이포와 부산포로 제한한 이후, 그 효과가 점차로 나타나면서 부산포에 왜인들이 몰렸다는 사실이다. 또 하나는 약 반년 전에 염포에 수군만호를 설치한 후 염포 쪽으로 가던 왜선들까지 부산포로 몰리게 되었다는 사실이다. 이 결과 항거왜인들까지 대거 부산포로 집중되면서 부산포에는 통제하기 어려울 정도로 많은 왜인들이 몰려들었던 것이다. 이를 해결하기 위해 부산포의 항거 왜인들을 염포와 가배량으로 분산시켰던 것이다.

이때 조선에서는 부산포의 항거왜인들을 염포와 가배량에 분산시키기는 했지만, 염포와 가배량을 개항한 것은 아니었다. 그러므로 왜선은 여전히 내이포와 부산포에만 정박할 수 있었으며, 이런 상황이 계속되는 한 내이포와 부산포의 왜인은 계속 늘어날 수밖에 없었다. 따라서

---
45) 『태종실록』권35, 태종 18년 3월 2일.

조선의 입장에서는 왜인들을 분산, 통제하기 위해 포소를 늘릴 수밖에 없었다고 생각된다. 세종 8년의 염포 개항은 그 같은 사정의 결과라 할 것이다.

그런데 조선에서 왜선의 기항 포구를 개항하면 그곳의 어장에서 왜인들이 어로하는 것까지도 허락되었으므로 계속해서 포구를 개항할 수도 없었다. 아마도 세종은 개항 포구를 3포로 한정한다는 기본 정책을 세웠던 듯하다.46) 따라서 세종 8년 이후에도 추가적인 포구 개항을 요구하는 대마도인들의 요청이 계속되었지만 조선전기에 더 이상 개항된 포구는 없었다.

이처럼 조선에서 왜선의 기항 포구를 내이포, 부산포, 염포의 3포로 한정하고 요지부동하자 대마도인들은 포구 대신 어장의 확대를 요구했다.

기록상 첫 사례는 세종 9년(1426) 9월에 나타난다. 당시 대마도의 좌위문 대랑은 고성과 구라량의 어장을 개방해달라고 요구하였다. 이에 대하여 조선에서는 '고기를 잡는 일에 대하여 언급하였는데, 온 서신대로 경상도에 공문을 보냈다.'47)고 응답하였는데, 이는 거부한다는 뜻이었다. 그렇지만 대마도에서는 계속해서 어장 개방을 요청하였다. 세종 12년(1429) 11월에는 가배량, 구라량, 두모포, 서생포에서 고기를 잡게 해달라고 요청하였으며48) 세종 15년(1426) 2월에도 같은 요청을 하였다.49) 하지만 조선에서는 계속 거절하였다.

어장 개방에 대한 요청이 계속 거부당하자 대마도에서는 파격적이라 할 제안을 하였다. 그것은 다음에 보듯이 인질을 제공할 뿐만 아니라 일본 어선에 조선수군도 동승시키겠다는 내용이었다.

---

46) 長節子, 『中世國境海域の倭と朝鮮』, 吉川弘文館, 2002, 148~149쪽.
47) "及於捉魚事 依來書 移文慶尙道"(『세종실록』권35, 9년 3월 27일).
48) 『세종실록』권50, 12년 11월 2일.
49) 『세종실록』

"예조에서 아뢰기를, '대마도의 고기잡고 장사하는 배를 내이포, 부산포, 염포 등 세 곳에서만 정박하도록 전에 허락했습니다. 그런데 지금 대마도에서는 가배량, 구라량 등에도 왕래하면서 무역하고자 원합니다. 또한 동류 한 사람을 머물러 두고서 수군과 바꾸어 함께 조선(釣船)을 타고 다른 경계를 논할 것 없이 마음대로 다니며 고기를 낚고자 원합니다. 그러나 가배량 등에 왕래하면서 무역하는 것은 진실로 들어 줄 수가 없습니다. 단지 수군이 조선(釣船)에 바꾸어 타고 개운포 등을 왕래하면서 고기 잡는 것만 허락하소서.' 하였다. 그대로 따랐다."50)

대마도에서 인질까지 제공하고 일본 어선에 조선수군도 동승시키겠다는 제언은 대마도의 상황이 그만큼 절박하다는 반증이라고 하겠다. 이에 조선에서는 '단지 수군이 조선(釣船)에 바꾸어 타고 개운포 등을 왕래하면서 고기 잡는 것만 허락'하였다고 한다.

그런데 당시 조선이 허락한 내용이 구체적으로 어떤 것인지를 놓고 연구자들 사이에 의견이 분분하다. 즉 개운포를 새 어장으로 개방했다고 해석하거나, 아니면 기왕의 사실과 관련하여 가배량, 구량량, 개운포를 새 어장으로 개방했다고 해석하거나 또는 개운포만 잠시 개방했다가 취소했다고 해석하는 등 여러 의견이 있는 것이다.51) 그런데 위의 해석들은 3포 이외에 새 포구를 또 개항했다고 생각할 수도 있다는 점에서 개방의 내용을 좀더 명확하게 할 필요가 있다.

세종 8년에 개항 포구를 3포로 확정한 이후 세종의 기본 방침은 개항 포구를 3포로 한정시킨다는 것이었다. 그런 상황에서 이때에 개운포 또는 가배량, 구량량 등의 어장을 개방하고 또 포구까지도 개항할 수 있었을까?

---

50) "禮曹啓 對馬島捕魚興利船 曾許住泊於乃而浦富山浦鹽浦等三處 今欲往來商販於加背梁仇良梁等處 且欲留同類一人 換船軍 幷騎釣船 勿論他境 隨意釣魚 然加背梁等處 往來興販 固不可聽 只許船軍換騎 開雲浦等處 往來捕魚 從之"(『세종실록』권70, 17년 10월 17일).
51) 長節子, 『中世國境海域の倭と朝鮮』, 吉川弘文館, 2002, 143~148쪽.

위에서 보듯이, 개운포의 어장에서 고기를 잡게 허락해 줄 것을 건의한 부서는 예조였다. 조선시대의 행정관행상, 왕이 정한 기본 방침과 어긋나는 조치를 하위부서에서 먼저 건의한다는 것은 상상하기 힘들다. 그러므로 당시 예조에서 '선군이 조선(釣船)을 바꾸어 타고 개운포 등을 왕래하면서 고기 잡는 것을 허락'하자고 한 건의는 기왕의 3포 개항 원칙에 위배되지 않는 선에서 변통하자는 의미라고 할 수 밖에 없다. 그것은 결국 기왕에 개방했던 3포의 어장을 조금 확대하는 수준이었을 것이다. 즉 왜선은 여전히 3포에만 기항이 허락되지만, 기왕의 어장을 조금 확대해준 것이라 하겠다.

조선에서 기왕의 어장을 조금이라도 확대해준 것은 대마도의 절박한 현실과 함께 안전을 자신했기 때문일 것이다. 대마도에서 인질을 잡히면서까지 새 어장을 요구한 것은 그만큼 대마도의 현실이 절박했기 때문이라 하겠는데, 조선정부의 입장에서는 대마도를 극단적인 상황으로까지 몰려고 하지는 않았던 것이다. 게다가 선군을 왜선에 승선시킴으로써 노략질을 막을 수 있다고 자신했을 것이다.

그러므로 개운포 등에서 고기잡이를 하게 한 것은, 왜선이 3포에 온 후 인질을 바치고 조선수군을 태운 뒤 개운포 등으로 가서 고기를 잡은 후 다시 3포로 돌아오는 방식으로 이루어졌을 것이다. 이렇게 하면 3포 개항이라는 원칙에서 벗어나지 않기 때문이다.

당시 조선에서 확대시킨 어장은 '개운포 등'이라고 표현된 것처럼 3포 부근의 어장이었다. 그것은 다음의 사례에서 보다 명확하게 나타난다.

"의정부에서 병조의 보고문에 의거하여 아뢰기를, '경상도 내이포에 이르러 물고기를 잡고 미역을 따는 왜선이 옥포 이북의 해중포곶(海中浦串)에서 생선을 잡고 미역을 딸 때에는 날짜를 제한하고 문인(文引)을 주어 옥포만호로 하여금 그 제한 날짜를 고찰하여 바로바로 돌려보내도록 하소서. 그리고 양산 이남에서는 생선을 잡거나 미역을 따는 일을 금지할 것을 감사와 도절제사로 하여금 그 편의를 함께 의논하여 보고하게 하소서.' 하였다. 그대로 따랐다."52)

위는 세종 20년(1438) 1월의 기록으로서 조선에서 3포 부근의 어장을 확대한 세종 17년 10월부터 2년여의 세월이 지난 시점이었다.

위 기록의 요점은 두 가지이다. 첫째는 내이포에 왔다가 옥포 이북의 해중포곶으로 가서 생선을 잡고 미역을 따는 왜선의 어로기간 및 통행을 통제하겠다는 것과, 양산 이남에서 생선을 잡거나 미역을 따는 왜선을 금지할지의 여부를 현지관리들에게 문의하자는 내용이다. 이것은 적어도 다음의 사실을 반영하고 있다.

첫째는 옥포 이북의 해중포곶에서 어로활동을 하는 왜선은 내이포에 정박했다는 사실이다. 그리고 어느 곳에 정박했는지는 모르지만 양산이남에서도 왜선의 어로활동이 있었다는 사실이다. 이런 사실을 세종 17년 10월의 개운포 어장 개방과 관련시켜 생각하면 당시 3포의 어장을 대마도인들에게 확대할 때, 내이포의 어장은 옥포 이북 해중포곶까지, 염포의 어장은 개운포까지, 그리고 부산포의 어장은 양산 이남까지로 확대했다고 판단할 수 있다. 당시 확대된 어장으로 왜선이 출어할 때에는 조선수군이 동승하기만 하고 어로기간이나 통행증 같은 제한은 없었던 것이다. 그러므로 세종 20년의 조치는 어로기간과 통행증으로 왜선의 통제를 강화할 뿐만 아니라 양산이남에서의 어로는 금지시키려는 의도였다고 하겠다.

양산이남에서의 왜선 어로에 대한 가부는 실록에 나와 있지 않지만, 금지된 것이 분명하다. 이유는 양산 이남의 왜선 어로라는 것이 낙동강에서의 어로인데53), 이것은 해안방어나 국가안보상 용납하기 어렵기 때

---

52) 『세종실록』권80, 20년 1월 13일.

문이다. 결국 조선에서는 3포 개항이라는 기본 원칙을 고수했던 것이며, 약간 확대시킨 어장도 다시 축소시키려 한 것이었다.

이런 상황에서 대마도인들은 세종 20년(1438) 10월에 고성과 구량포의 어장을 요구하고54), 세종 21년 9월과 11월에도 경상도 연해어장을 요구했지만55), 모두 거절되었다. 결국 대마도인들은 경상도 연해의 어장확대를 포기할 수밖에 없었다.

7. 전라도의 고초도(孤草島) 어장개방과 북방개척

대마도인들은 조선에서 3포 이외의 어장을 허락하지 않자 그 대안으로 전라도 남해의 어장을 요구하게 되었다. 구체적으로는 서여서도(西餘鼠島))와 고초도(孤草島)의 어장을 요구하였다. 기록상 대마도인들이 서여서도의 어장을 처음으로 요구한 것은 세종 22년(1440) 3월 22일이다. 그 내용은 다음과 같다.

> "첨지중추원사 이예가 아뢰기를, '종언칠(宗彦七), 종무직(宗茂直)이 보낸 왜인 등은 자신들의 요청이 거부된 것을 알고 마음속으로 원한을 품어 말이 퍽 불손하니 그 마음을 측량하기 어렵습니다. 신의 망령된 생각으로는, 저들이 만약 욕망을 이루지 못하고 돌아가면 생명을 가벼이 여기고 생사를 돌보지 아니하는 무리들이 여러 도적들과 연결하여 포학을 자행하며 날뛰게 될 지도 모릅니다. 그렇게 된다면 작은 연고가 아닐 것입니다.(중략) 서여서도에 왕래하며 소원대로 고기를 잡도록 허락하여 그 생업을 유지하게 하면, 대마도의 왜인들이 마음속으로 기쁘게 복종할 것입니다.' 하니, 예조에 내렸다."56)

---

53) 長節子, 『中世國境海域の倭と朝鮮』, 吉川弘文館, 2002, 146~149쪽.
54) 『세종실록』권83, 20년 10월 18일.
55) 『세종실록』권86, 21년 9월 26일; 『세종실록』권87, 세종 21년 11월 22일.

위의 내용으로 판단하면 당시 대마도인들은 무역과 어로를 3포에 제한시킨 조선의 정책으로 거의 절망적인 생활난에 빠져들었다고 생각된다. 그래서 이예는 그들이 절망적인 상황에서 '포학을 자행하며 날뛰게 될' 것을 우려하여 서여서도에서의 어로를 허락하자고 건의한 것이었다.

서여서도는 앞에서 살펴본 것처럼 지금의 여서도(麗瑞島)로서 위치는 거문도와 추자도의 중간쯤이다. 이예가 만난 종언칠과 종무직의 사자는 서여서도뿐만 아니라 고초도의 어장까지도 요청했던 듯하다. 왜냐하면 세종 22년(1440) 5월 29일자 실록 기사에, '종무직이 사람을 시켜 신(臣, 고득종)에게 말하기를, 지난번에 고초도에서 고기를 낚고자 하여 이미 일찍이 친히 보고하였는데'[57]라는 내용이 있는데, 이예가 만난 사람이 바로 종무직이 보낸 사자였기 때문이다.

이예가 만난 종무직의 사자가 서여서도와 고초도의 어장을 요구했음에도 이예가 서여서도만 언급한 이유는 고초도가 서여서의 동쪽 부근에 있었기 때문인 듯 하다. 고초도의 위치는 정확하지 않지만, 현재의 거문도 또는 그 주변의 섬으로 비정되고 있다.[58] 따라서 서여서도의 어장을 개방하면 자연 고초도의 어장까지도 개방되는 결과를 가져올 수 있었다. 그래서 이예는 굳이 고초도까지 언급하지 않고 다만 서여서도만 언급하였다고 생각된다.

이 건의를 한 이예는 당시 자타가 공인하는 최고의 일본전문가였다. 이예는 평생에 걸쳐 40여 차례나 일본에 다녀온 일본전문가였다. 이예는 스스로도 '어려서부터 늙기까지 대마도에 출입하여 대마도의 사람들과 사변(事變)을 두루 알지 못하는 것이 없다.'[59]고 자부하는 사람이었

---

56) 『세종실록』권88, 22년 3월 22일.
57) 『세종실록』권89, 22년 5월 29일.
58) 長節子, 『中世國境海域の倭と朝鮮』, 吉川弘文館, 2002, 69~92쪽.
59) 『세종실록』권100, 25년 6월 22일.

다. 그런 이예가 당시 대마도인들의 상황을 절망적이라고 판단하고 서여서도와 고초도의 어장을 개방하여 그들의 생활을 안정시킬 필요가 있다고 생각했던 것이다.

세종은 이예의 건의를 예조에 내렸는데, 이것은 예조로 하여금 심사숙고하여 대책을 마련하라는 의미였다. 세종은 당대 최고의 일본전문가 이예의 건의를 받고 사태가 심상치 않다고 판단하였던 것이다.

하지만 실록에는 예조에서 어떤 보고를 올렸는지 나타나지 않는다. 아마도 이예의 건의를 부정했던 듯하다. 만약 이예의 건의를 수락하자고 했다면, 대마도인들에게 서여서도의 어장을 개방했을 텐데, 이후에도 대마도인들이 서여서도 또는 고초도의 어장을 개방해달라고 요청했기 때문이다.

예조에서는 서여서도의 어장을 개방했을 때 야기될 문제를 중시하지 않았을까 판단된다. 서여서도는 추자도와 가까운 곳에 있을 뿐만 아니라 진도로 통하는 거점이기도 했다. 추자도는 제주도의 조공선이 지나가는 길목이고 진도는 남해에서 서해로 연결되는 요충지였다. 만약 서여서도에 왜선들이 합법적으로 출몰하게 되면 추자도와 진도가 위험해지고 그것은 곧 제주도의 조공선과 서해가 위험해질 수 있다는 의미였다. 세종은 이 같은 예조의 판단을 존중해 서여서도의 어장개방문제를 더 이상 거론하지 않은 듯하다.

하지만 대마도의 문제가 해결된 것은 아니었다. 세종 22년((1440) 5월 29일에 고득종이 일본을 다녀와 세종과 면담한 일이 있었는데, 그 자리에서 고득종은 대마도의 사정을 이렇게 전하였다.

  "종정성(宗貞盛)이 신에게 말하기를, '본 대마도에는 산에 돌이 많고 척박하여 경작할 만한 땅이 없는 것을 대인(大人)이 눈으로 보는 바입니다. 본 대마도의 백성들은 오로지 고기 낚는 것으로 생업을 삼기 때문에, 매년 혹은 40~50척, 혹은 70~80척씩 고초도(孤草島)에 가서 고기를 낚아 자급(自給)합니다. 그러므로 두세 번 굳이 청하여 마지 못하는 바입니다. 본도 사람들이 모두 말하기를, 「여기서 굶어 죽는 것보다는 죽기를 무릅쓰고 저 곳에 가서 낚시질하는 것이 낫다.」고 합니다. 만일 이 섬에서 고기를 낚다가 변장에게 해를 당하여 본도 사람이 혹 피하지 못하게 되면 반드시 서로 살해할 것이니, 만일 그렇게 된다면 수호(修好)하는 뜻에 어긋날까 두렵습니다. 만일 이 섬에서 고기를 낚도록 허락하여 준다면 생계가 넉넉하여지니, 영구히 들어가 도둑질할 마음이 없어질 것입니다. 청하건대 부디 계달하여 주십시오.' 하였습니다. 신이 대답하기를, '우리나라에서 이미 부산포, 내이포, 염포 등 각 포에 호시(互市)를 통하여 그 생활을 이바지하도록 허락하였는데, 지금 또 고초도(孤草島)를 허락하면, 고기 낚는 것을 가탁(假托)하고 그 섬에 머물러 살 것이니, 혹 변경을 노략질하는 일이 있을까 염려된다. 지금 우리나라의 소금 굽고 고기 낚고 해산물을 채취하고 하는 사람들이 여러 섬에 흩어져 있는데, 귀도(貴島)의 사람들이 어찌 다 족하(足下)의 마음을 본받겠는가. 만일 어쩌다 서로 만나면 반드시 살해할 뜻이 생길 것이니, 이것이 작은 일이 아니다.'라고 하였습니다. 정성(貞盛)이 대답하기를, '고기 낚는 사람이 반드시 내 문인(文引)을 받아 가지고 가고, 귀국에서도 역시 사람을 보내어 감사 중행하여 만일 문인이 없으면 적으로 논하고, 문인을 받은 자가 만일 난을 꾸미면 처자까지 죽여도 좋으니, 우선 1, 2년만 허가하여 시험하여 보아서, 만일 혹시라도 약속을 어기거든 도로 빼앗는 것이 또 무엇이 어렵겠습니까.' 하였습니다. (중략) 신이 종정성을 마주 대하여 말을 들어보고 얼굴빛을 보매, 겸허하고 공손하고 사정이 긴박하였으니, 그 섬의 생활을 생각하지 않을 수 없습니다. 원컨대, 종정성의 청에 따라서 종정성과 약속하기를, '만일 약속을 배반한다면 도로 금하고 막아서 고기를 낚지 못하게 하겠다.' 하면, 그 이익을 잃어버릴까 두려워하여 거의 도둑질할 마음이 없을 것입니다. 또 대마도 사람이 비록 들어와 도둑질하고 싶은 마음이 있으나, 기해의 변(이종무 장군의 정벌)을 징계하여 감히 못할 것입니다. 지금 부산포에 와서 사는 사람을 모두 강제로 돌려보내면 정성이 반드시 의심하는 마음을 품을 것이니, 청하옵건대, 적당히 수효를 정하여 도로 거주하도록 허가하는 것이 어떠합니까. 하니, 예조에 내렸다. 고초도는 전라도 남해 가운데에 있어서 육지까지 30여 리이고, 여러 대 동안 비어 두어 사는 백성이 없으므로 왜인이 청한 것이었다."[60]

이 때는 이예의 건의가 있은 지 약 2개월쯤 지난 시점이었다. 그때 대마도 현지를 다녀온 고득종은 대마도의 상황이 심상치 않으므로 고초도의 어장을 개방해주자고 건의한 것이었다. 고득종도 이예와 마찬가지로, 절망적인 상황에 빠진 대마도인들이 '포학을 자행하며 날뛰게 될까' 우려했던 것이다. 다만 고득종은 서여서도가 아니라 고초도를 개방하자고 했는데, 그것은 서여서도의 중요성 때문에 그곳은 안 된다는 방침이 지난번 이예의 건의 때 세워졌기 때문이 아닌가 생각된다.

이번에도 세종은 고득종의 건의를 예조에 내렸다. 예조에서는 일단 고초도를 현지조사한 후 개방여부를 정하자는 건의를 했는데[61], 이것은 예조에서도 사태의 심각성을 인정한 것이라 하겠다.

세종 22년(1440) 6월 22일자 실록에 의하면, 세종이 대신들과 더불어 고초도 어장 개방문제를 논의하였는데 의견이 찬반으로 갈려 결정하지 못했다고 한다.[62] 당시 세종과 대신들은 고초도 현지조사 결과를 토대로 어장개방문제를 논의했을 것이다. 당시 어장개방을 반대한 대신들은 '국가의 사변은 불우(不虞)에서 발생한다.'고 주장하였는데, 고초도 어장을 개방했을 때, 서여서도, 추자도, 진도 등이 왜인들의 노략질 위험에 빠질 가능성을 우려한 것이었다. 반면 찬성한 대신들은 개방하지 않았을 때, 절망에 빠진 대마도인들이 '포학을 자행하며 날뛰게 될까' 우려했을 것이다. 결국 반대 측은 미래의 국가안보를, 찬성 측은 당장의 국가안보를 염려했다는 면에서 모두 일리가 있었고 그 결과 세종은 가부간에 결론을 내리지 못했던 것이다.

이어서 4개월쯤 후인 세종 22년 10월 15일에 다시 고초도 어장개방 문제를 놓고 세종과 대신들 사이에 논의가 있었지만, 그 자리에서도 결

---

60) 『세종실록』권89, 22년 5월 29일.
61) 『세종실록』권89, 22년 6월 12일.
62) 『세종실록』권89, 22년 6월 22일.

론이 나지 않았다. 당시 반대한 신료는 병조판서 신인손, 이조판서 최부 등이고 찬성한 신료는 예조참의 고득종이었는데, 세종은 '내 생각으로는 고초도에서 왜인들로 하여금 왕래하며 물고기를 잡게 하되, 그 세금을 국가에 바치게 하면 저들은 모두가 기뻐할 것이요, 그 땅도 잃지 않을 것이다.'고 하여 찬성한다는 뜻을 나타냈다.[63] 세종은 기본적으로 대마도 현지사정을 잘 아는 이예 또는 고득종의 의견을 존중하는 입장이었지만, 신료들의 반대가 강해서 결론을 내리지 못했던 것이다.

하지만 대마도인들의 요청이 계속되자 세종은 23년(1441) 11월 21일에 어떻게 처리할지를 대신들에게 논의하게 하였다.[64] 세종은 최종 결정을 내리고자 한 것이었다. 22일에 세종은 대신들과 만나 고초도 어장개방문제를 논의하였는데[65], 그때도 찬반 의견이 팽팽하였다. 찬성 측은 영의정 황희, 좌찬성 하연, 우찬성 최사강, 병조판서 정연, 예조판서 김종서, 우참찬 이숙치 등이었는데, 그들의 찬성논리는 다음과 같았다.

> "비록 허락하지 않는다고 해도 몰래 숨어 왕래하면서 그 이익을 취하여 다함이 없을 것이니 본국에서 비록 안다고 해도 어떻게 금하겠습니까? 만약 금하려고 하면 분명 변경에 틈이 생길 것이니, 차라리 허락하여 그 은혜를 베푸는 것만 같지 못합니다. 또 약속을 정하여 왕래를 조절함이 편리할 듯합니다. 거제도의 지세포는 바로 왜선이 왕래하는 요충지이니 지혜와 용맹이 있는 자를 골라서 만호로 삼고, 종정성과 약속하기를, '너희들의 생활이 곤란하고 또 두세 번 청하기에 고초도에서 고기 잡는 것을 허락하고자 한다. 모름지기 배의 대소를 구분하여 문인(文引)을 주어 왕래하게 하고, 지세포에 세금을 바치며, 만약 문인이 없거나 또는 세금을 바치지 않으면, 논죄하여 세금을 징수하겠다.'고 함이 적당한 듯합니다."

---

63) 『세종실록』권91, 22년 10월 15일.
64) 『세종실록』권94, 23년 11월 21일.
65) 『세종실록』권94, 23년 11월 22일.

반대 측의 대표자는 우의정 신개였는데, 그의 반대 논리는 다음과 같았다.

> "만약 이 청을 허락하면 저들이 분명 고초도를 그들의 땅으로 만들고, 혹 와서 거주하는 자도 있을 것입니다. 그렇게 오랜 세월이 지나면 본국에서 무슨 연유로 다투겠습니까. 생각하면 가히 한심스럽습니다. 마땅히 왜인에게 알리기를, '고초도는 우리나라 영토인데, 너희들이 어찌 감히 마음대로 왕래하며 고기를 잡겠는가' 하여 마땅히 대의를 들어 깨우쳐 말할 것이오며, 가볍게 승낙해서는 안 됩니다. 저들이 비록 몰래 숨어서 왕래할지라도 매번 고기잡을 때를 당하여 병선을 나누어 보내 수색해 잡아 적선(敵船)으로 논죄하면, 저들이 어찌 감히 왕래하며 그 위력을 범하겠습니까? 이렇게 하면 우리나라의 위엄이 크게 떨쳐서 저들이 감히 방자하지 못할 것이오니, 신은 허락하지 않는 것이 적당하다고 생각하옵니다."

세종은 찬성 측의 입장대로 고초도 어장을 개방하기로 결정하였다. 그러나 다음날 우의정 신개가 세종을 찾아와 울면서 고초도 어장개방을 취소할 것을 요청하는 등 여전히 반대 측의 반발은 거셌다. 그럼에도 불구하고 세종은 고초도 어장을 개방하기로 한 결정을 철회하지 않았다. 세종은 왜 신료들의 반대를 무릅쓰며 고초도 어장을 개방했을까?

세종은 무엇보다도 대마도의 상황이 심상치 않다고 판단한 듯하다. 그 판단은 당대 최고의 일본전문가 이예와 직접 일본을 다녀온 고득종의 의견이기도 하였다. 세종은 영토, 영해를 개방할 수 없다는 원칙론에 집착하다가, 대마도인들을 극단적인 상황으로 내몰까 우려했을 것이다. 만약 극단적인 상황으로 내몰린 대마도인들이 '포학을 자행하며 날뛰게' 되면 그 피해와 비용도 결코 적지 않을 것이라 판단했을 듯하다.

세종은 일찍이 '저들이 만약 내가 쌀을 내린 것에 감사하여 변경을 소란하게 하지 않는다면 비록 해마다 천석이라도 줄 수 있다.'[66)]고 한

적이 있었다. 세종은 일방적인 무력과 위협만으로는 대마도 문제를 해결할 수 없다고 생각하고 평화를 유지하기 위한 일정정도의 비용을 지불해야 한다고 생각하고 있었던 것이다. 따라서 세종은 대마도와의 군사적 충돌이 우려되는 상황에서, 조선의 영토와 영해를 지키면서 동시에 충돌을 피하는 방법으로는 고초도 어장개방이라고 판단했던 것이다. 다만 개방하더라도 그곳이 조선의 영해와 영토임을 분명히 하고, 아울러 노략질의 위험을 없애기 위해 세금부과 및 통행증 발급 등 만반의 대책을 세웠던 것이다.

세종 23년(1441) 11월 22일에 고초도 어장을 개방하기로 한 지 2년 후인 세종 25년(1443)에 조선과 대마도 사이에는 이른바 계해약조가 체결되었다. 계해약조는 대마도주에게 매년 200석의 쌀과 콩을 무상으로 원조하고, 대마도주는 매년 50척의 세견선을 보낸다는 약조로서, 이 약조는 조선 초기 대일통교체제의 기본골격이 되었다.67) 계해약조가 맺어짐으로써 조선과 일본 그리고 대마도 사이에는 평화체제가 정착되었다. 이렇게 남해안이 안정된 이후, 세종은 본격적으로 4군 6진 등 북방을 개척하기 시작하였다. 이렇게 본다면 세종 대의 북방개척은 조선 건국 이래로 계속 추진된 해양개척의 성공 위에서 가능했다고 할 수 있다. 그런 의미에서 조선은 건국 후 남방의 해양개척과 북방의 육지개척을 추진한 진취적인 국가였다고 평가할 수 있다.

우리민족은 과거 북방 민족의 침략을 받았을 때 자주 '청야작전'을 쓰곤 했다. '청야작전'은 말 그대로 전쟁 중의 작전일 뿐이었다. 이것을 '청야정책'이라고 할 수는 없다. 만약 '청야정책'이라고 한다면 들판을 포기하는 정책을 구사했다는 것인데, 이런 정책을 펴고도 나라를 유지

---

66) "上日 彼若感予賜米 不擾邊境 則雖歲給千石 猶可支也"(『세종실록』권39, 10년 2월 17일).
67) 하우봉, <일본과의 관계>『한국사』22, 국사편찬위원회, 1995, 384~385쪽.

할 수 있었겠는가?

고려 말과 조선시대에 있었던 몇몇 '공도'는 마치 '청야'처럼 전란이라는 비상사태에 대처하기 위한 비상조치일 뿐이었다. 그래서 굳이 말을 붙인다면 '공도작전'이라고 해야지 '공도정책'이고 하면 전혀 역사적 사실에 맞지 않는다.

고려 말의 공도는 왜구의 노략질에서 백성들의 생명과 재산을 보호하기 위한 부득이한 조치였다. 게다가 조선건국을 전후하여 수군력이 강화되면서 공도되었던 많은 섬에 다시 백성들이 들어가 살았으며, 정부에서는 그것을 장려하기도 하였다. 그것은 조선 바다에 대한 조선수군의 제해권이 확보되면서 가능한 일이었으며 해양개척의 결과이기도 했던 것이다.

조선전기 남해안의 어장과 어종
- 조선 어민과 대마도 어민 어업비교 -

최 영 하

목 차

1. 머리말
2. 연해 어업과 조선 어민
   1) 연안의 어장, 어량
   2) 어량에서의 주요 어종
   3) 근해 어업을 하는 조선인
3. 왜인(대마도)의 어업활동
   1) 포소왜관의 어장과 어종
   2) 황금어장, 고초도
   3) 고초도의 어종
4. 맺음말

---

1. 머리말

삼면이 바다로 둘러싸인 한반도는 예로부터 풍부한 어업자원의 보고로 각광받았다. 난류가 흐르는 남해안과 조수 간만의 차로 형성된 갯벌과 각종 어종의 산란장으로 풍부한 어종이 모이는 서해안, 그리고 동해안의 풍부한 플랑크톤 형성으로 한류성 어종과 난류성 어종을 모두 어획할 수 있는 자연 환경을 가지고 있었기 때문이다. 이런 환경을 충분히 활용하게 된 시기는 얼마 되지 않는다. 고려말 잦은 왜구의 침략으로 인해 해안가에 백성들이 마음 편히 거주하기가 힘들었고 생업을 위해 바다로 나가는 백성들은 빈번히 약탈당하거나 목숨을 잃었기에 고려 조정에서는 급기야 해안가와 도서지방에 백성들의 거주를 금하는 공도정책을 실시하기에 이른다. 이로 인해 풍부한 어장인 남해안은 그대로 방치되었고 왜인들은 이런 상황을 기회로 삼아 잠입하여 조어활동을 행하였다. 그러나 조선시대에 접어들면서 대대적인 도서지방의 개척으로 인해 점차 내륙중심이었던 어업이 해안으로 나아가기 시작하였다. 이러한 현상을 어량의 이동으로 살펴보고 조선시대 어량에서의 활동과 근해어업활동, 그리고 왜인들의 어업활동을 살펴보고자 한다. 또한 왜인들이 원했던 남해안의 상황과 이들이 원했던 남해안은 당시 어떤 상황이었고 조어 활동이 가능했던 곳은 있었을까 등의 물음을 가지고 조사해 보고자 한다. 그리고 조어활동을 했던 어장에서의 어종을 찾아보고 비록 후기에 저술되었지만 조선시대 유일의 어류도감인 자산 정약전의 『자산어보(玆山魚譜)』를 통해 조선에서 이들 어종이 어떻게 이용되었고 인식되었는가를 알아보고자 한다.

2. 연해 어업과 조선 어민

1) 연안의 어장, 어량

조선 전기 해안에서의 어업행위는 고려말 왜구로 인한 공도정책으로 근해에서 활발하게 이뤄지지 않았다. 전기의 기록에서 찾아 볼 수 있는 연안 어업 활동으로는 고려시대부터 설치 된 어량을 통한 것이 있다. 해안에 어살이나 어량을 설치하게 하여 어민들이 연안에서 생산 활동을 훨씬 더 수월하게 해주고 있는 것을 볼 수 있다. 어량은 고려시대에 왕자가 개복(開福)한 날에 어량을 주었고, 조선에서는 어민의 생활을 돕기 위해 개인에게 분급되어 상속이 되기도 하고, 각 지역별로 나누어 설치하여 생산되는 해산물 등을 공납으로 바치기도 하였다. 어량이나 어전은 해안가의 공식적인 어장인 관계로 국가에서 자세한 수량을 조사하여 대장을 만들고, 생산에 따라 대·중·소로 구분하여 기록·보고하였다. 남해안을 끼고 있는 전라도와 경상도에 분급된 어량의 수와 그 지역의 토산물을 살펴보면 다음과 같다.

구분	지역	어량수	어량의 위치	어종	
				해수어	담수어
경상도	경주	2	부의 동쪽 53리에 팔조포(八助浦); 안강현(安康縣)의 동쪽 24리 형산포(兄山浦); 굴연(堀淵)의 하류;		은구어
	진주목	2	사천현 경계에 강주포(江州浦) 곤양군 경계에 김양포(金陽浦)		
	칠원현	1	구산현(龜山縣) 여음포(餘音浦);	대구어	
	하동현	3	남포(南浦), 동쪽 15리 사포(蛇浦), 남쪽 18리 소근포(所斤浦)		
전라도	낙안군	1	군의 남쪽 30리에 장암포(場巖浦)		
	영광군	13	대서호(大西湖) 군 서쪽 25리에 있는데, 일명 마성(馬城) 옛 망운향(望雲鄕)인데 망운도(望雲島)		
	무장현	34	현에서 북쪽 40리 떨어져 있는 세십포(細十浦);		
	부안현	2	위도(猬島)	청어	

<표-1> 『세종실록지리지』에 보이는 전라·경상도 어량의 수

이와 같이 세종실록 지리지를 통해 살펴보면 경상도 지역의 어량은 총 9개, 전라도 지역은 총 48개로 알 수 있다. 경상도 지역의 경우 남해와 동해를 끼고 어종이 풍부함에도 불구하고 어량이 설치된 지역이 미미 하다. 그러나 예종 1년(1469년)에 <세종실록지리지>의 경상도에서 부족한 부분을 보충하여 작성한 <경상도속찬지리지>를 보면 경상도의 어량 수가 결코 작지 않음을 보여 준다.

지역	어량수	어량의 위치	어종	
			해수어	담수어
경주부	3	경주부의 동쪽 팔조포(八助浦):	넙치	모래무지
		경주부의 북쪽 굴연천(堀淵川):	황어(강에서잡힘)	은구어
		경주부 내 안강현(安康縣):		연어
밀양부	1	남천(南川):		은구어
대구 도독부	1	대구 도독부 서쪽 금호진(琴湖津):		은구어
청도군	1	청도군 역암리(亦岩里):		은구어
양산군	1	양산군 서쪽 환읍포(丸邑浦):		은구어
흥해군	2	동쪽 두모적해(豆毛赤海):		
		북쪽 포이진(包伊津):		은구어
울산군	5	동쪽 유등포(柳等浦), 남수천(南水川), 서쪽 굴대천(堀大川), 남쪽 소등이천(所等二川)		은구어
		남쪽 가리동 백포(白浦), 송포(松浦), 임랑포(林郞浦)	청어, 넙치	
영일현	1	동쪽 임곡포(林谷浦):	청어, 넙치,	은구어
기장현	1	동쪽 이을포(伊乙浦):	청어, 넙치	
장기현	2	남쪽 양포(梁浦), 북쪽 송길포(松吉浦)	대구, 넙치, 청어, 송어	
동래	1	남내포(南內浦):	대구, 청어	
영산현	1	남쪽 동보포(東步浦):		붕어, 잉어
청하현	1	현 내(內) 개포(介浦):	대구, 광어, 고등어	
안동 대 도독부	1	남천(南川):		은구어
영해 도독부	1	북쪽 적천(赤川):		은구어, 황어
영천군(榮川)	1	남천(南川)		은구어

청송군	1	남천(南川)		은구어
영천군(永川)	1	서, 남천이 만나는 하천		은구어
영덕현	2	서천(西川):		은구어, 황어
		포내천(浦內川):		연어
봉화현	1	매토부(買吐部) 남대천(南大川):		은구어
성창현	1	동쪽 냇가		은구어
용궁현	1	서쪽 성화천(省火川)		은구어
고령현	2	현 내(內) 원당(元堂) 시내, 남쪽 사촌(沙村) 시내		은구어
곤양군	1	남쪽 금량포(金梁浦)	홍(紅)어, 문어, 전어	
김해 도독부	1	남포(南浦):	차조기	붕어, 숭어, 잉어, 뱅어
삼가현	1	남쪽 을천포(乙川浦):		은구어
의령현	1	동쪽 대천(大川):		은구어, 잉어
거창현	1	남포(南浦):	대구, 홍(紅)어	은구어
남해현	3	대포(大浦), 파천포(巴川浦), 난보포(蘭甫浦)	석수어, 홍(洪)어, 문어	
사천현	1	하천이 더해짐:		은구어
산음현	1	남쪽 장선(長善) 냇가:		은구어
단성현	1	동쪽 대천(大川)		
고성현	4	동쪽 춘원리(春原里) 종해도(終海島)	대구	
		수월포(愁月浦), 양지포(陽知浦), 서쪽마소포(馬所浦)	문어, 홍(洪)어	
거제현	1	현 해(海):	대구, 청어, 문어, 홍어	
칠원현	2	서쪽 하천:		은구어, 붕어잉어
		현 내(內) 귀산현(龜山縣) 여포(余浦):	전어, 대구	
진해현	1	남쪽 대해(大海):	대구, 전어, 청어, 홍어	

<표-2> 『경상도 속찬 지리지』에서의 어량과 어종

조선 전기 경상도에 위치한 총 어량의 수는 52곳으로 알 수 있다. <세종실록지리지> 보다 더 자세히 기록하였고 그 지역 어량에서 잡히는 어종 또한 기록해 놓아 어량의 위치를 강이나 바다로 유추할 수 있

었다. <세종실록지리지>만 살펴보면 어량은 왜구 때문에 남해안 해안가에 분포하기 힘들다고 생각하였으나 <경상도속찬지리지>에서는 동해안과 남해안을 끼고 해안가에 넓게 분포하고 있다. 남해안, 특히 고성, 진해, 거제, 동래 지역에 어량이 과감하게 나타나는 것은 이 지역에 방어시설이 설치되었기 때문으로 보여 진다. 왜구를 보호해 줄 군사들이 주둔하였기에 마음 편히 어량에서 어업활동을 할 수 있었기 때문이다. 그만큼 공도정책이 시행된 고려말에 비해 조선초에는 도서 지방에 방어시설을 설치하여 어업영역을 개척했음을 알 수 있다. 그렇다면 분명 전라도지역 남해안을 끼고 있는 청정해역에도 분명 방어시설이 설치된 지역에 어량이 분포할 것이며 <세종실록지리지>에서 보이는 50곳 보다 훨씬 많은 어량의 수가 위치하였을 것이다.

경상도의 어량 분포를 보면 해안지방에 국한되지 않고 내륙지방에도 넓게 분포하고 있다. 내륙지방에 주요 어종은 은구어(은어)가 대표적인데 이것은 강뿐만 아니라 산이 많은 경상도 지형의 산 속 계곡에서도 많이 잡을 수 있다. <경상도속찬지리지>표에서 보여 지는 어종의 분류를 보아도 은구어가 상당히 많이 차지하는 것을 알 수 있다. 은구어는 팔도에서 거의 잡히는 어종이기 때문에 이것을 잡아서 이익을 취하려는 어업활동보다 자급자족식으로 잡아서 식량으로 획득하기 위해 잡았을 것이다. 또한 황어, 숭어와 같이 바다에서 활동하지만 산란기에 강으로 돌아오는

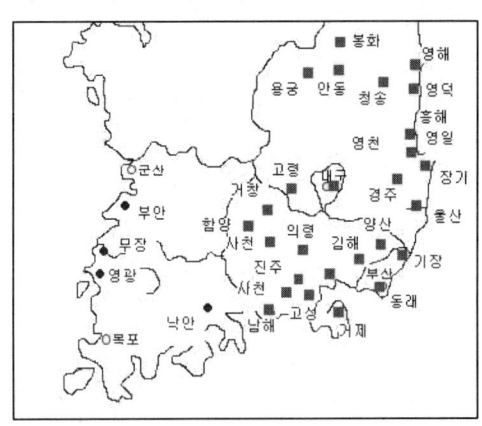

<그림-1>조선전기 남부지역 어량 분포

어종이 보이는 것으로 보아 이 어종들은 분명히 산란기에 잡힐 것으로 짐작되고 강에서 조어한 어종일 것으로 여겨진다. 이러한 점에서 비록 해안가에 어량이 많이 설치 되어있지만 고려시대 미약해진 해양어업활동으로 인해 내륙중심의 어업활동이 전기에서도 이어졌을 것으로 생각된다. 그러나 점차 해안지역으로 어량이 확인되기 때문에 내륙어업에서 해양어업의 비중이 조금씩 확대되었을 것으로 추측된다. 바다에서의 어업은 크게 활발하지 못하였으나 연안에서 이루어지는 어업은 어량을 중심으로 이루어 졌을 것으로 보인다.

2) 어량에서의 주요 어종

어량에서 잡히는 주요 어종은 <경상도속찬지리지>에서도 어종을 확인 할 수 있으나 실록에서 보이는 기록에서 팔도에서 주요 어량에서 잡히는 어종을 볼 수 있다. 세종 19년, 호조에서 의정부에 보고하는 내용에서

> 漁水梁則咸吉、江原之大口魚 · 鰱魚 · 鮒魚、慶尙之大口魚 · 青魚、全羅之石首魚 · 青魚、忠淸之靑魚 · 雜魚、京畿之雜魚 · 蘇魚、黃海之雜魚 · 青魚、平安之石首魚 · 雜魚, 此其産之最多者也[1]

라고 하였다. 어량에서 잡히는 어종은 각 지역마다 다양한 것으로 함경도와 강원도에서는 대구 · 연어 · 방어, 경상도에서는 대구어 · 청어, 전라도에서는 조기 · 청어, 충청도의 청어 · 잡어, 경기도에서는 잡어 · 밴댕이, 황해도에서는 잡어 · 청어, 평안도에서는 조기 · 잡어가 많이 잡히는 것을 알 수 있다. 전라도와 경상도의 어종 위주로 살펴보자.

---

1) 『세종실록』, 19년 5월 경인.

(1) 청어(青魚)

경상도와 전라도의 어종을 살펴보면 공통적으로 잡히는 것은 청어이다. 경상도와 전라도뿐만 아니라 팔도에서 거의 청어가 난다고 해도 과언이 아닐 정도이다. 조선에서의 청어의 기록을 살펴보면 18세기 학자 정약전의 자산어보에서 다음과 같이 기록하고 있다.

> 청어(青魚) 길이는 한자 남짓하다. 몸은 좁다. 푸른색을 띠고 있지만 물 밖으로 꺼낸 지 오래되면 대가리가 붉어진다. 맛은 담박하며 국·구이·젓갈·포에 모두 좋다. 정월이 되면 알을 낳기 위해 해안 가까이 몰려드는데, 수억 마리가 떼를 지어 바다를 덮는다. 청어 떼는 석 달 간의 산란을 마치면 물러가는데, 그 다음에는 길이 서너 치 정도의 새끼들이 그물에 잡힌다. 1750년 이후, 10여 년 동안은 풍어였지만, 그 후 뜸해졌다가 1802년에 다시 대풍을 맞이했으며, 1805년 이후에는 또다시 쇠퇴하기를 반복했다. 이 물고기는 동지 전에 경상도 동쪽에 나타났다가 남해를 지나 서쪽으로, 다시 북쪽으로 이동하여 음력 3월에는 황해도에 나타난다. 황해도에서 잡히는 청어는 남해의 청어에 비하면 곱절이나 크다. 영남과 호남에서는 청어 떼의 회유가 교대로 성쇠를 거듭한다. 창대는 영남산 청어는 척추가 74마디인 반면 호남산 청어는 53마디라고 했다.[2]

위의 기록을 살펴보면 청어떼는 남해에서 서해로 이동하기 때문에 경상도, 전라도, 경기도, 황해도에도 청어가 잡히는 것이다. 시대에 따라 어획량의 변동이 많았던 것으로 보이며『도문대작』에서는 전한말에 세상이 혼란하고 황폐해지니 모든 것이 시들어 지고 청어 또한 귀해져 명종 이후에는 쌀 1두에 50마리더니 지금은 거의 나지 않는다[3]라 기록하고 있는 것으로 보아 또한 변동이 심했음을 알 수 있다.

청어는 경기·서울지방에서는 비웃이라고도 불리는데 19세기 고서

---
2) 정약전 저, 정문기 역,『자산어보』, 지식산업사, 1977, 34쪽.
3) 윤서석,『한국식품사연구』, 신광출판사, 1974, 99쪽.

『명물기략』에는

> 값싸고 맛이 있어 서울의 가난한 선비들이 즐겨 먹으므로 선비들을 살찌게 하는 물고기라고 해서 한자어로 비유어(肥儒魚)라 쓰게 되었다

라고 비웃의 어원을 설명하고 있다. 비웃젓은 경기·서울지방에서 대표적으로 먹는 젓갈류로써 청어의 알을 소금에 절여 젓갈로 담근다. 청어로 국으로 해먹었다고 나와 있는데 현재 국보다는 찌개와 구이로 많이 이용되고 있고 특히 구이는 현재 뿐만 아니라고 조선시대에도 널리 해먹었던 음식이었다. 동학의 어떤 기록에 나주 감영에서 비웃 굽는 냄새가 코를 찔렀다는 부분이 나오는데 이는 당시 청어가 대중적인 먹을거리였음을 짐작케 한다. 구이로 주로 해먹었던 것은 아마도 청어가 잔가시가 많아 횟감으로 부적합한 데다 신선도가 떨어지기 쉬운 물고기였기 때문일 것이다[4]. 청어를 포로 만든 것을 포항에서는 과메기라고도 불리는데 이는 나뭇가지에 매달아 말렸다고 해서 관목(貫目)이라는 뜻에서 포항지방에서 목은 메기라는 방언으로 관메기라 불리다가 ㄴ자가 탈락하여 과메기가 되었다는 유래설이 있다. 포항에서는 주방에 살창이라 하여 밥 지을 때 솔가지를 태우는데 이 솔가지를 뗄 때 자연스럽게 빠져나가게 했다. 겨울에 청어를 여기에 걸어두면 자연스럽게 얼었다가 녹는 냉훈법이 되고 솔잎향까지 첨가되어 궁중의 진상품으로 나가게 되었다.

청어의 알은 위에서 언급하였듯이 젓갈류로 담가지는데 이외에도 알탕이나 알건포, 초밥의 재료로 다양하게 이용된다. 특히 일본에서는 청어의 알은 점성이 높아 다시마에 잘 붙어 있는데 이를 자연 상태로 건져서 먹기도 한다.

---

[4] 이태원, 『현산어보를 찾아서』, 1998, 청어람미디어, 68쪽.

(2) 대구어(大口魚)

대구는 진해만을 중심으로 한 경상도연안에서 가장 많이 어획된 어종이다. 동해구가 명태로서 대표되고 서해구가 조기로서 대표된다면 남해구는 대구로서 대표된다고 할 수 있다. 그러한 의미에서 명태, 조기, 대구를 대상으로 한 어업을 과거 조선의 삼대어업이라고 하기도 했다.[5]

정약전은 대구어를 대두어(大頭魚), 또는 무조어(無祖魚)라고 하였는데 대두어는 주로 통영지방에서 불리는 말이었다.

> 대두어(大頭魚) 무조어(無祖魚) 큰 놈은 두자가 조금 못된다. 머리와 입은 크지만 몸은 가늘다. 빛깔은 황흑색이며 고기맛은 달고 질다. 조수가 왕래하는 곳에서 돌아다닌다. 성질이 완강하여 사람을 두려워하지 않으므로 낚시로 잡기가 매우 수월하다. 겨울철에는 진흙을 파고 들어가 동면한다. 이 물고기는 그 어미를 잡아먹기 때문에 무조어(無祖魚)라고 불린다. 흑산에도 간간이 나타나지만 많지는 않다. 육지 가까운 곳에서 잡히는 놈은 매우 맛이 좋다. 이 밖에 다른 종류로 조그만 놈이 있는데, 이곳 사람들은 덕음파(德音巴)라고 부른다. 이 물고기의 길이는 5~6치이다. 머리와 몸뚱이가 모두 서로 대칭이다. 빛깔은 누렇거나 또는 검은색이다. 해변의 가까운 물가에서 서식한다.[6]

대구어는 어미를 잡아먹을 정도로 식성이 왕성하고 그것을 반영하는 듯 생김새 또한 입이 커서 대구어(大口魚)라고 이름 불렀다. 흑산에는 간간이 나타나지만 많지는 않다는 정약전의 글로 보아 흑산도는 근해이기에 연해에 주로 잡히는 대구어가 많을 리 없었을 것이다. 그러나 근해에서 보이는 것은 대구가 한류성 심해어류이기 때문이다. 수심 45~460m의 바다에서 무리를 지어 서식하며 겨울철 산란기에 우리나라 연안까지 남하한다. 산란기의 대구는 영양을 비축해 두기 때문에 맛

---
5) 박구병, 『한국수산업사』, 태화출판사, 1966, 98쪽.
6) 정약전 저, 정문기 역, 『자산어보』, 지식산업사, 1977, 67쪽.

이 일품인데 바로 그 시기가 12월에서 1월 사이인 것이다. 대구의 산란장은 진해만이기 때문에 삼포 개항이후 웅천·진해만 지역에서 많이 조업 했을 것이다.

『산림경제』에서는 "대구어의 알에 간을 해두면 맛있고 담백하여 먹기 좋다. 동월(冬月)에 반건(半乾)한 것이 아주 좋다"고 하였으며, 『규합총서』에서는 "대구는 동해에서만 나고 중국에는 없기 때문에 그 이름이 문헌에는 나오지 않으나 중국 사람들이 진미라 하였다. 북도 명천의 건 대구가 유명하다"고 하였다. 『임원십육지』와 『재물보』에서는 대구의 구 자를 '구'라고 표기하였다.

대구는 지방이 적어서 비린 생선을 좋아하지 않는 이도 잘 먹는 생선이다. 부산의 음식으로 뽈국과 뽈찜이 있는데 대구 머리로 만든 음식이다. 창란젓은 창자나 아가미를 소금에 절였다가 양념과 버무려 익힌다고 한다. 대구를 말린 대구포는 오래전부터 만들어 온 가공 식품으로 머리와 내장을 제거한 것을 절반으로 갈라서 말리는데 소금으로 절였다가 등을 갈라서 한 장으로 펴서 말린 것으로 잔칫상이나 제사상에 쓰인다. 예전에는 산후에 젖이 부족한 산모들이 영양 보충을 겸하여 먹곤 하였다. 『음식디미방』에서는 대구 껍질을 삶아서 가늘게 썰어서 무친 것을 '대구껍질채'라 하였다.

대구는 약용으로써 회충에는 큰 대구 한마리를 물로 씻지 않고 달여 먹으면 구충이 잘 된다고 하며, 유종에는 껍질을 물에 담갔다 붙이면 잘 듣는 다고 한다. 의약용으로도 쓰이는 간유는 대구의 간에서 빼낸 것으로 비타민 A와 D가 가장 많다고 한다. 보통 대구는 얼간 자반 등을 만들어 먹기도 한다. 특히 눈알은 영양가도 높고 맛도 일품이므로 고급 요리에 사용된다.[7]

---

7) 네이버 백과사전, 대구어.

(3) 조기(曹機)

조기는 서해안의 대표 어종으로 고려시대부터 권문세가들이 즐겨 먹는 고급어종이었다. 자산 정약전은 조기를 추수어라 하며 다음과 같이 기록하고 있다.

> 조기(蹈水魚) 큰놈은 한자 남짓 된다. 모양은 민어를 닮았지만 몸이 날씬한 편이다. 맛 또한 민어를 닮아 아주 담박하다. 쓰임새도 민어와 같다. 알은 젓을 담는데 좋다. 흥양 바깥 섬에서는 춘분이 지나서 그물로 잡고 칠산 바다에서는 한식 후에 그물로 잡으며, 해주 앞바다에서는 소만이 지나서 그물로 잡는다. 흑산 바다에서는 음력 6월~7월이 되면 밤 낚시에 낚이기 시작한다. 그러나 이때의 조기 맛은 산란 후인지라 봄보다는 못하며, 굴비로 만들어도 오래가지 못한다. 가을이 되면 조금 나아진다.
> 이곳 사람들이 보구치라고 부르는 놈은 몸이 조금 크고 짤막하다. 머리는 작고 구부러져 있어서 후두부가 높아 보인다. 맛은 비린내가 나 포를 만드는 데 쓸 수 있을 뿐이다. 칠산 바다에서 나는 것은 그 맛이 조금 낫지만 이것 역시 썩 좋지는 않다. 반애라고 부르는 조금 작은 놈은 머리가 뾰족한 편이고 색은 약간 희다. 가장 작은 놈은 황석어라고 부르는데 길이가 4~5치 정도에 꼬리가 무척 날카롭고 맛이 매우 좋다. 때로 어마에 드는 일이 있다.[8]

조기는 민어를 닮은 물고기로 기록하고 있다. 민어와는 달리 조기는 해안에서 주로 잡히는데 이것은 또한 산란을 위해 접근하는 것이다. 산란기의 조기가 맛이 좋으며 산란후의 조기는 맛도 굴비를 만들어도 상태가 좋지 못한 것을 알 수 있다. 조기가 특히 많이 잡히는 곳은 영광군인데 영광군의 어량수가 34곳이 되는 곳으로 보아 그 규모를 얼핏 짐작 할 수 있다. 영광군의 법성포는 그 중에서 조기로 인해 큰 장이 열렸는데 오횡묵이 지은 『지도군총쇄록』에 다음과 같이 기록되어 있다.

---
8) 정약전 저, 정문기 역, 『자산어보』, 지식산업사, 1977, 20쪽.

법성포의 서쪽 바다는 배를 댈 곳이 없다. 이곳에 있는 칠뫼라는 작은 섬들이 위도에서부터 나주까지의 경계가 되는데, 이를 통칭하여 칠산 바다 라고 한다. 서쪽바다는 망망대해이다. 해마다 고기가 많이 잡히므로 팔도에 서 수천 척의 배들이 이곳에 모여들어 고기를 사고파는데, 오고가는 거래액 이 가히 수십만 냥에 이른다고 한다. 이때 가장 많이 잡히는 물고기는 조기 로 팔도 사람들이 모두 먹을 수 있을 정도로 어획량이 많다.

본 군의 칠산도에서는 매년 봄에 조기어장이 형성된다. 본래 칠산 어장 은 바다 폭이 백여리나 되어 팔도의 어선들이 몰려드는 곳이다. 그물을 치 고 고기를 잡는 배가 근 백여 척이 되며, 상선 또한 왕래하여 그 수가 거의 수천 척에 이른다.

라고 한다. 이와 같이 법성포에 조기 어장이 형성되는 것은 조기 떼 를 유혹하기에 적합한 조건들을 갖추고 있었기 때문이다. 법성포 근해 는 바닥에 모래와 뻘이 깔려있고 수심이 얕은데, 조기류는 바로 이런 곳에서 먹이를 찾고 알을 낳는다. 조기 어장으로 유명한 연평, 해주, 철산 등이 모두 비슷한 조건을 갖춘 곳들이다.[9]

조기의 어획량은 상당했던 것으로 자산어보에서 조어방법을 그물로 한 것이나 자산어보에 주를 단 이 청의 글에서 '가끔 물고기 떼를 만 날때면 산더미처럼 잡을 수 있어 배에 다 실을 수 조차 없었다.'라는 부분에서 알 수 있다. 조선 전기에도 풍부했던 어획량은 『세종실록지 리지』 전라도 나주목 영광군의 기록에서 보이는데,

石首魚, 産郡西波市坪【春夏之交, 諸處漁船, 皆會于此, 網取之, 官收其稅, 以資國用。】

조기, 군의 서쪽 파시평(波市坪)에서 난다.
【봄 · 여름 사이에 여러 곳의 어선(漁船)이 모두 이곳에 모여 그물로 잡는데, 관청에서 그 세금을 받아서 국용(國用)에 이바지한다.】[10]

---

9) 이태원, 『현산어보를 찾아서3』, 청어람미디어, 1998, 59쪽.

파시평에서 조기를 낚는 방법 또한 그물로 잡고, 그것으로 인해 얻은 수입의 일부에서 세금을 걷어 국가의 재정으로 썼다는 것은 조기의 어획량을 짐작케 하는 부분이다.

조기는 말려 건조 시킨 것이 전국으로 유통되었는데 이것을 굴비라고 칭한다. 굴비의 유래는 고려 17대 인종 때, 난을 일으킨 이자겸이 정주(지금의 법성포)로 귀양을 왔다가 해풍에 말린 조기를 먹어보고 그 맛이 뛰어나 임금에게 진상하고 이에 임금은 감복하여 유배를 풀어주었다고 한다. 그는 말린 조기를 보내며 자신의 뜻을 '굽히지(屈) 않겠다(非)'는 의미의 '굴비'라는 이름을 붙였다. 이때부터 영광굴비는 수라상에 올라가기 시작하였다. 굴비는 조기의 아가미를 헤치고 조름을 떼어낸 후 깨끗이 씻어 물기를 뺀 다음, 아가미 속에 소금을 가득 넣고 생선 몸 전체에 소금을 뿌려 항아리에 담아 이틀쯤 절인다. 절인 조기를 꺼내어 보에 싸서 하루쯤 눌러 놓았다가 채반에 널어 빳빳해질 때까지 말린다. 특히 산란을 위해 3월 중순 영광 법성포 칠산 앞바다를 지나는 참조기를 쓴 굴비를 영광굴비라 하며 가장 유명하다. 타 지역에서 소금물에 조기를 담갔다 말리는 방법을 사용하는 것에 비해 영광굴비는 섶간이라 하여 1년 넘게 보관해서 간수가 완전히 빠진 천일염으로 조기를 켜켜이 재는 것이 특징이다.[11]

3) 근해어업을 하는 조선인

조선 전기에 어량이나 연안에서의 어업 활동을 했지만, 연안에서 모든 해산물을 얻을 수는 없었다. 희소가치에 사람들이 눈이 멀 듯 조선 전기의 백성들도 왜구로 인해 위험한 바다에서의 풍부하고 값나가는

10) 『세종실록지리지』, 전라도, 나주목, 영광군.
11) 네이버 백과사전, 굴비.

어종에 끌렸던 것 같다. 『조선왕조실록』에 보이는 다음과 같은 기사들에서 알 수 있다.

　　호조(戶曹)에서 전라도 관찰사(全羅道觀察使)의 계본(啓本)에 의거하여 아뢰기를,
　　"바닷가에 사는 백성들은 오로지 해물(海物)을 채취하여 팔아서 생활하기 때문에 비록 공물(貢物)을 면제할지라도 백성들이 사사로이 채취하는 것을 금하기가 어렵습니다. 전라도뿐만 아니라 여러 도의 바닷가 고을에서 바치는 인복(引鰒)·원전복(圓全鰒)으로 물건을 만들 만한 것은 깊고 먼 절도(絶島)에서 채취해야 하므로, 만약 엄하게 금하면 채취할 만한 곳이 없습니다. 이 뒤로는 대복(大鰒)을 채취할 때에 각도 관찰사로 하여금 배가 경유하는 각포의 만호(萬戶)를 수호인(守護人)으로 정하여 거느리고 가서 채취하게 하고, 해산물을 사사로이 채취하는 것을 엄금하며, 만일 법을 무릅쓰고 몰래 들어가는 자가 있으면, 소재한 수령과 경유하는 각 포구의 만호를 아울러 논죄하여 파출하게 하소서." 하니, 그대로 따랐다.12)

　　경연(經筵)에 나아갔다. 강(講)하기를 마치자, 집의(執義) 이형원(李亨元)이 아뢰기를,
　　"신이 상(喪)을 입고 전라도에 있으면서 들건대 광양(光陽)·낙안(樂安)·순천(順天) 등 고을에서 해마다 세인복(細引鰒)을 공납(貢納)하는데, 경내에는 큰 복어(鰒魚)가 없어서 외딴 섬에 깊이 들어가서 잡다가 갑자기 고기잡는 왜인을 만나면 그 힘이 강하고 약한데 따라 서로 이기기도 하고 지기도 합니다. 관리가 비록 이를 안다고 할지라도 숨기고 보고하지 아니하여 변경의 분쟁이 항상 소홀하게 하는 데에서 일어나니, 청컨대 금방(禁防)을 엄하게 세워서 가서 캐지 못하게 하고, 또 큰 전복은 외딴 섬에서만 생산되니, 청컨대 광양 등 고을의 세인복(細引鰒) 공납(貢納)을 감하게 하소서. 또 지금 국문(鞫問)하는 수적(水賊)은 그것이 고기잡는 왜인으로서 문인(文引)이 없는 자를 가지고 해적으로 오인(誤認)한 것인지 어찌 알겠습니까? 요컨대 마땅히 실정을 캐내어서 처리할 것입니다."13)

---

12) 『성종실록』, 21년 11월 28일.

이와 같이 연안에서 구할 수 없는 좋은 품종의 전복을 캐기 위해 심해로 위험을 무릅쓰고 나가 조선 조정에서 금하는 일을 볼 수 있다. 이러한 제재에도 불구하고 심해로 나가려는 어민들은 어로활동을 하기 위해 땔나무·물을 실을 수 있는 거도선[14]을 타고 해산물을 채취하려 하였다. 성종 18년에 왜구의 횡행으로 인해 거도선 폐지가 논의되기도 했다.

연해 어업 생활을 하는 어민들은 반농반어를 위주로 대부분 생활하였으나 심해에 나가 어로·해채를 전담으로 하는 자들도 조선 전기에 눈에 띈다. 이들을 두무악과 포작간이라 불렸다. 두무악은 심해에서 잠수를 하여 해체를 하는 자인데 다음과 같은 실록 기사에 기술되어있다.

> 연해에는 두무악이 매우 많은데, 제주의 한라산을 혹 두무악이라고 부르기 때문에 세속에서 제주 사람을 두무악이라고 부르기도 하고, 혹은 두독이라고 쓰기도 합니다. 다만 국가에서 수적[해적]은 이 무리들의 소행이 아닌가 의심하기 때문에 지금 바야흐로 추쇄(推刷)하고 있습니다. 그러나 이 무리들은 배를 잘 다루니, 만약 그들을 활용한다면 왜적을 당할 수 있을 것이니, 진실로 유익할 것입니다.[15]

이들은 연해나 섬에서 거주하며 배를 잘 다루고 심해에서 해채를 생업으로 사는 사람들인 것이다. 왜구로 인해 전기에 연안에서의 어획활동 외에 심해에서의 활동이 금지되었기 때문에 멀리까지 나가는 배를 자유자재로 다룰 수 있는 사람들이 드물었던 것 같다. 이 때문에 거주지가 명확하지 않았고 토지를 가꾸지 않고 바다를 주무대로 생활했던

---

13) 『성종실록』, 5년 9월 11일.
14) 거룻배 또는 거루라고도 한다. 돛을 달지 않고 갑판도 없으며 노를 저어 움직이는데, 이물[船首]은 뾰족한 편이고 고물[船尾]은 편평한 것이 특징이다. 주로 항만에서 육지와 본선(本船) 사이, 또는 배와 배 사이를 오가며 일을 한다. 주로 조선 초기부터 다용도로 쓰였다.
15) 『성종실록』, 23년 2월 8일.

두무악들을 좋지 않게 생각했으나 배를 잘 다루어 왜적을 다루는 일에 적합하다 여겨 없애려는 일을 진행하지 않았다. 또한 이들이 심해에서 채취한 해산물은 진상물들이 많았으므로 생계를 위한 쌀이나 베로 교환하여 생활을 유지할 수 있도록 하였다.

같은 제주도 출신으로 포작간도 배를 타고 해상에서 생활하면서 봉진하는 해산물 등을 채취하였다. 포작간의 생활은 또한 실록 기사에 자세히 나타나있다.16)

> 영사(領事) 홍응(洪應)이 아뢰기를,
> "신이 전일(前日)에 연해(沿海)의 여러 고을을 두루 살펴보니, 포작간(鮑作干)이 해변(海邊)에 장막[幕]을 치고 일정한 거처(居處)가 없이 선상(船上)에 기생(寄生)하고 있는데, 사람됨이 날래고 사나우며 그 배가 가볍고 빠르기가 비할 데 없어서, 비록 폭풍(暴風)과 사나운 파도(波濤)라 하여도 조금도 두려워하고 꺼려함이 없으며, 왜적(倭賊)이 이를 만나도 도리어 두려워하고 피해서 달아납니다. 신이 그 배 가운데를 보니, 큰 돌[石]이 수십 개 있으므로, 신이 쓸 데를 물어보았는데, 대답하기를, '왜선(倭船)을 만났을 때 이 돌을 사용하여 던져서 치면 부서지지 않는 것이 없다.'고 하였습니다. 연해의 여러 고을에서 봉진(封進)하는 해산(海産)의 진품(珍品)은 모두 포작인(鮑作人)이 채취(採取)하는 것입니다. 신이 또 듣건대, 포작인이 이따금 상선(商船)을 겁탈(劫奪)하고 사람과 재물을 약탈하며 살해하는데, 간혹 사람이 쫓아가는 바가 있으면 왜인의 신발[倭鞋]을 버리고 가서 마치 왜인이 그런 것처럼 한다 합니다. 이것은 포작간에게도 해로움이 있으니, 청컨대 연해 여러 고을로 하여금 소재(所在)해 있는 곳에 따라서 곡진(曲盡)하게 무휼(撫恤)을 더하게 하소서."

이와 같이 포작간은 유랑민으로써 국가의 통제에 미치지 않는 신분이었던 것이다. 이들은 일반 조선 백성들이 왜구를 두려워해 근해로 나가지 못한 것에 비해 오히려 큰 돌을 던져 공격하여 배를 부숴버리는

---

16) 『성종실록』, 16년 4월 12일.

과감한 행동으로 왜구를 쫓아내기도 하였다. 그로 인해 크게 바다를 두려워하지 않아 근해에서 잡을 수 있는 고급 어종을 어획하여 육지에서 팔아 생계를 이어 가고 있었다. 왜구에 대한 과감한 행위는 높게 살만 하나 왜구뿐만 아니라 일반어민에게도 피해를 끼쳐 조선 측에서는 달가운 존재는 아니었지만 봉진하는 해산의 진품은 모두 포작인이 채취하기 때문에 필요악의 존재였을 것으로 보인다.

두모악과 포작간은 근해에 진출하는 어민이고 봉진하는 해산물을 담당하는 점으로는 비슷하나 필자의 생각으로 포작간(鮑作干)의 이름에서 전복을 위주로 채집했던 집단으로 생각한다. 그러나 생선을 포(鮑)로 만들어 진상하던 집단으로 해석하는 경우도 있다.

3. 왜인(대마도)의 어업활동

1) 포소왜관의 어장과 어종

1407년 동평관의 설치 및 개항포와 왜관의 설치 등으로 왜구의 침입이 안정되어 해안에서의 어업활동이 점차 활발하였고 거류 왜인들의 생활을 돕기 위해 삼포 근해의 조어활동을 허가하였다. 왜인들의 공식적인 조업지인 개항포를 중심으로 전기 남해안에 형성된 어장에서의 어종을 살펴보도록 하면, 먼저 삼포인 동래와 진해·웅천, 울산에서의 토공과 토산이 기록된 전기에 지리지인 세종실록지리지와 신증동국여지승람에서 다음과 같이 볼 수 있다.

구분	세종실록지리지(토공)	신증동국여지승람(토산)
동래	오해조 · 미역 · 우모 · 세모 · 김 · 조곽 · 청각 · 해삼 · 건합 · 생포 · 모래무지 · 대구어 · 청어 · 방어 · 어교 · 어피	전자리상어 · 대구 · 청어 · 홍어 · 전어 · 전복 · 굴 · 홍합 · 오해조 · 김 · 미역 · 해삼 · 곤포 · 다시마 · 은어 · 농어 · 넙치
진해/웅천	어교 · 문어 · 모래무지 · 생포 · 홍합 · 대구어	대구 · 청어 · 전어 · 홍어 · 문어 · 전복 · 오징어 · 조개 · 굴 · 소금 · 미역 · 해삼 · 낙지 · 조기 · 숭어 · 농어 · 모래무지
울산	어피 · 오해조 · 미역 · 김 · 청각 · 전포 · 건합 · 홍어	전자리상어 · 황어 · 연어 · 넙치 · 대구 · 전복 · 홍합 · 청어 · 홍어 · 상어 · 해삼 · 굴 · 은어 · 고등어 · 방어 · 해달 · 오해조 · 김 · 미역 · 낙지 · 문어

<표-3> 『세종실록지리지』 · 『신증동국여지승람』에서 보이는 포소왜관의 토공 · 토산

삼포에서 공통적으로 많이 잡히는 어종으로 보면 대구, 청어, 전복, 굴, 김, 미역, 문어 등이 눈에 띈다.

(1) 전복(鰒魚)

전복은 신증동국여지승람에서 삼포에서 공통적으로 나타나고 있고 실제로 해변에 위치한 지역에서는 거의 전복이 토산으로 나타나고 있다. 연안에서 채취할 수 있는 대표적인 조개류로써 신석기시대부터 철기시대를 걸친 전라도, 경상도 해안지역 패총에서도 대표적으로 찾아볼 수 있는 조개이기도 하다. 18세기 학자 정약전은 자산어보에 전복을 다음과 같이 기술하고 있다.

> 전복(鰒魚) 큰 놈은 길이가 7~8치 정도이다. 등에는 단단한 껍질이 있으며, 그 표면은 두꺼비의 등처럼 울퉁불퉁하다. 안쪽도 편평하지는 않지만 매끄럽고 오색찬란한 광채가 있다. 껍질의 왼편에는 머리 쪽으로부터 5~6개, 혹은 8~9개의 구멍이 줄지어 늘어서 있다. 구멍이 뚫리지 않은 곳에서도

밖으로 볼록하고 안쪽으로는 오목한 구조가 구멍이 있는 곳과 같은 간격으로 꼬리 쪽의 봉우리에 이르기까지 죽 늘어서 있다. 꼬리 쪽의 봉우리에서 시작한 나선골은 한바퀴를 돌아나가는데, 껍질 안쪽에서도 이를 확인할 수 있다. 껍질 안쪽에는 살이 붙어 있다. 그 바깥쪽 면은 납작한 타원형인데, 전복은 이것을 이용하여 돌에 달라붙거나 몸을 움직인다. 껍질 안쪽의 중앙에는 살덩이리 하나가 봉우리처럼 솟아 있고 입은 그 왼쪽 앞부분에 나와 있다. 입은 장으로 연결되고, 구멍이 늘어선 아래쪽에서 주머니를 하나 만든다. 주머니의 왼쪽은 껍질에 붙고, 오른쪽은 살덩이에 붙어서 꼬리 봉우리 바깥쪽까지 늘어져 있다. 살코기는 맛이 달고 진해서 날로 먹어도 좋고 익혀 먹어도 좋지만 말려서 포로 만들어 먹는 것이 가장 좋다. 창자는 익혀먹어도 좋고 젓을 담가 먹어도 좋으며, 종기를 치료하는 데도 효험이 있다. 봄·여름에는 큰 독이 생기는데 여기에 중독 되면 부종이 생기고, 피부가 갈라진다. 그러나 가을·겨울에는 독이 없어진다. 들쥐가 전복을 잡아먹으려고 납작 엎드려 있는 동안 전복이 그 등 위로 타고 올라가는 일이 있다. 그러면 쥐는 전복을 등에 진채 돌아다니게 되는데, 쥐가 움직이면 전복이 찰싹 달라붙으므로 움직이는 도중에는 결코 떨어지지 않는다. 만약 전복이 쥐가 움직일 것을 미리 알고 단단히 달라붙으면 조수가 밀려올 때 쥐는 물에 빠져 죽고 만다. 이는 남에게 해를 입히려는 자에게 좋은 교훈이 될 것이다. 구슬을 품고 있는 놈은 다른 것보다 등껍질의 모양이 더욱 험하여 껍질을 벗겨 놓은 것처럼 보인다. 뱃속에는 구슬이 들어있다. 양식하는 방법에 대해서는 아직 들은 바가 없다.[17]

위와 같이 전복의 생김새와 요리법, 맛과 효험에 대해 설명하고 있다. 먼저 요리법에 대해 살펴보면 전복은 날 것으로도 먹었고 젓갈을 담가 먹거나 익혀 먹기도 하였다. 전복을 날로 먹기 위해서는 전복을 손질하여 전복살과 내장을 분리한 뒤, 전복살은 입을 제거하고 내장은 먹이주머니를 제거하고 먹는다. 그리고 젓갈로 먹을 시에는 현재 제주도에서의 요리법을 살펴보면 먼저 살아있는 전복을 골라 수저로 내장이 터지지 않게 조심히 껍질에서 꺼낸 뒤, 전복 살과 내장을 분리하여

---

17) 정약전 저, 정문기 역, 『자산어보』, 지식산업사, 1977, 117쪽.

전복 내장에서 먹지 못하는 부분을 제거한다. 그리고 손질한 내장을 소금에 넣고 버무려 보관한다. 소금에 버무려 두었던 전복 내장을 꺼내어 썰어 놓은 전복 내장에 전복과 소라를 썰어 섞어 두었다가 풋고추, 홍고추, 깨소금 등으로 양념하여 먹는다. 찜이나 구이도 마찬가지로 내장과 전복을 손질한 뒤 불에 익혀 먹는다. 전복의 내장에는 독소가 있기 때문에 날로 먹을 때는 제외시키고 요리해 먹을 때는 손질 한 뒤 익혀 먹는 것으로 보인다.

 전복포는 현재는 즐겨 먹는 음식이 아니었으나 당시에는 햇볕에 말린 것이 최상으로 여겨졌음이 보이고 이것은 진시황이 즐겨먹을 정도로 강장음식으로 유명하다고 하였다. 아울러 가공된 포를 상에 차릴 때에는 『도문대작』 화복(花鰒)조에서 경상도 사람들은 전복을 따서 꽃모양으로 오리고 큰 것은 얇게 저며서 만두 모양으로 한다고 하여 건복을 꽃 모양으로 오려서 썼고, 큰 것으로는 실백·호도 등을 싸서 만두모양의 전복쌈을 만들기도 하였다.18) 『증보산림경제』에서 포로 만든 전복을 쓸 때 얇게 저미고 여기에 실백을 싸서 월병모양으로 하여 새우젓국에 적셔 쓰고 또는 노인에게 대접할 때에는 마른 전복을 부스러지도록 두드려 물을 추기면서 목각에 채워 다시 전복모양으로 만들어 말렸다고 하였다. 때로는 얇게 종이 모양으로 반을 지어 말리기도 하였다고 전한다.

 전복은 봄·여름에 큰 독이 생기고 가을·겨울에 독이 없어진다고 하였다. 이것으로 보아 가을·겨울이 제철이고 토산으로 받쳤던 시기였을 것이다. 전복은 조선에서는 풍부하였지만 중국에서는 그 어획량이 적었다는 사실이 자산어보에 주를 단 이 청의 다음 글에서 보여 진다.

---

18) 윤서석, 『한국식품사연구』, 신광출판사, 1974, 147쪽.

조식의 『재선왕표』에는 조조가 전복을 좋아했는데 한 주에서 제공한 것이 겨우 백 마리뿐이었다는 기록이 나온다. 그리고 『남사』 「저언회전」에서는 언회가 세금으로 받은 전복 서른 마리를 팔아 10만 적의 돈을 벌 수 있었다는 내용이 나온다.[19]

이와 같이 볼 때 고대 중국에서는 조선에 비해 전복이 매우 귀중하였음을 알 수 있다. 그러나 조선에서도 역시 전복은 임금의 수라상에 오를 정도로 고급요리에 속하였다.

전복의 뱃속에는 구슬이 들어 있다고 하는데 이것은 진주이다. 전복은 고급 패류로써 고급 진주를 생산하였는데 서유구는 『난호어목지』에서

> 남만 사람들은 이것을 잡는데 간혹 살 속에 든 진주를 얻는다. 진주는 형광빛이 나는 것이 가장 좋은 상품이지만 얻기가 쉽지 않다.

라 하고 또한 전복의 진주에 대한 기록은 일본에서도 고대문헌에 기록되어 있어 찾아 볼 수 있는데 일본서기 윤공천황(允恭天皇)조에 천황이 담로국(淡路國)에 사냥하러 갔을 때 도신(島神)이 적석해(赤石海) 바닥에 진주를 가져오길 원하자 그것을 채취하는 장면이 있다.

> 다시 곳곳의 백수량[海人]을 모아서 적석해(赤石海) 바닥에서 진주를 찾도록 했다. 바다가 깊어서 바닥에 닿을 수 없었다. 오직 한 명의 해인(海人)이 있었는데, 남협기(男狹磯)라고 했다. 이는 아파국(阿波國) 장읍(長邑)사람이다. 여러 백수량 중에서 뛰어났다. 이에 허리에 줄을 묶어 바다 밑으로 들어갔다. 조금 후 나와서 말하기를, "해저에 큰 전복이 있습니다. 그것에서 빛이 납니다"라고 했다. 다시 들어가서 그것을 찾으니, 모두가 말하기를 "도신이 원하는 진주가 당초에 이 전복의 뱃속에 있는가?"라고 하였다. 다시 들어가서 그것을 찾았다. 이에 남협기가 그것을 안고 물위로 떠올라 그것을

---

19) 정약전 저, 정문기 역, 『자산어보』, 지식산업사, 1977, 118쪽.

꺼냈다. 이에 남협기는 숨이 끊어져서 바다 위에서 죽었다. 이윽고 줄을 내려서 바다의 깊이를 측정하니, 60심이었다. 곧 전복의 배를 가르니, 실제로 진주가 뱃속에 있었다. 그 크기가 복숭아와 같았다. 20)

최상급의 진주가 나는 것을 알 수 있다. 그러나 정약전이 진주양식에 대해 들은 바가 없는 점으로 보아 진주양식이 이 당시 흔한 일이 아니었고 그로인해 진주가 희귀했을 것으로 보여 진다.

(2) 전자리 상어(占察魚)

전자리 상어는 조선 전기 팔도에서 울산, 기장, 동래에서 밖에 볼 수 없었던 어종으로 동해에 주로 서식 했던 것으로 짐작된다. 자산어보에서 정약전은 다음과 같이 전자리 상어를 기술하고 있다.

> 산사(鐽鯊) 큰놈은 2장 정도이다. 몸은 올챙이를 닮았으며 가슴지느러미는 커서 부채와 같다. 모래처럼 거친 껍질은 뾰족하고 예리한 것이 침과 같아서 이것을 줄로 쓰면 쇠로 만든 것보다 더 잘 든다. 산사의 껍질을 잘 갈면 기물을 장식할 수 있는데, 단단하고 매끄러울 뿐만 아니라 조그맣고 둥근 무늬가 흩어져 있는 것이 매우 아름답다. 맛이 담박하여 회를 해 먹으면 좋다.21)

전자리 상어는 회로 먹으면 맛이 담백하다고 하나 현재로서 자주 접하는 어종은 아니고 전기에도 위에 언급한 대로 울산, 기장, 동래 지역 외에는 접하기가 어려웠던 것으로 보인다. 그 때문에 전자리 상어로 만들어 먹는 음식은 잘 보이지 않는다. 식용이 주요 어획 목표가 아니라 전자리의 어피가 목적이었을 것으로 추측되는데 자산어보에도 모래처럼 거친 껍질은 뾰족하고 예리한 것이 침과 같아서 이것을 줄로 쓰면 쇠로 만든 것보다 더 잘 든다고 하였다. 이 거친 어피로 목재나 물건

---

20) 『일본서기 上』,일 본 고서문학 대계67, 岩波書店, 1967, 447쪽.
21) 정약전 저, 정문기 역, 『자산어보』, 지식산업사, 1977, 42쪽.

의 표면을 부드럽게 만드는 사포나, 튼튼한 줄의 대용으로 사용하였을 것이다. 또한 산사의 껍질을 잘 갈면 기물을 장식할 수 있다고 나오는 것을 보아 어피를 포장용으로 사용했을 것이다. 이것은 자산어보에 주를 단 이 청의 글에서도 보이는데

> 『순자』「의병편」에서는 초나라 사람들이 상어 가죽과 무소가죽으로 갑옷을 만들었다고 했다. 서광은 『사기』의 '교현'에 대한 주에서 "상어 가죽으로 옷과 기물을 장식 할 수 있다"라고 했다. 『설문』에서는 "상어는 바닷물고기인데 가죽으로 칼을 장식할 수 있다"라고 했다. 이것들은 모두 지금의 산사를 가리킨 것이다. 『산해경』에서는 "장수는 동남으로 흐르다가 저수로 들어가는데 그곳에는 교어가 많다. 교어의 가죽으로는 칼을 장식할 수 있으며, 나무와 뿔을 다룰 수도 있다"라고 했다. 구착이라는 것은 상어의 입 안에 있는 숫돌 같은 피부를 말한다. 우리나라에서 잡히는 저자사의 입 안 껍질은 매우 예리하여 물건을 가는데 잘 듣는다. 흔히 구중피라고 부르는 것이 곧 이것이다.[22]

중국에서의 상어 어피 이용의 예를 알 수 있다. 특히 『산해경』에서 교어는 칼을 장식하고 나무와 뿔을 다룰 수 있다는 것으로 보아 전자리 상어를 지칭하는 것이다. 이는 조선 전기 이전 중국에서부터 전자리 상어의 어피를 장식용으로 사용하였음을 알려주는 것이다.

또한 <세종실록지리지>에 진공에 보이는 어피는 물고기의 가죽으로써 전자리 상어가 잡히는 동래와 울산지역에만 보이기 때문에 이 어피의 주재료는 전자리 상어임이 틀림없다.

(3) 문어(文魚)

문어는 연안 수심 100~200m의 깊은 곳에 있는 바위틈이나 구멍에 서식하는 어종으로 예부터 문헌에서는 한자로 팔초어(八梢魚), 장어(章

---

22) 정약전 저, 정문기 역, 『자산어보』, 지식산업사, 1977, 43쪽.

魚), 망조(望潮魚), 팔대어(八帶魚)등으로 표기하고 종류로는 문어·물문어·수문어를 대문어로, 피문어·왜문어를 참문어로 보는 것이 일반적이다. 대문어는 동해안에서 주로 잡히고 몸집이 매우 크며 10kg이 넘는다.

살이 연해서 물문어라고 부르기도 하고 압착 건조시킨 다리는 축일이나 제사 때 쓰인다. 참문어는 수온이 높은 남해안이 주산지인데 왜문어로도 불릴 만큼 크기가 작다. 참문어는 색깔이 붉다고 해서 피문어라고도 부른다. 자산어보에서 정약전은 다음과 같이 기록하고 있다.

> 장어(章魚) 속명 문어(文魚)
> 큰 놈은 길이가 7~8자에 이른다. 동북 바다에서 나는 놈은 길이가 2장 정도 된다. 머리는 둥글고 머리밑은 어깨처럼 되어 있는데 여기에서 여덟 개의 긴 다리가 나와 있다. 다리의 아랫면에는 국화 꽃 모양의 단화가 두 줄로 늘어서 있다. 이것으로 물체에 달라붙는데 일단 물체에 달라붙고 나면 그 몸이 끊어져도 떨어지지 않는다. 항상 바위굴 속에 숨어있다. 돌아다닐 때는 다리 밑의 국제(菊蹄)를 사용해서 나아간다. 여덟 개의 다리 한가운데에는 구멍이 하나 있는데 이것이 입이다. 입에는 매의 부리와 같은 이빨이 두개 있으며, 매우 단단하고 강하다. 장어는 물에서 나와도 죽지 않지만 그 이빨을 빼버리면 곧 죽는다. 배와 장이 오히려 머리 속에 있고, 눈은 목 부분에 있다. 몸 빛깔은 홍백색이지만 껍질을 벗겨내면 눈처럼 흰 살이 드러난다. 국제는 붉은 빛깔이다. 맛은 달고 전복과 비슷하다. 회로 먹어도 좋고 말려 먹어도 좋다. 뱃속에는 사람들이 온돌(溫埃)이라고 부르는 물체가 들어 있는데 이것이 종기를 치료할 수 있다. 물에 개어 바르면 단독(丹毒)에 신통한 효험이 있다.[23]

정약전이 지칭한 문어는 붉은 빛을 띠고 있다고 되어있기 때문에 피문어 일 것이다. 또 흑산도가 남해안에 근접한 지역이기 때문에 남해안의 피문어, 참문어가 잡힐 것이다. 문어는 회로 먹기도 하고 말려서 건

---
23) 정약전 저, 정문기 역, 『자산어보』, 지식산업사, 1977, 85쪽.

조한 오징어처럼 먹는다고 한다. 일본에서는 초밥이나 회로 즐겨 먹고 있었고 조선시대에는 문어를 이용한 음식은 잘 보이지 않으나 제사상에 문어를 익혀서 올려놓는다. 문어를 제사상에 올리는 이유는 아마 문어가 예부터 동양에서 '바다의 현자'라 불리며 좋은 인식이 있었을 것이다. 그러나 서양에서는 최근에 개봉한 영화 '캐러비안의 해적'에서도 보이듯 바다 속의 무시무시한 괴물로 묘사되고 이는 '노르웨이의 자연사'에서 표현되는 문어괴물 크리켄을 나타낸 것이다. 또한 월트 디즈니의 '인어공주'에서는 바다 속의 마녀가 문어로 표현되기도 한다. 실제로 해안지역의 나라 외에 유럽이나 미국에서는 문어를 악마어(devil fish)라고 칭한다. 동해에서의 문어가 남부지역에서의 문어보다 몇 배나 더 크듯이 아마 심해에서의 문어는 훨씬 거대한 몸을 가지고 있을 것이다. 문어의 거대함과 흉측한 모습 때문에 식용으로 생각하지 못하는 듯하다. 이와는 다르게 동양에서는 조선에서 '바다속의 현자'로 인식되고 중국에서는 어룡이 잉어나 문어가 변한다고 생각했기 때문에 깊은 의미를 부여하였다. 일본에서는 2천년전에 문어를 잡기위한 토기들이 발견되면서 역사시대 이전부터 문어를 먹었고 회나 초밥 말고도 오사카 지방에서는 타코야끼라는 문어에 밀가루 반죽을 넣고 구운 문어빵이 있어 문어를 즐겨먹는 식재료로 선호하는 것을 알 수 있다. 어류에 대한 동양과 서양의 인식차이를 보여주는 것이다.

(4) 미역

연안에서 쉽게 얻을 수 있는 대표적인 해조류가 바로 미역이다. 우리나라 전 연안에 분포하나, 한·난류의 영향을 강하게 받는 지역에는 분포하지 않는다. 저조선 부근 바위에 서식하나 남부지방은 더 깊은 곳에, 북부지방에서는 더 얕은 곳에 서식하는 경향이 있다고 한다. 미역은 임산부의 산후조리 음식으로 유명한데 이러한 음식문화는 예부터 내려온 것으로 보여 진다. 자산어보의 정약전은 다음과 같이 나타내고 있다.

> 해대(海帶) 속명 감곽(甘藿)
> 길이는 1장 정도이다. 하나의 뿌리에서 잎이 생겨난다. 뿌리에서 줄기가 나오고 줄기에서 양 날개가 나오는데, 날개의 안쪽은 단단하고 바깥쪽은 부드럽다. 주름이 쌓여 있는 부분은 도장의 전각 무늬처럼 보이고, 잎 부분은 옥수수잎과 비슷하다. 음력 1~2월에 뿌리가 나오고 6~7월에 따서 말린다. 뿌리의 맛은 달고 잎의 맛은 담박하다. 임산부의 여러 가지 병을 고치는데 이보다 나은 것이 없다. 모자반과 같은 지대에서 자란다.[24]

미역은 말려서 오랫동안 보관할 수 있으므로 예로부터 좋은 재료였고 요리법도 다양하게 발달하였다. 대표적인 요리가 미역국으로 건조시킨 미역을 물에 풀면 본래의 모습으로 먹을 수 있었기 때문에 계절에 상관없는 음식이었다. 조선은 삼면이 바다이기 때문에 좋은 미역이 나오는데 특히 경남 양산군 기장면 앞바다에서 나는 기장미역이 가장 좋은 미역으로 손꼽힌다. 이곳의 지형이 내만의 입구로서 조류가 빠른 곳이기 때문인데 이런 곳에서 서식하는 미역이 품질이 좋다고 한다. 신증동국여지승람의 기장현에 대한 토산에도 미역은 나타나있다. 왜인들의 음식에도 미역은 국이나 조림으로 이용되기 때문에 조선 어민과 왜인들의 채집이 성행했을 것으로 추측된다.

2) 황금 어장, 고초도

조선 전기 포소에 왜관이 설치되면서 거류 왜인들의 생활을 돕기 위해 삼포 근해의 조어 활동을 허가하였다. 이는 고초도 조어금약이 정해지기 이전으로 어장의 협소함을 들어 왜인들은 더 많은 어장을 내어

---

24) 정약전 저, 정문기 역, 『자산어보』, 지식산업사, 1977, 152쪽.

줄 것을 요구하기도 하였고 대마도 도주 종정성도 세종 22년 5월 29일부터 꾸준히 조선에게 고초도에서 조어하기를 요구하였다. 조어를 금지하여도 몰래 잠입하여 고기를 잡았기 때문에 세종 23년 11월 22일 고초도 내에서만 정식적인 조어를 허가하였다. 대신 대마도 도주의 문인을 받아 출항하여 지세포에서 다시 문인을 발급받아 고초도로 출항하고 돌아올 때는 반드시 지세포로 돌아가서 문인을 반납하고 어획한 어류의 세금을 납부하는 등 철저한 규정이 있었다. 그렇다면 대마도인들은 왜 끊임없이 고초도에서의 조어를 원하였을까? 아마도 그곳에서 획득하는 어종이 분명 그들이 좋아하는 어종이었을 거나 조선에서 원하는 어종이어서 무역에 유리했기에 조어를 희망했을 것이다. 실로 그들이 바라는 황금 어장이 고초도에 있었음이 분명했다.

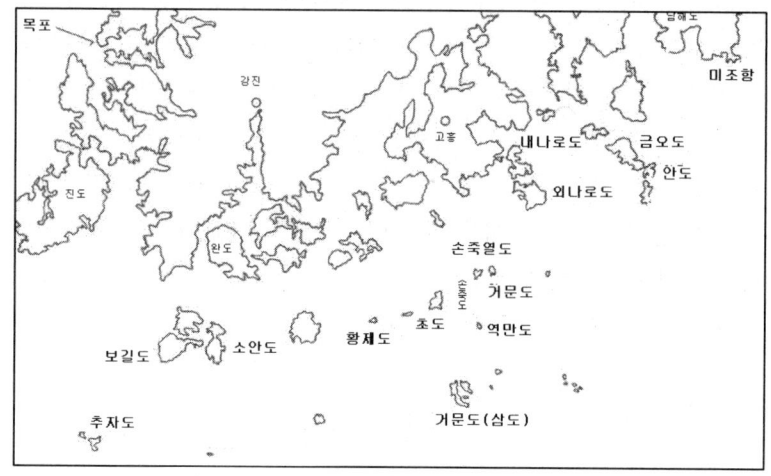

<그림-2> 조선 남부해안 도서도(島嶼圖)[25]

고초도의 정확한 위치는 아직도 설이 분분하다. 여러 일본인들은 전

---
25) 長 節子, 『中世 國境海域の 倭と 朝鮮』, 吉川弘文館, 2002, 57쪽.

라도 여천군의 초도나 손죽열도 내의 거문도, 전라도 여주군 역방도(거문도 북방)이라 하거나 국내 학자인 박구병 선생은 『세종실록』24년 8월 갑인조에 「孤草兩島」라고 되어 있고, 또 『경국대전』에 「고초도 조어 왜선」이라는 것을 보면, 고초도는 고도와 초도의 두 섬을 지칭한 것이 확실하고 추측하기로 현재의 거문도 북방에 있는 초도 장도라고 생각된다26)고 하였다.

필자는 이러한 설을 규합하여 전라도 남해안의 어느 섬이라고 염두해 두고 그곳에서의 어종을 살펴보기로 한다.

3) 고초도의 어종

고초도의 어장을 거문도 근처라고 추측할 때 그곳에서의 어종을 기술한 책은 조선말기 일본의 명치시대에 나타난다. 명치 26년(1893)「조선근해어업시찰보고」라는 제주도 및 전라도해의 섬들의 어업사정을 조사한 보고서에 거문도에 대해 다음과 같이 기록하였다.

> 이 지역의 해산은 전복, 도미, 칼치, 청어, 농어, 오징어, 우뭇가사리, 청각채등으로서 고등어, 농어와 같은 것은 불을 피워 그물을 사용하여 고기를 잡는다.(중략) 이 지역은 어업 상 제주도에 다음가는 좋은 위치로서 추자도와 비교할 수 없다 해도 필시 이것은 서로 비슷한 어장일 것이다. 쿠루시오 난류의 영향이 있기 때문에 앞서 내세운 것처럼 떼 지어 오는 고기가 있어 세인들이 크게 떠들어 거문도를 주창하는 것은 결코 거짓을 말하는 것이 아니다. 특히 배를 정박할 때 편하고 음료수도 좋고, 땔감 재료도 크게 부족하지 않다.

또한 조선후기 개항 이후 일본에서 조선에서의 조업과 관련한 사항을 기록한 『일본어업관계』에서는 다음과 같이 기록하고 있다.

---

26) 長 節子, 『中世 國境海域の 倭と 朝鮮』, 吉川弘文館, 2002, 40쪽.

조선해역에는 어종이 많아서 가면 어망에 잡히는 물고기가 많다. 특히 추자 · 소안도 · 진도 사이의 조류로 인해 우뭇가사리 · 김을 먹는 곤충(?)이 많기 때문에 어류가 모여드는 것이 수백종에 이른다. 그러나 주로 도미 · 정어리 · 청어 · 오징어 · 전복 · 물개 · 상어의 7종이 잡히고 우리나라 야마구치 확강 · 사가노세키의 양 포를 제외하고 오로지 상어를 어획하고 다른 어종은 각 배의 식료에 이용된다.[27]

비록 후기의 어장 기록이기에 기후와 조류에 따라 어종이 나타나고 어획되는 수량의 차이는 있으나 근해의 어장을 알 수 있는 기록이기에 유추해 볼 수 있을 것이다. 일단 일본인들이 원하는 어종은 도미, 청어, 오징어, 전복 등이고 특히 상어의 지느러미를 원해서 상어를 포획해서 지느러미는 일본으로, 상어의 고기와 기름은 조선에서 팔았던 것으로 기록하고 있다.[28] 또한 「한국수산지」에서는 일본인과 한국인이 좋아하는 어종을 기록하였는데 한국인은 명태, 조기, 새우, 멸치, 청어, 대구 등을, 일본인들은 도미, 멸치, 삼치, 조기, 해삼, 전복을 기록해 놓았다.[29] 일본인들이 좋아했던 어종과 관련지어 조선에서는 그 어종을 어떻게 보았는지 살펴보도록 하자.

(1) 도미(또는 돔)

우리나라에 나는 도미로는 참돔, 붉돔, 황돔, 청돔, 돌돔, 자리돔, 혹돔 등 다양한 종류가 있다. 이 중에서 대표적인 도미로는 참돔을 들 수 있는데 참돔은 진짜 도미라는 이름에 걸맞게 예로부터 맛이 있고 행운을 가져다주는 물고기라 하여 경조사에 빠지지 않고 등장했던 어종이다. 정약전이 자산어보에 강항어라고 밝힌 종도 참돔을 말한 것으

---

27) 국사편찬위원회, 『한일어업관계』, 천세, 2002, 26쪽.
28) 국사편찬위원회, 『한일어업관계』, 천세, 2002, 27쪽.
29) 박구병, 『한국수산업사』 태화출판사, 1966, 96쪽.

로 보인다.

> 강항어(强項魚) 속명 도미어(道尾魚)
> 큰놈은 길이가 3~4자에 달하며 모양은 노어를 닮았다. 몸은 짤막하고 높은 편인데 높이가 길이의 절반쯤 된다. 등이 붉고 꼬리가 넓으며 눈은 크다. 비늘은 면어를 닮았고 매우 단단하다. 머리와 목도 단단하여 무엇을 받으면 거의 다 부서진다. 이빨 또한 매우 강하여 전복이나 소라껍질도 부순다. 낚시에 걸리면 낚싯바늘을 펴서 부러뜨린다. 살이 단단하며, 맛은 달고 진하다. 충청도와 황해도에서는 음력 4~5월에 그물로 잡는다. 흑산도에서도 이때부터 잡히기 시작하는데 겨울에 접어들면 자취를 감춘다.[30]

도미는 전복과 마찬가지로 부산 동삼동 패총에서 참돔의 뼈가 출토되어 고대에서부터 즐겨 먹었던 어종이었다. 도미는 낚시로 어획했었음을 낚시에 걸리면 낚싯바늘을 펴서 부러뜨린다라는 부분에서 알 수 있다. 실로 도미가 성숙했을 때의 크기는 최대 1m에 이르러 낚시로만 잡을 수 있었을 것이다. 최근 국내에서는 102cm도미가 잡혀 모두를 놀라게 하였다. 도미는 찜으로 즐겨 먹었는데 『증보산림경제』에는 도미의 참맛이 머리에 있으며, 봄·여름보다 가을에 맛있고 순채를 넣어 국으로 끓이면 좋다는 기록이 있다. 도미를 식용으로 즐겨 먹는 나라는 일본과 우리나라뿐이라는 사실이 놀랍다. 중국에서는 잡어중의 하나로 간주할 뿐이다. 1647년 일본에서 편찬된 『요리물어』라는 책에는 고려자(高麗煮)라 하는 다음과 같은 요리가 나온다.

> 냄비에 소금을 조금 뿌려서 그대로 도미를 넣고 술과 물을 섞어 도미가 잠길 만큼 붓는다. 이것을 술기운이 없어질 때까지 삶은 다음 밥물을 붓고 간을 맞춘다. 여기에 버섯이나 파를 조금 넣어서 먹는 맑은 장국이 바로 고려자라는 음식이다.

---
30) 정약전 저, 정문기 역, 『자산어보』, 지식산업사, 1977, 28쪽.

국으로 끓여먹는 조리법은 고려시대에 즐겨 이용되었을 것으로 보이고 이런 요리법이 일본에 전수되었을 것이다. 도미는 일본인들이 즐겨먹는 생선으로서 강화도 조약이후 일본 어선들은 상어잡이가 끝나면 도미를 낚으려고 장기간 채류하기도 하였다. 왜냐하면 일본에서의 도미의 수요가 높았기 때문이었다.「한국수산업조사보고」에서 "도미는 한국인의 수요가 적은 것은 아니지만 본방인(本邦人)처럼 이를 귀중시 하지는 않으며 따라서 그 가격도 대단히 싸다."라고 기술하고 있고 도미는 일본인들의 행사에 해삼과 더불어 꾸준히 상에 오르는 어종으로써 후기의 기록이 긴 하지만 분명 전기에도 도미의 수요는 일본이 더 컸을 것으로 보인다.

(2) 상어

우리나라 해역에는 팽이상어 · 칠성상어 · 수염상어 · 고래상어 등 13과 36종이 분포하고 있다고 알려져 있다. 조선시대에는 상어를 사어(沙魚)라고 표기하고 있는데 자산어보에 주를 단 이청의 글에서 "『본초강목』에서는 교어(鮫魚)를 사어(沙魚), 작어(鰞魚), 복어(鰒魚), 유어(溜魚)라고 기록하고 있다. 이시진은 '옛날에 교(鮫)라고 부른 것과 지금 사(沙)라고 부른 것은 같은 종류이다. 교어에는 여러 종류가 있는데 모두 껍질에 모래가 있다. 진장기는 껍질 위에 모래가 있어서 속새와 같이 나무를 문질러 다듬을 수 있다고 말한 바 있다'"라고 기록하고 있다. 자산어보를 쓴 정약전도 사어라고 칭하고 있으며 다음과 같이 기록하고 있다.

    사어(沙魚)
  대체로 물고기는 난생이며 암수의 교배에 의해서 새끼를 낳지 않는다. 수놈이 먼저 정액을 뿌리면 암놈은 여기에 알을 낳고, 이렇게 수정된 알이 부화하면 새끼가 되는 것이다. 그런데 유독 상어만은 태생이며, 특별히 새끼를 배는 시기가 없다는 것도 물속에 사는 생물로서는 유별난 점이다. 상어의 수놈에게는 밖으로 드러난 두개의 생식기가 있고 암놈의 뱃속에는 태보가 있다. 또 각각의 태보 속에는 4~5개의 태가 들어 있다. 이 태가 성숙해지면 새끼가 태어난다. 각각의 새끼 상어는 가슴 아래쪽에 하나의 알을 달고 있으며, 그 크기는 수세미 열매만 하다. 알이 없어지면서 새끼가 태어나게 된다. 알은 사람의 배꼽과 같으므로 새끼 상어의 배 안에 있는 것은 알의 진액이라고 할 수 있겠다.31)

정약전은 상어가 태생인 점을 강조하였고 바다에 사는 어류에서 흔히 볼 수 없기에 주목하고 있다. 상어의 생식에 꽤나 자세히 기술하고 있는데 오랫동안 관찰하고 암놈의 뱃속까지 들여다보고 연구하였던 것으로 보인다. 새끼 상어의 배 안에 있는 알은 아마 난황을 일컫는 것으로 난황은 새끼들에게 영양을 공급하는 장소로 태어난 새끼들의 뱃속에 이 진액이 들어 있음을 가리킨다.

우리나라에서 상어를 이용해온 역사는 매우 길다. 상어에 대해 언급한 문헌들을 살펴보면 『재물보』에서 교어를 "눈은 푸르고 뺨이 붉으며, 등 위에 갈기가 있고 배 아래에는 날개가 있다. 꼬리의 길이는 수척이 되고, 피부는 모두 진주와 같은 모래로 되어 있으며 얼룩지다"라고 설명하고 『동의보감』에서는 물고기를 먹고 중독되었을 때 상어 껍질을 태워서 얻은 재를 물에 타서 먹는다며 『본초강목』의 내용을 인용했다.32)

상어를 이용한 요리는 회나 포로 먹고 알은 삶아 먹기도 하였다. 강화도 개항이후 일본인들이 상어를 포획해서 지느러미만 떼어가고 고기와 기름은 조선에 팔았다는 기록에서 조선에서는 상어의 고기와 기름만 이용했음을 알 수 있다. 조선해에서 잡히는 상어는 종류가 다양하였는데 각 상어의 특징에 따라 잡는 목적도 다양하였다. 기름만을 얻기 위해

---

31) 정약전 저, 정문기 역, 『자산어보』, 지식산업사, 1977, 36쪽.
32) 이태원, 『현산어보를 찾아서3』, 청어람미디어, 1998, 241~242쪽.

어획했던 일명 기름 상어라고 불리는 곱상어는 자산어보에서도 보인다.

> 고사 속명 기름사
> 큰놈은 7~8자 정도이다. 기다랗고 둥근 체형을 하고 있다. 대체로 상어는 회색을 띠고 있지만 고사는 잿빛이다. 지느러미와 꼬리에는 송곳 같은 가시가 하나씩 있다. 껍질은 단단하고 모래와 같다. 온몸이 모두 기름 덩어리인데, 간에는 특히 기름이 많다. 고깃살은 눈처럼 희다. 굽 거나 국을 끓이면 깊은 맛이 나지만 회나 포로는 그다지 적합하지 않다. 대체로 상어를 다룰 때는 우선 끓는 물에 부어 부드럽게 만든 다음 문질러야 한다. 그러면 모래 같은 비늘이 저절로 벗겨지게 된다. 간에서 기름을 짜내어 등잔기름으로 사용한다.[33]

온몸이 기름 덩어리인 곱상어를 이용하여 등잔기름으로 사용한 것으로 보아 곱상어를 당시 기름용으로 포획했음을 알 수 있다. 그러나 회나, 포로는 적합하지 않다는 점으로 보아 횟감이나 포로 먹는 상어의 종류는 따로 있었다. 자산어보에서 보이는 상어과 중에서 참상어[진사(眞鯊)·속명 참사(參鯊)], 칠성상어[병치사(骿齒鯊)·속명 애락사(愛樂鯊)], 세우상어[극치사(戟齒鯊)·속명 세우사(世雨鯊)], 전자리 상어[산사(鏟鯊)·속명 전자사(諸子鯊)], 은상어[은사(銀鯊)], 환도상어[도미사(刀尾鯊)·속명 환도사(環刀鯊)], 철갑상어[금린사(錦鱗鯊)·속명 총절립(恩折立)] 등이다. 이들은 맛이 매우 담박하다라고 기록되어 있고 특히 은상어는 그 맛이 매우 뛰어나다고 한다.

개항이후 일본인들이 포획한 상어는 귀상어로 추측되는데 귀상어의 살은 고급 어묵의 재료로 사용되고 잘 말린 지느러미는 상등품으로 거래된다고 한다. 그러나 조선 전기에는 상어 지느러미의 일본 내의 수요가 크지 않았고 일본 내에서도 상어지느러미를 이용한 음식을 찾아보

---
33) 정약전 저, 정문기 역, 『자산어보』, 지식산업사, 1977, 37쪽.

기 어렵기 때문에 상어를 많이 포획한 이유를 찾아보기 어렵다. 때문에 고초도 조어에서 큰 비중을 차지하지 않았을 것이다. 조선 후기 지느러미를 많이 포획한 이유는 중국에서 청나라 시대에 샥스핀이라는 요리가 크게 유행하면서 그 수요가 엄청났기 때문으로 보여 진다.

4. 맺음말

조선 전기는 해안가 지역에서 왜구의 잦은 침략 때문에 활발한 어업활동을 벌이기 힘들었고 이로 인해 내륙에서 특히 산란기에 바다에서 강으로 유입되는 어종을 잡기 유리한 바다와 하천이 만나는 곳에서의 어업이 활발하였다. 이들의 위치는 조선시대 어량으로 알 수 있는데 어량은 국가가 지정한 어장이었다. 어량의 위치는 세종실록지리지 · 동국여지승람 · 경상도 속찬 지리지를 통해 살펴 볼 수 있었다. 세종실록지리지만으로 살펴봤을 때 남해안 어량의 위치는 내륙에 가까웠으나 경상도 속찬지리지를 통해 본 어량의 분포는 놀랍게도 남해안으로 내려와 있었다. 이것은 남해안 방어진의 위치와 일치하여 남해안을 방어하는 시설이 있는 곳에 어량이 있음을 확인 할 수 있었다. 군사적 보호 아래 어업활동을 하였던 것이었다. 고려말 왜구로 인해 여러 섬들이 비워져 있었던 것에 비하면, 조선시대 도서지방의 개척이 이뤄지고 있었음을 짐작할 수 있다. 연안에서의 어업활동은 이러한 상황으로 가능하였으나 도서 지역, 근해 어업활동까지 군사적 보호가 미치기는 힘들었다. 이로 인해 근해 어업활동을 하는 어민들은 극히 적었으나 실록을 통해 두모악 · 포작인이라는 거주지가 일정치 않고 바다에서 생활하는 신분이 있음을 알 수 있었다. 이들은 조선에서 근해어업이 활발히 이뤄지지 않는 상황에서 자유자재로 배를 다루고, 왜인을 두려워하지 않고 깊은 바다 속의 전복과 어종들을 해채하고 조어했기에 한양으로 진공하는 해산물 대부분을 담당하였다. 조선 전기 근해어업을 하는 어민으로 유일하게 찾아 볼 수 있는 사람들이었다.

잦은 왜구들의 침략으로 조선 조정은 대마도 정벌을 감행하여 일시 소탕하였으나 왜구들은 사라지지 않았다. 왜구들의 회유책으로 삼포를 개항하였고 왜인들은 그곳으로 와서 조어활동을 하기 시작하였다. 삼포 연안에서 그들이 조어 했을 어종은 아마 조선에서의 수요가 높았던 어종이었을 것이다. 문헌에서 보이는 토공과 토산으로 살펴본 결과 전복과 문어, 대구, 청어, 굴, 미역, 김 등은 대표적 토산으로 전복과 대구, 청어를 살펴본 결과 조선에서의 수요도 큰 것을 알 수 있다. 대구나 청어는 연해의 어량에서 빈번히 잡혔던 것 같고 조선 전기 대표적인 어종이기에 어량에서 잡히는 주요 어종으로도 볼 수 있었다. 전자리 상어는 삼포에서만 보이는 어종으로 상어의 어피를 주요 목적으로 잡았을 것으로 보여 진다.

왜인들은 삼포에서의 어업이외 남해안 근해에서의 어업도 원하여 특히 고초도에서의 조어를 끊임없이 요구하였는데 고초도는 예로부터 풍부한 어종으로 왜인들 사이에서는 유명한 지역이었다. 결국 세종 때 유일하게 고초도에서만 조어를 허락하여 왜인들의 출입이 잦은 어장이 되었다. 당시 고초도는 무인도로 알려져 있었는데 풍부한 자원을 가진 고초도를 내준 것은 남해안의 어장을 내준 것이나 다름없었다. 현재 정확한 고초도의 위치는 알 수 없으나 한국과 일본의 학자들이 공통적으로 전라도 남해안이라고 주장하는바 필자도 이 지역을 고초도 어장으로 추측하고 그곳에서의 어종을 살펴보았다. 그 결과 일본인들이 좋아하는 도미나 농어, 전복을 원했고 고초도에서 잡은 물고기를 조선에 팔기 위해 근해 어업이 힘들었던 조선인을 대신해 근해에서 획득 할 수 있고 조선인이 선호했던 민어나 상어를 잡았던 것으로 추측된다. 상어는 포획이 쉽지 않았기에 높은 가치를 가졌을 것으로 보여 진다.

　이상 살펴본 바로서 조선 전기 어업이 이루어진 장소와 어종, 그리고 전기의 대외관계에서 나타난 왜인들의 조업과 그들이 어획한 어종에 대해 알아보았다. 삼면이 바다로 둘러싸인 무수한 자원을 조선시대 전기에는 충분히 활용하지 못했고 이러한 상황은 땅을 더욱 중시하였던 의식이나 왜구의 잦은 침략이 원인 될 수 있었을 것이다. 바다도 영토와 같이 인식했더라면 과연 조선 전기 왜인들과 같은 활동이 가능하지 않았을까라는 의문이 든다.

조선초기의 염업발전과 대마왜인
- 경상도를 중심으로 -

한 임 선

목 차

1. 머리말
2. 전통적 제염방법
3. 여말선초시기 염업발전
   1) 염소(鹽所)의 변화양상
   2) 인구의 변화양상
4. 염업발전과 대마도 왜인
5. 맺음말

---

1. 머리말

 고려말 끊임없는 왜구의 침입은 정치의 불안정을 가져왔을 뿐만 아니라 국가재정을 크게 흔들어 놓았다. 고려 왕조는 왜구로 인하여 연안의 섬들을 방어할 능력을 상실하게 되었고, 연해와 여러 섬들을 수호할 수 없게 되자 백성들은 해안에서 떨어진 육지에서 생활할 수밖에 없었다. 조선건국 이후에도 왜구의 침입은 그치지 않아 조선 정부는 해안방위를 강화하는 한편 대일교섭을 통해 왜구의 금압을 요구했고, 회유책의 일환으로 대일관계에서의 무역의 길을 열어주기도 했다. 특히 왜구의 소굴이었던 대마도의 도주에게는 무역의 길을 열어주는 대신 왜구를 단속하는 책임을 지우기도 했다. 이러한 사회적 배경 속에서 맺어진 것이 바로 고초도 어장 개방이다. 세종 23년(1441) 조선정부는 대마도주 종정성의 요청으로 고초도(오늘날의 거문도)에서 왜인들이 고기를 잡을 수 있도록 어장을 개방해 주었다.[1] 대마도는 4면이 모두 돌산이고 땅은 메말라 농사짓기에 부적합했기 때문에, 대마도인들은 소금을 굽고 고기를 잡아다 파는 것을 생업으로 했다. 당시 조선의 백성들이 해안에서 떨어진 내륙에서 살고 있었다면 생활에 필요한 어물 및 소금을 얻기란 실로 어려웠을 것이며, 이러한 상황 속에서 대마도 왜인이 조선에 와서 어염(魚鹽)을 파는 것은 상당한 이익이 되었을 것이다. 그러나 사회가 안정되고 왜구의 위협에 대한 불안감이 사라져감에 따라 백성들은 다시 해안가 근처에서 생계를 이어나가게 되었으며, 어로 및 제염에 대한 생산도 증가하게 됨으로써 종래의 왜인들의 무역에 큰 타격을 가하게 되었다.

그렇다면 전통시대 소금을 만드는 방법은 어떠했으며, 조선 초기 사회가 안정되어감에 따라 염업이 어떻게 발전되어 갔고, 이러한 사회적 변화가 조선에서 장사를 기반으로 생활했던 대마도 왜인에게 어떠한 영향을 끼쳤는지 살펴보자.

2. 전통적 제염방법, 자염업

소금은 인간이 살아가는 데에 있어서 필수적인 것으로, 생명유지는

---

1) 《세종실록》 세종23년 11월 22일 을묘

물론 인간 생활에 중요한 식품이자 방부제로 사용되어왔다. 또한 소금은 체내에 존재하며 삼투압의 유지라는 중요한 구실을 하고 있기도 하다. 허준의 ≪동의보감(東醫寶鑑)≫에는 소금을 "본성이 따뜻하고 맛이 짜며 독이 없다. 귀사와 고사중, 독기를 다스리고 증오와 심통, 곽란과 심복의 급통과 하부의 익창을 고치고 흉중의 담벽과 숙식을 토하고 오미를 돕는다."라고 설명하고 있는데 이는 소금이 약재로도 사용되고 있었음을 알려준다.

이러한 가치로 인하여 소금은 예로부터 매우 귀하게 여겨져 이를 곡식과 포(穀布)로 교환하여 국고의 충당 및 수군의 재원으로 사용하였으며, 흉년이 들었을 때도 구황식품으로써 빠지지 않고 사용되었다. 이렇듯 소금은 인간이 살아가는 데 있어서 필수적인 것이었으므로 인간의 생활과 더불어 소금의 생산이 발전하여 왔음은 지극히 당연한 것이라 볼 수 있다. 소금을 채취하는 기술은 단순히 바닷물을 끓이는 작업에서부터 염전을 이용하기까지 시간이 지남에 따라 꾸준히 발달해 왔다. 그러나 애석하게도 관련 사료의 부족으로 인해 우리나라에서 이러한 제염업이 어떠한 발전과정을 거쳐 왔는지 정확하게 밝히는 데는 한계가 있다. 현재 전통 제염업과 관련해서는 1908년 농상공부수산국에서 편찬한 ≪한국수산지(韓國水産誌)≫에서 당시 염업의 실상을 비교적 자세히 찾아볼 수 있는데, 이를 통해 소략하게나마 전통적 자염법(煮鹽法)에 대한 일면을 살펴보고자 한다.

조선시대의 제염업은 바다와 접하지 않은 충청북도를 제외한 모든 도에서 광범위하게 행해졌다. 제염방법은 두 가지로 나눌 수 있는데, 하나는 염전식제염법(鹽田式製鹽法)으로 염전에서 농후한 함수(鹹水)를 채취해 그것을 가마에 넣고 끓여서 소금을 만드는 것이고, 다른 하나는 해수직자법(海水直煮法)으로 바닷물을 직접 가마에 넣고 끓여 소금을 얻는 것이다. 일반적으로는 염전식제염법이 널리 사용되었고, 해수직자법의 경우 효율성이 떨어졌기 때문에 염전을 만들 수 없는 일부 지역에서만 사용되었다.

1) 염전의 종류

염전식제염법은 염전을 이용하여 소금을 만드는 것으로 농도가 진한 함수를 채취하는 채함(採鹹)작업과 채취한 함수를 끓여서 달이는 전오(煎熬)작업이 있다. 염전식제염법에서 이용되는 염전의 종류는 유제염전(有堤鹽田)과 무제염전(無堤鹽田)이 있다.

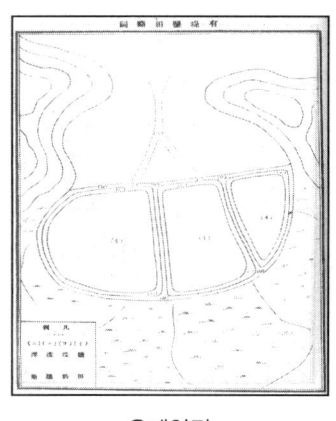

유제염전

유제염전은 염전의 주위에 제방을 쌓아서 바닷물이 침입하는 것을 막는 것이다. 염전면은 평편하게 하고 그 주위를 따라 도랑(溝渠)을 파서 바닷물을 흘러 보내는데 편리하게 했다. 또한 염전면에 모래 또는 흙을 뿌려서 바닷물이 충분히 스며들게 한 다음 건조시켜서 소금입자가 모래나 흙에 달라붙게 하는데 이를 함사(鹹砂)라고 한다. 이렇게 모아진 함사를 염정(鹽井)으로 운반한 다음 소금기를 머금은 함사에 바닷물을 부어 염분을 용해함으로써 농후한 함수를 채취했다. 유제염전은 모두 만조(滿潮)를 이용하여 해수를 자연스럽게 염전으로 끌어넣는 소위 입빈식(入濱式)이며, 염전의 모양은 대개 원형이나 타원형이 많았다. 이러한 유제염전은 전라남도, 경상남 · 북도, 함경남 · 북도의 염전에서 주로 사용된 방식이다.

무제염전은 제방이 없는 염전을 말하는 것으로 입빈식(入濱式)과 양빈식(揚濱式)으로 구별할 수 있다. 입빈식 무제염전은 한 달에 두 번 만조시에 바닷물이 자연스럽게 염전에 들어와 염전에 뿌려진 흙(撒土)을 적시고, 간조(干潮)가 되면 바닷물이 침입하지 못하는 지형을 이용한 것이다. 즉, 만조 때 바닷물을 가득 머금은 흙을 간조시에 갈아서 건조시킨 후 염정(鹽井)으로 운반하여 농후한 함수를 채취하고, 함수의

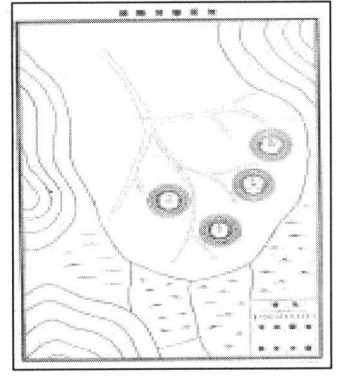

무제염전

채취가 끝난 흙은 다시 만조 전까지 염전으로 옮겨 흩어 뿌리는 방식이다. 이러한 종류의 염전은 도랑이 없고 염정 부근에 채함용 해수를 모아두는 구덩이가 있을 뿐이다. 이러한 염전 방식은 주로 조석 간만의 차이가 큰 평안남·북도, 경기도, 충청남도, 전라북도의 염전에서 사용되었으며, 한 달에 단 두 번만 조업(操業)하기 때문에 만약 조업 중에 비가 내리면 다음 만조 때까지 휴업해야만 하는 단점이 있었다.

양빈식무제염전은 염전을 해면(海面)으로부터 높은 지면에 만드는 것이 특징이다. 점질토로 지반의 아래층을 구성하고 그 위에 사질토를 두껍게 부어 지반을 만들어 주위에 도랑을 통하게 하며, 다시 바닷가의 물가에 이르기까지 점질토로 도랑을 구성한다. 그 후 큰 바가지[2]를 이용해 바닷물을 퍼 올려 염전의 도랑에 채운 뒤 염전의 모래를 적셔 함수를 채취하는 방법으로, 염정은 염전 도랑의 곁에 2,3척 높게 배치한다. 이러한 염전은 바닷물을 퍼 올리는데 많은 노동력을 필요로 했기 때문에 조석간만의 차이가 작은 강원도와 함경도지역에서만 사용되었다.

---

2) 해수를 염정(鹽井)에 퍼 올릴 때 사용하는데, 재료는 표주박을 반으로 자른 것이다. 《韓國水産誌》권1, 농상공부수산국, 1908.

 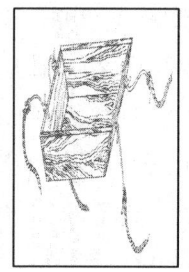 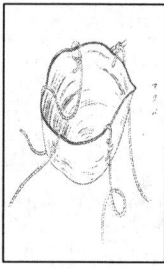

양빈식, 해수를 퍼올리는 작업　　　도구1　　　도구2

2) 소금의 생산방법

　해수직자법은 바닷물을 직접 끓여서 소금을 얻기 때문에 바닷물을 끓여 닳이는 전오작업만으로 소금을 만들 수 있지만, 염전식제염법은 전오작업 외에도 염분이 많은 함수(鹹水)를 채취하는 채함과정을 필요로 한다. 채함과정은 먼저 염정에서 모래(撒砂)나 흙을 가래(手鋤)로 파내어 그것을 지게 또는 삼태기로 염전의 여러 곳에 배치하여 뿌리는 것을 시작으로 한다.

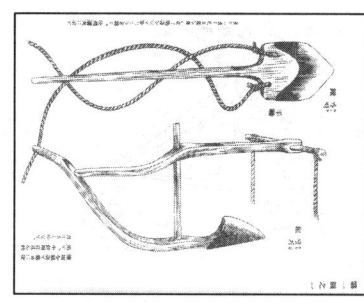 

가래와 쟁기　　　　　　　가래로 흙을 파내는 모습

　염전의 곳곳에 흙이 뿌려졌으면 써레(馬耙)를 이용해 염전의 면을 가로, 세로로 끌어 모래를 골고루 갈아 흩어 뿌리고, 미레를 이용해 흙덩이를 부순 후에 바닷물에 말리는 작업을 몇 차례 반복하는데 대체로 3~4일간 매일 2, 3회 정도 계속하여 일구는 작업을 한다. 이러한 과정을 통해 흙(撒砂)은 많은 염분을 흡수하여, 염분 함량이 높은 함사(鹹砂)를 조성하게 된다. 이렇게 조성된 함사를 나레를 이용하여 염정으로 긁어 올린다.

 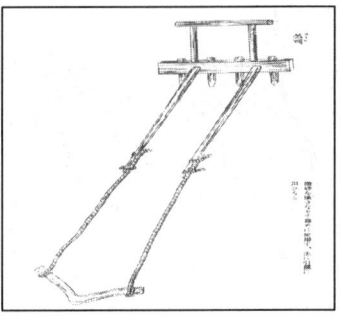

써레를 끄는 모습   써레

 함사를 염정 근처에 옮긴 후에는 함수를 뽑아내는 채함과정에 들어간다. 염정의 크기는 대체로 높이 2.5~3m, 직경 5~10m, 깊이는 2m 정도이며 위에는 나무기둥을 걸치고 그 위에 솔잎이나 갈대를 엮어서 만든 거적을 덮었다. 솔잎과 갈대거적 위에 염분함량이 높은 함사를 깔고 다진 후 그 위에 긁어모은 함사를 살포한 다음 해수를 부으면 함사에 함유되어 있던 염분이 흘러내려 높은 염도를 지닌 함수를 얻을 수 있었다.[3] 채취된 함수를 함수통에 운반할 때는 목통이나 물항아리를 머리에 이고 운반하는 것이 보통이고, 드물게는 염정과 함수통 사이에

---

3) 김일기, <조선시대 자염 생산방식>, ≪조선시대 소금생산방식≫, 신서원, 2006, 22쪽.

점질토의 도랑을 설치해 그것을 따라 나오도록 한 것도 있다.
　이러한 채함작업이 끝나고 나면 채취된 함수를 가마에 넣고 끓이는 전오작업으로 이어진다. 전오작업은 염막(鹽幕) 속에서 이루어졌는데 염막은 지붕, 아궁이, 가마 등의 구조물을 포함하고 있다. 염막의 지붕은 짚이나 띠로 잇고, 짚이나 띠를 엮어서 만든 장벽을 두르는데, 그물에 돌덩이를 쌓아 벽으로 만든 것도 있다. 또한 부뚜막(竈)은 흙이나 돌의 작은 조각으로 쌓거나 단순히 돌로 쌓아서 만들었는데, 그 크기는 가마의 크기에 따르고 높이는 2, 3척(약 1m이내)이 일반적이다. 그 전면에는 불 때는 아궁이를 가마의 크기에 맞게 적당한 크기로 뚫었다.
　가마의 종류에는 토분과 철분이 있는데 당시에는 철분의 값이 비싸 흙으로 만든 토분이 일반적으로 사용되었다. 토분은 굴조개 재나 껍질의 가루에 함수를 섞어 반죽한 것을 바른 것이며, 철분은 얇은 철판을 방형 또는 장방형으로 하여 만들어졌다.
　일반적으로 전오과정에는 많은 양의 연료가 소비되었으므로, 염전은 연료를 공급하기 좋은 곳에 위치하는 것이 보통이었다. 연료로는 솔잎을 사용하였으며 지방에 따라서는 소나무, 땔나무, 갈대, 잔가지와 잡초가 사용되었다. 밤낮으로 전오하여 다 구워진 소금은 주걱으로 모아 바가지로 삼태기에 담은 다음, 소금가마 위의 선반에 올려 염즙(鹽汁)이 빠지기를 기다렸다가 어느 정도 건조되면 저장했다.
　이상에서 살펴보았듯이 우리나라의 전통적 제염업은 바닷물을 이용해 끓여서 만드는 전오제염업을 주로 하였고, 염전을 만드는 방식에 따라 제염과정에 약간의 차이는 있었지만 일련의 제염과정은 염전을 갈아 염분기가 많은 함토를 모은 후 함수를 채취해 그것을 끓이는 전오과정으로 이루어졌음을 알 수 있다.

3. 여말선초시기의 염업발전

조선 건국 이후 사회가 안정되어감에 따라 여러 분야에서 새로운 문물의 정비가 이루어졌다. 이러한 배경 속에 각 지방의 인문·자연환경에 대한 조사도 함께 이루어졌는데 그 결과물이 바로 지리지의 편찬이라고 할 수 있겠다. 현재 전해지고 있는 조선초기의 지리지로는 ≪경상도지리지≫, ≪세종실록지리지≫, ≪경상도속찬지리지≫가 있다. 이들 지리지는 각각 그 완성시기를 기준으로 보면 세종 7년(1425), 단종 2년(1454), 예종 1년(1469)인데, 후자는 전자를 보완하기 위한 목적으로 조사된 부분이 많기 때문에 그 편찬시기의 차이가 길지 않은 특징을 가지고 있다. 이러한 특징은 세종대부터 예종1년에 이르는 단기적인 조선초기의 상황을 파악하기에 좋을 뿐만 아니라, 지리지의 내용면에 있어서도 건치연혁, 인구현황, 자연환경, 인문환경 등이 비교적 자세하게 서술되어 있어 당시 사회상을 살피는데 유용한 자료로 이용될 수 있다.

고려말과 조선초기동안 염업의 변화를 알아보기 위해 ≪고려사≫에 나타난 고려시대 염업의 현황과 조선시대 지리지에 나타난 염소(鹽所)와 인구에 관한 기록을 편찬시기에 따라 비교해 보면 시간의 추이에 따른 염업실태를 살펴볼 수 있다. 즉, 소금이 많이 생산되는 지역의 염소와 인구의 수를 전후로 비교해보면, 해당 지역의 염업이 발달했는지 쇠퇴했는지의 맥락을 파악할 수 있게 된다. 따라서 이 장에서는 고려사와 지리지에 나타난 염소와 인구의 수를 각각 비교해 봄으로써 시간경과에 따른 제염지의 변화양상을 밝혀보고자 한다.

1) 염소(鹽所)의 변화 양상

≪고려사≫의 염법(鹽法)과 조선시대 지리지에는 모두 소금과 관련한 기록이 있는데 ≪고려사≫와 ≪경상도지리지≫는 각각의 소금생산

현황을 염분(鹽盆)을 기준으로 하여 그 수를 파악하였고, 이후에 편찬된 두 지리지에는 염소(鹽所)를 기준으로 하여 소금이 생산되는 지역이 조사되어 있다. 이처럼 염업과 관련하여 조사된 기준에 차이가 있으므로 여기서는 같은 기준으로 서술되어 있는 ≪고려사≫와 ≪경상도지리지≫에서의 염분수의 변화, ≪세종실록지리지≫와 ≪경상도속찬지리지≫의 염소수 변화라는 두 가지 측면으로 변화양상을 접근해 보고자 한다. 그렇다면 여기서 각각의 기준이 되고 있는 염소와 염분은 무엇을 뜻하는 것일까? 염업의 변화양상을 살펴보기에 앞서 다음의 내용을 통해 염업과 관련된 염소(鹽所)와 염분(鹽盆), 염창(鹽倉) 등과 같은 용어의 개념을 먼저 살펴보자.

① 염소(鹽所)가 1이다. (염정(鹽井)이 2이요, 가마(盆)가 3이다.)[4]
② 염소(鹽所)가 1이다. (가마(盆)가 1백 13개인데, 모두 군의 서쪽 파시두(波市頭)에 있고, 염창(鹽倉)은 읍성 안에 있다. 염간(鹽干)이 1천 1백 29명인데, 봄·가을에 바치는 소금이 1천 2백 90석이다.)[5]

이 두 기사는 ≪세종실록지리지≫에 나타난 충청도, 전라도 지방의 염소에 관한 내용 중 하나이다. 여기서는 염소, 염정, 염분, 염간이라는 용어가 모두 나타나 있어서 이것이 무엇을 지칭하는지 짐작할 수 있게 해준다. 먼저 염정(鹽井)은 소금우물이라고 볼 수 있다. 앞에서 살펴보았듯이 소금을 효율적으로 생산하기 위해서는 먼저 흙구덩이를 만들어서 농도가 진한 간수를 저장해야 하는데 '간수를 저장하는 구덩이'를 염정이라 일컬은 것이다.[6] 또, 염분(鹽盆)은 부뚜막과 솥을 구비하고

---

4) ≪세종실록지리지≫, 충청도, 홍주목, 서산군 鹽所一。【鹽井二, 盆三。】
5) ≪세종실록지리지≫, 전라도, 나주목, 영광군 鹽所一。【盆一百十三, 皆在郡西波市頭。鹽倉在邑城內, 鹽干一千一百二十九名, 春秋貢鹽一千二百九十石。】
6) ≪경세유표≫제14권, 均役事目追議 제1, 鹽稅

있어 직접 소금을 달일 수 있는 개개의 소금가마를 말하며, 염소(鹽所)는 일반적으로 염정과 염분의 상위개념으로써 "염정, 염분 등의 제반시설을 구비한 소금 만드는 곳"이라는 장소적인 의미로 사용되어 염장(鹽場)과 유사한 뜻이라 볼 수 있겠다. 그 밖에 염창(鹽倉)은 염소에서 생산된 소금 중 세금으로 낸 소금(稅鹽)을 보관하는 창고이며, 염간(鹽干)은 소금 굽는 일에 종사한 사람으로 염한(鹽漢)이라고도 불렀다.

조선시대에 소금을 생산한 사람(煮鹽人)으로는 공염간(公鹽干)과 사염인(私鹽人), 수군(水軍) 등이 있다. 공염간은 장적에 기재되어 국가의 관할하에 있으면서 일생동안 전문적으로 소금을 생산하던 자들로서, 신분은 양인이었지만 힘들고 어려운 천역(賤役)에 종사한 신양역천(身良役賤) 계층이었다[7]. 조선초기에 공염간은 해마다 1인당 10석의 공염을 바치도록 되어 있었는데[8], 공염을 제외한 다른 역은 부과되지 않았던 것으로 보이며, 다른 국역(國役)에 동원되었을 경우 그에 상응하는 공염을 탕감받았다.[9] 반면 사염인은 주로 양인들로 농업을 겸하면서 사염분에서 소금을 생산한 자들인데, 해마다 4석을 사염세(私鹽稅)로 납부한 외에도 양인으로서 부과되는 다른 역의 의무도 지고 있었다. 그 밖에 수군(水軍)도 또한 소금의 생산에 한 몫을 담당하고 있었는데, 이들은 수군의 재원마련과 기근이 들었을 때를 대비한 구황염의 생산을 위해 운영된 일종의 공염분인 군수염분(軍須鹽盆)에서 소금을 생산했다.

---

7) 유승원, <朝鮮初期의 鹽干> 한국학보, 1979.
8) 공염간은 식한(式干)이라고도 하는데, 이들의 공납액은 시간에 따라 변화가 있었던 것으로 보인다. 세종1년(1419) 황해도의 경우 매호당 24석,(≪세종실록≫세종1년, 10월 24일 을미) 세종9년(1427) 강원도는 종래 1인당 20섬에서 10섬으로 반감하였고,(≪세종실록≫세종9년, 4월 24일 임오) 세종27년(1445) 역시 공납액이 10석으로 나타나 있다. (≪세종실록≫세종27년, 8월 27일 무진) 이후 성종16년(1485)에는 다시 8석을 바친 것으로 보인다. (≪성종실록≫성종16년, 9월 16일 갑자), 본고에서는 경상도지리지의 시기에 따라 염간의 공납액을 10석으로 표현한다.
9) ≪세종실록≫ 세종1년, 8월 2일 갑술. 세종5년, 2월 25일 병자.

이제 ≪고려사≫와 ≪경상도지리지≫에 나타난 경상도지역 염분현황을 통해 고려말과 조선초기의 염업 실태를 살펴보자. ≪고려사≫ 염법조를 보면 충선왕 원년 2월(1309)에 전매제와 관련하여 모든 염분을 국가의 관할하에 두면서 각 도의 염분수를 기재하고 군·현에 명령하여 일부 백성들을 뽑아서 염호(鹽戶)가 되게 하였다. 여기에 기록된 경상도의 소금가마는 174, 염호가 195戶이다.[10] 이는 양광도· 전라도 126, 평양도 98, 서해도 49, 강릉도 43의 수와 비교해 볼 때 가장 많은 수이다. 즉, 1309년 당시 경상도는 각 도 중에 가장 많은 염분을 보유하고 있었다. 그러나 이러한 염분수는 고려말의 극심한 왜구침입 때문에 연안에 백성들이 살수 없었음으로 다시금 제로에 가까이 떨어졌다고 볼 수 있다. 그 후 조선왕조가 들어서고 안정된 사회 속에서 실시된 염업의 조사가 바로 ≪경상도지리지≫에 나타나 있다고 볼 수 있는데 경상도지리지에 나타난 염분의 수는 아래와 같다.

연번	지명	공염분	사염분	군수(軍須)염분	합계[11]	비고(염분단위)
1	경주부	82	66	0	148	雙
2	동평현	30	2	8	(40)	坐
3	울산군	82	0	7	89	坐
4	흥해군	2	2	0	4	雙
5	동래현	23	0	2	25	
6	기장현	8	1	2	11	坐
7	장기현	76	50	4	130	雙
8	영일현	39	17	0	56	雙
9	청하현	19	19	2	40	雙
10	영해도호부	43	36	7	86	雙
11	영덕현	58	88	6	152	雙

10) ≪고려사≫권79, 志 33, 食貨2, 鹽法
11) <표1> 합계 중 ( )로 표시된 것은 지리지에 나타나지 않은 것을 임의로 계산한 것이며, 고성현의 경우 총염분수가 잘못 기재되어 따로 ( )로 표시했다. 또한 염분의 단위 중 흥해군의 雙은 隻의 오기로 보이나 지리지에서 씌어진 그대로 옮겨놓았다.

12	진주목관	15	7	2	24	坐
13	김해도호부	5	0	0	5	坐
14	웅신현	2	1	5	(8)	坐
15	완포현	11	0	0	11	坐
16	창원도호부	100	0	0	100	坐
17	고회원	10	0	0	10	坐
18	곤남군	249	25	4	(278)	坐
19	고성현	17	1	6	23(24)	坐
20	거제현	12	0	5	17	坐
21	사천현	23	21	0	(44)	坐
22	하동현	결락				坐
합 계		906	336	60	1302	
백분율		69.6%	25.8%	4.6%	100%	

<표1> 경상도지리지 염분수

<표1>을 살펴보면 세종 당시(1425) 경상도지역 내 소금이 생산된 곳은 총 22곳, 염분수 1,302로 고려 말 충선왕대의 염분수 174와 비교하면 무려 1,000여개가 넘는 염분이 증가한 것이다. 염분수와 더불어 염분에서 생산되는 소금의 양을 고려해 본다면 이는 실로 엄청난 생산력의 발전이라고 할 수 있다. 이는 고려말 왜구의 침입으로 피폐해진 상황에도 불구하고 조선이 들어서면서 국가와 백성이 적극적으로 해양 개척에 관심을 가진 결과로 보인다. 국가와 백성이 염업, 크게는 해양에 관심을 가졌다는 것은 <표1>을 통해서 드러난다. 표에 나타난 경상도 지역의 제염지는 공염분, 사염분, 군수염분이 함께 존재하고 있다. 각 염분의 비율은 공염분이 약 69.6%로 총 염분의 2/3 이상을 차지하고 있었고, 사염분이 25.8%, 군수염분이 4.6%를 차지한다. 이러한 세 종류의 염분 중에 국가가 그 생산과 유통의 대부분을 관리했던 것은 공염분과 군수염분인데, 이것은 당시 전체 염분의 75%정도가 관염(官鹽)이었다는 것을 보여준다. 이에 비해 사염분이 전체의 26%에 불과한 것은 사염분에 속한 사염인들이 양인으로서 소금생산 외에도 다른 국

가의 역을 지고 있었기 상대적으로 그 수가 적었으며, 국가에서도 이러한 사염의 존재를 일정부분 통제하고 있었기 때문이라 생각된다. 물론 위에서 나타난 사염분은 그 수가 누락된 것도 적지 않겠지만, 그러한 점을 고려하더라도 관염이 약 70%라는 비율을 생각해보면 조선초기에 소금산업은 상당부분이 국가의 통제하에서 이루어지고 있었고, 국가는 소금이 생산 가능한 지역에 염분을 설치해주거나 제염을 허가함으로써 염업의 발전에 적극적으로 개입하고 있었음을 반증한다.

공염분과 사염분이 다르듯이 이들 염분에서 생산된 소금의 운용 역시 관염과 사염에 차이가 있었다. 관염의 경우 국용, 진휼, 군수 등의 용도에 사용되었고 나머지는 민간에 판매되어 국가재정에 충당되었다.12) 특히 세종대에는 지방에 따라 운용에 차이가 있었는데, 경상·전라 양도와 충청도 아래지방에서 구운 소금의 경우 포목과 물화(物貨)로 바꾸어 제용감(濟用監)13)으로 올렸고, 경기·황해도와 충청도 윗지방에서 구운 소금만이 국용에 사용되었다.14) 반면에 사염은 농민, 목자(牧子)15) 등이 염세(鹽稅)로 납부한 소금 외에 나머지 소금은 필요한 사람들에게 파는 형식으로 유통되었다.

다음으로 염소를 기준으로 기록되어 있는 ≪세종실록지리지≫와 ≪경상도속찬지리지≫를 비교해 봄으로써 조선 초기에 시간 경과에 따른 염소의 변화양상에 대해 살펴보자.

---

12) 권영국, <조선초 鹽業政策과 생산체제>, 史學硏究 第55.56合集號, 200쪽.
13) 진헌(進獻) 직물 및 인삼과 선물로 주는 의복, 각종 비단[紗羅綾段], 화폐로 쓰는 베나 무명[布貨], 물감[彩色] 및 염색, 길쌈 등을 담당한다. 제주(提調)가 1명이다. 주부 이상 중에서 4명은 임기를 길게 하는 관리로 둔다.(경국대전, 중앙관직, 정3품관청)
14) ≪세종실록≫ 세종1년, 8월 2일 갑술(上略) 慶尙·全羅兩道及忠淸道下面諸處所煮鹽, 本不爲國用, 而於所在換布貨, 輸於濟用監, 但以京畿·黃海道及忠淸道上面所煮鹽爲國用. 且鹽貢, 計丁而收之。(下略)
15) ≪세종실록≫ 세종20년 7월 8일(경인)

(*)표시는 염창과 염장관이 있는 곳

연번	지명	세종실록지리지(所)	경상도속찬지리지(所)	증감
1	경주부	1	11	10(↑)
2	울산군	3(*)	5	2(↑)
3	홍해군	1	4	3(↑)
4	동래현	3	6	3(↑)
5	기장현	1	0	1(↓)
6	장기현	2	6	4(↑)
7	영일현	1	3	2(↑)
8	청하현	3	3	-
9	영해도호부	2	6	4(↑)
10	영덕현	1	11	10(↑)
11	진주목	1	0	1(↓)
12	김해도호부	2	0	2(↓)
13	창원도호부	3(*)	5	2(↑)
14	곤남군	3(*)	7	4(↑)
15	고성현	2	13	11(↑)
16	거제현	4	11	7(↑)
17	사천현	2	1	1(↓)
18	하동현	1	1	-
19	칠원현	1	결락	알수없음
20	진해현	3	5	2(↑)
21	남해현	×	8	8(↑)
합계		40	106	66(↑)

<표2> 지리지별 염소(鹽所) 비교

<표2>를 살펴보면 ≪세종실록지리지≫와 ≪경상도속찬지리지≫중 경상도지역에서 염소가 기재된 곳은 대략 21곳으로, 새로 등장한 남해현을 제외하면 두 지리지에서의 제염지는 거의 동일하게 나타나고 있다. 이는 소금을 만들기 위한 조건을 구비하고 있는 지역이 한정되어 있었기 때문이라고 볼 수 있다. 요컨대 제염에 유리한 기후조건은 연안에 위치하여 바닷물을 이용하기에 쉽고, 소금을 끓이는데 필요한 연료를 얻기에 편리하며16), 생산된 소금을 운반하기에 좋은 지역을 대상으

로 삼고 있었기 때문에 초기부터 제염지가 될 수 있었던 지역이 어느 정도 정해져 있었음을 의미한다.

<표2>를 통해 동일하게 염소를 기준으로 기록되어 있는 두 지리지에서 시간의 변화에 따른 그 증감이 비교적 뚜렷하게 나타나고 있음을 알 수 있다.[17] 즉, 총 21곳의 경상도지역 내 제염지 중에서 염소의 변화가 없는 청하현, 하동현 2곳과 염소의 수가 감소한 기장, 진주, 김해, 사천 4곳, 결락으로 변화여부를 알 수 없는 칠원현을 제외하면 나머지 14 지역에서의 염소의 수는 큰 폭으로 증가하고 있다. 이는 지리지의 완성시점을 기준으로 본다면 15년, 그 제작기간까지 고려하더라도 세종대 말~세조대까지 약 20년 정도의 사이에 경상도 지역 내 염소의 수가 폭발적으로 증가하고 있음을 보여준다. 또한 염소가 증가한 지역 가운데서도 경주, 영덕, 고성, 거제, 남해는 염소가 무려 7~11개의 큰 폭으로 증가했다.

이처럼 기록상으로만 보더라도 여말선초 시기 동안 염분의 수는 약 1,000여개, 조선 초기 동안 염소는 무려 66개가 증가했다. 이러한 염분과 염소의 증가는 상대적으로 기간이 훨씬 길었던 여말선초시기에 두드러졌다고 볼 수 있지만, 염소의 증가로 보면 조선이 건국된 이후에도 여전히 염업이 점증적으로 발달하고 있었던 것이다.

그렇다면 시간이 지남에 따라 이렇게 염분이나 염소가 증가했다는 것은 무엇을 의미하는 것일까? 만약 단순히 증가한 숫자만을 본다면

---

16) 제염의 연료로 가장 좋은 것은 소나무이다. ≪세종실록≫ 세종30년 8월 27일 무진조에는 연해에 소나무가 잘되는 땅을 장부에 기록해 놓은 것이 있다. 이 중 경상도 지역에서는 영해, 동래, 울산, 고성, 거제, 사천, 김해, 진주, 영덕, 남해, 영일, 기장, 양산 등이 기재되어 있는데 지리지에 나타난 제염지와 거의 동일함을 알 수 있다.

17) ≪경상도속찬지리지≫ 중 경주부를 예를 들어 보면 "鹽盆. 在府東吾里. 典洞里. 八助里. 秀村里. 感恩里. 奉吉里. 乃兒里. 下西知里. 上西知里. 竹安里. 甘浦." 라고 기재되어 있다. 여기에 나타난 오리, 전동리, 팔조리 등은 염분이 있는 곳이라는 의미이므로, 이들은 장소를 나타내는 개념인 염소(鹽所)로 보는 것이 타당하다.

그 증가치는 큰 의미를 가지기 어려울 것이다. 앞에서 언급하였듯이 염소는 소금을 만드는 장소라는 의미다. 따라서 하나의 염소는 염분, 염정과 같은 시설을 함께 가지고 있는 것이 일반적이며, 이와 같은 제염지에서의 염소와 염분의 증가는 소금의 생산량은 물론이거니와 그곳에 배속된 소금 굽는 자들이 늘어났음을 뜻한다. 소금을 만들 수 있는 제반시설이 증가했다면 마땅히 그에 상응하는 인력도 함께 늘어야 하기 때문이다. 곧, 위와 같은 염분수의 증가는 연안지역, 즉 제염이 가능한 해안가의 인구도 함께 폭발적으로 증가했음을 의미하는 것이다. 그렇다면 이제 염소와 염분의 수를 통해 이 지역의 인구가 어떻게 변화했는지 살펴보자.

2) 경상도 내 제염지의 인구변화 양상

시간에 따른 염소와 염분의 증가와 더불어 소금생산지에서의 인구 역시 증가했음은 분명하다. 그렇지만 단순히 인구가 증가했다고 하는 것보다 제염지에서의 인구가 어느 정도의 폭으로 증가했는가를 대략적으로나마 추산할 수 있다면 이 시기 염업의 발전상을 보다 생생하게 알 수 있다. 이를 위해 각 지리지에 나타난 경상도 내 제염지의 인구변화를 파악해 보면 그 증가추이를 쉽게 알 수 있지만, 지리지 내 인구기재상의 문제로 인구 파악이 그리 쉽지는 않다. ≪고려사≫의 경우 경상도 전체의 염호만을 나타낼 뿐이고, 세 지리지 가운데도 ≪경상도지리지≫와 ≪세종실록지리지≫에만 인구와 호수가 기재되어 있기 때문이다. 그렇다면 이 두 지리지의 인구만 비교해 보더라도 그 증감추이의 대강은 알 수 있지만, 조사 결과 ≪경상도지리지≫의 남자 인구수가 ≪세종실록지리지≫의 전체인구수와 동일하게 기재되어 있어서 직접적인 인구의 증감비교가 불가능한 문제가 발생했다.[18] 이러한 이유로

---

18) 경주부를 예로 들어 두 지리지의 기재 내용을 비교해 보면 다음과 같다.

제염지 내 인구의 변화 양상은 조선왕조실록과 지리지에 흩어진 내용을 바탕으로 하여 자염인수와 일부 제염지의 호수(戶數)라는 두 가지 측면으로 접근해 보았다.

첫째로, 증가한 자염인의 수이다. 염소와 가장 밀접한 관련이 있는 사람은 소금을 생산하는 자염인이다. 즉, 소금을 만드는 염소나 염분이 증가하면 그 곳에서 소금을 굽는 사람인 자염인도 당연히 증가하게 된다. 그렇다면 소금을 생산하기 위해 일반적으로 각 염분에 몇 명의 인원이 배치되어 있었는지가 제염지에서의 증가한 인원수를 살펴보는데 중요한 단서가 될 것이다. 먼저 아래의 기사들을 보자.

① 염소(鹽所)가 1이다. 【가마(盆)가 1백 13개인데, 모두 군의 서쪽 파시두(波市頭)에 있고, 염창(鹽倉)은 읍성 안에 있다. 염간(鹽干)이 1천 1백 29명인데, 봄·가을에 바치는 소금이 1천 2백 90석이다.】 19)

이 기록은 앞에서도 제시한 사료이다. 전라남도 영광군은 소금생산지로 유명한 지역적 특성으로 말미암아 ≪세종실록지리지≫에서 염분과 염간의 수가 함께 기재된 드문 경우로써, 한 염분 당 염간의 평균수를 계산할 수 있는 여지를 마련해 준다. 즉, 1129명의 염간에 염분이 113개로써, 염간 수에 염분의 수를 나누면 한 염분 당 평균 9명이라는 염간 수가 도출된다.

② "염장(鹽場)에는 한 분(盆)에 한 번(番)마다 염한(鹽漢) 5명을 정하고 두 번에 나누어 일을 시키되, (하략)"20)

≪경상도지리지≫, 慶州府. 戶一千五白五十二. 內男五千八白九十四口. 女六千三白二十六口. 合一萬二千二白二十口.
≪세종실록지리지≫, 慶州府. 本府戶一千五白五十二, 口五千八百九十四.
19) ≪세종실록지리지≫, 전라도, 나주목, 영광군 鹽所一, (盆一百十三, 皆在郡西波市頭. 鹽倉在邑城內, 鹽干一千一百二十九名, 春秋貢鹽一千二百九十石.)

이것은 세종 19년 경차관(敬差官)을 팔도(八道)에 나누어 보내어 어염(魚鹽)의 상황을 살피게 한 내용의 일부이다. 이 때 호조에서는 염분 하나에 염간들로 하여금 두 번을 나누어서 일을 시키는데, 한 번에 5명의 염한을 배속하기를 청하고 있다. 이렇게 되면 염분 하나당 총 10명의 염한을 배치한 셈이 된다.

지 명	염 분	③선군	일수	소금(石)	화매내용			소값
					베(필)	잡곡(石)	남은소금	(소금石)
강원도 삼척	철분 9개	60	40	170	73	32	20	
경기도 남양	토분13개	140	18	644	248	31	79	34
황해도 옹진	토분 4개	30	28	359	67		5	6
경상도 동래	토분12개	120	11	616	10		597	
	토분19개	109	15					
충청도 태안	토분14개	200	48	1023	161	148	395	
전라도 흥양	토분10개	100	20	681	178	100	187	16

<표3> 각 도 경차관의 자염(煮鹽) 시험 내용

위의 <표3>은 세종 28년(1446) 각 도에 경차관을 파견하여 자염을 시험한 내용을 표로 정리한 것으로[21], 역시 염분수와 선군의 수가 제

---

20) 《세종실록》 세종19년, 6월 24일, 임오. 戶曹啓: "來七月望前, 分遣敬差官于八道, 審定鹽場魚梁。 鹽場則每一盆一番, 定鹽漢五名, 分二番役使, 其鹽漢不足之數, 令今去敬差官推刷鹽漢挾丁及沿海居住各司貢奴、 各色軍戶隱漏餘丁、旁近各官奴婢、公私婢子嫁平民所生、犯罪徒役人等, 以充其數。 又鹽場官排置處, 鐵盆土盆拘鐵所需及每一區耕牛之數, 不用牛隻耕區便否, 備細啓聞。 魚梁則上中下三等漁箭及漁船網罟、一年所出魚物、民間貿易布貨米穀之數, 亦使訪問以啓。

21) 《세종실록》세종28년, 1월 15일 계미, 義鹽色啓: "今各道敬差官試驗煮鹽, 江原道三陟鐵盆九所, 役船軍六十名, 四十日煮鹽一百七十石, 和賣得布七十三匹, 雜穀三十二石, 餘鹽二十石。 京畿^南陽土盆十三所, 役船軍一百四十名, 十八日煮鹽六百四十四石, 和賣得布二百四十八匹, 雜穀三十一石, 耕區牛價鹽三十四石, 餘鹽七十九石。 黃海道^瓮津土盆四所, 役船軍三十名, 二十八日煮鹽三百五十九石, 和賣得布六十七匹, 牛價鹽六石, 餘鹽五石。 慶尙道^東萊土盆十二所, 役船軍一百二十名, 十四日; 又土盆十九所, 役船軍一百九名, 十五日煮鹽六百十六石, 和賣得布十匹, 餘鹽五百九十七石。 忠清道^泰安鹽井土盆十四所, 役船軍二百名, 四十八日煮鹽一千二十三石, 和賣得布

시되어 있으므로 한 염분 당 종사하는 선군의 수를 계산할 수 있다. 6곳 모두 대략 10명을 나타내고 있을 뿐만 아니라 평균적으로 살펴보더라도(선군합계 759 / 총염분수 81) 9.4명이라는 수가 도출된다. 이 내용은 각 지역에 제시된 염분과 선군을 통해 일정기간동안 소금을 생산한다면 얼마의 소금을 생산할 수 있는지를 시험해 본 것이기 때문에, 여기에 배속된 선군이나 염분, 일수(日數)는 비교적 당시에 일반적인 상황이었다고 생각해도 좋을 것이라 판단된다.

따라서 위의 세 자료를 통해 알 수 있는 자염인의 수를 살펴보면 각각 ① 9명 ② 10명 ③ 9.4명으로 조선초기 한 염분 당 배속된 인원은 약 10명으로 볼 수 있고, 이를 바탕으로 여말선초의 염업종사자 수를 대략 비교할 수 있을 것이다.

먼저, ≪고려사≫에 고려말의 경상도의 염호는 194호라는 기록이 있다. 그렇다면 평균적으로 4인 가족을 기준으로 한다면, 1309년 당시 경상도 내 염업 종사자 수는 약 780명(194호×4인)으로 볼 수 있다. 다음으로 염분 1당 약 10명이라는 자염인 수를 <표1>의 경상도지리지 염분수에 적용하면 조선초기 당시 경상도 지역 내 염분이 1302개가 있었기 때문에 배속된 자염인은 약 13,020명 (1302×10명)으로 추산할 수 있다. 다시 말하면 고려말에는 경상도 지역에서 780여명 정도의 염호들이 염업에 종사하다가 조선초에 이르러서는 자염인수가 대략 13,020명으로 증가한 것인데, 이는 전후를 비교하면 약 16.7배에 달하는 엄청난 증가율이다. 이러한 증가율은 고려말에 비해 조선시대에 이르러서 훨씬 더 많은 사람들이 바다를 생활의 터전으로 해서 살았으며, 국가 역시 자연적으로나 혹은 인위적인 정책으로 해양수산업에 지대한 관심

一百六十一匹, 雜穀一百四十八石, 餘鹽三百九十五石. 全羅道＾興陽土盆十所, 役鰐軍一百名, 二十日煮鹽六百八十一石, 和賣得布一百七十八匹, 穀一百石, 牛價鹽十六石, 餘鹽一百八十七石."

을 가지고 있었음을 말해준다.

둘째로, 실록에 나타난 자료를 토대로 몇몇 지역의 인호(人戶) 증가에 대해 접근해 보고자 한다. <표1><표2>에 나타난 지역은 모두 소금이 생산되는 해안가 주변인데 이들은 고려말 왜구의 침입으로 인해 버려진 지역이 많았기에 조선 건국 직후까지만 해도 사람이 거의 살지 않는 무인도였다. 그러나 왜구의 침입에 대한 불안감이 점차 사라지고 조선왕조가 안정되면서 해안지역에 대한 방어가 강화됨에 따라, 종래에 버려졌던 섬들이나 해안가에 차차 백성들이 나아가 생활을 영위하게 되었다. 이를 뒷받침하는 내용의 하나로 남해를 들 수 있다. ≪경상도속찬지리지≫의 남해현 연혁(沿革)에는 "현은 본래 남해군인데 무술년에 이르러 왜(倭)로 인해 육지로 나와 곤양군에 합속했다가 지난 정사년에 8월에 다시 현을 두었다"는 기록이 있다.22) 여기에 기록된 무술년은 고려 공민왕 7년(1358)을 말하는 것으로, 고려왕조는 이 당시 왜구의 침입으로 인해 땅(남해)을 잃었다가 조선 태종 14년(1414)에 이르러서야 남해를 주위의 현에 합속시켰다. 그러나 이후에도 남해현은 독립적인 현으로 되지 못하고 하남현(1414), 해양현(1415), 남해현(1417), 곤명현(1419)으로 폐합(廢合)을 거듭하다가23) 세종 19년(1437)에야 비로소 경상도 감사의 정문(程文)에 의거하여 현을 설치했다.24) 즉, 남해

---

22) ≪경상도속찬지리지≫남해현. 州鎭設立革罷. 縣本南海郡. 至正戊戌因倭出陸. 合屬昆陽郡. 去丁巳年八月復置稱縣令.

23) ≪세종실록지리지≫, 경상도, 진주목, 곤남군 南海縣, 本海中島, 新羅神文王初, 置轉也山郡, 景德王改爲南海郡, 顯宗戊午, 置縣令官. 恭愍王戊戌, 因倭失土, 僑寓于晉州任內大也川部曲. 本朝太宗甲午, 合于河東, 稱河南縣, 乙未, 復置河東縣, 以晉州任內金陽部曲屬于南海, 稱海陽縣, 丁酉, 以金陽還屬晉州, 復爲南海縣, 己亥, 合于昆明. 蘭浦縣, 本內浦縣. 平山縣, 本西平山. 【右二縣, 皆海島, 新羅改今名, 爲南海郡領縣, 高麗因之. 因倭人物俱已, 但有土地耳.】

24) ≪세종실록≫세종19년. 6월 23일 계미. 兵曹據慶尙道監司呈啓: "南海島土地沃饒, 城子完固, 居民衆多, 而無所管轄, 有乖大體. 且其旁近郡邑相距遙隔, 儻有倭變, 未及救援. 乞置縣, 擇有武略者差任, 以實邊圉〔圉〕." 從之.

는 왜구의 침입으로 땅을 잃은 후 중앙정부의 통제에서 제외되어 있었는데 왜적의 변이 가라앉자 나라의 구실을 피하여 섬으로 들어간 인구가 점차 증가 하게 되었고 이들을 통제하기 위해 섬을 잃은 지 약 80년 만에 정식으로 다시 현을 설치했던 것이다.

이러한 관점에서 보면 남해현은 중앙정부가 섬을 통제한 이후에 인구가 늘어난 것이 아니라, 왜침에 대한 두려움이 차차 사라지면서 자연적으로 인구가 증가하게 되었고, 이렇게 늘어난 인구를 다스리기 위해 현을 다시 설치한 것이다. 현이 설치되기 훨씬 전인 1418년 이미 남해에는 2백여 호(戶), 거제에는 3백 60여 호가 있었다는 기사가 이를 증명해 준다.25)

비단 남해뿐만 아니라 단종 3년(1445)에는 경주부 이견대(利見臺) 이남에서 울산 유포(柳浦)에 이르기까지 340여 호의 거민(居民)이 있는데 소금을 굽는 자도 또한 많았으며, 사천과 고성, 진주 3읍의 백성 623호 또한 주위의 바닷가에 산거했다.26) 이러한 호수(戶數)는 조선초기에 있어서 1戶당 가족수를 4인 기준으로 생각한다면 각각 1360명, 2450명에 달하는 수이다. 단종 3년은 ≪세종실록지리지≫가 완성된 직후이므로

---

25) ≪세종실록≫ 세종즉위년, 8월 19일 병신. 慶尙道水軍都節制使啓: "巨濟、南海二島, 倭賊往來之地, 近年以來, 賊變寢息。 因此, 人民避役于二島, 南海二百餘戶、巨濟三百六十餘戶, 萬一有變, 則必爲所掠。 若不禁二島居民, 則當置守城軍, 以嚴守禦。 南海東面赤梁・西面露梁、巨濟西面見乃梁, 竝宜置兵船。 自水營乃而浦至巨濟, 水路五十餘里, 倘有賊變, 未易赴援。 前者移永登萬戶于玆山島, 請復還永登浦, 以安民業。" 上令議政府、六曹議之。 僉曰: "二島所居婦人、小兒、家財刷出, 止留丁壯耕農事, 已受敎行移, 不必更論。 玆山萬戶則復還永登甚當。" 兵曹議曰: "二島之地, 膏腴可耕, 宜置木柵, 以庇農民。" 上從之, 仍命待豊年設木柵。

26) ≪단종실록≫ 단종 3년. 윤 6월 5일. 기유.一, 慶州府^利見臺以南至蔚山^柳浦居民三百四十餘戶, 距海邊或四五里或十里, 且燔鹽海濱者亦多。 而塩浦恒居(委)〔倭〕人及往來漁船商舶, 窺覘虛實, 必生戎心, 況距內廂二十二里, 倘有聲息, 未及救援。 當於柳浦置堡, 姑設鹿角城, 屬于左道都節制使, 擇有武才軍官, 率兵四百, 分四番守禦, 待豊年築石堡。 一, 泗川南面三千里等處, 土地沃饒, 且有鹽利, 故泗川、固城、晉州三邑之民六百二十三戶, 散居海濱, (下略)

이 단계에서 이미 인구가 340여호, 623호에 이르렀다는 것은 염소의 증가 추이로 볼 때 그 이후에 더 많은 인구가 존재했던 것을 암시한다.

이상에서 자염인수와 몇몇 제염지 인구를 살펴보았다. 위의 내용을 통해 여말선초의 시기 동안 염소의 변화 추이와 같은 맥락에서 해안 주변에 많은 인구 증가가 있었음을 알 수 있었다. 제염지의 인호(人戶)는 고려말에는 국가의 정책에 따라 별도로 염호를 지정하였다. 이후 왜구의 침입으로 인하여 제염지는 거의 상실되었다가 조선시대에 들어 다시 국가와 백성에 의해 자연적·인위적으로 엄청나게 증가했다. 이러한 해안가 인구의 증가는 조선초기 염업이나 어업과 관련한 분야에 대한 관심의 결과이며, 이로써 해양산업의 발전을 촉진시키는 원동력이 된 것이다.

4. 염업발전과 대마도 왜인

조선과 대마도는 고래(古來)로부터 지극히 밀접한 관계를 맺어왔다. 조선은 일본, 특히 대마도에 대해서 강압책과 회유책을 병행하며 교린관계를 지속해 나갔다. 예컨대 대마도정벌이 전자에 해당한다면 지속적인 무역통로의 개방이 후자에 속한다고 할 수 있다. 대마도는 경상도 중에서도 동래현과 가장 가까이 인접해 있었다. ≪신증동국여지승람≫에 의하면 대마도는 부산포(釜山浦)의 도유삭(都由朔)으로부터 대마도의 선월포(船越浦)까지 수로(水路)로 대략 6백 70리쯤 되며, 전체 섬이 8군으로 나뉘고 인가는 모든 해안에 인접해 있었다. 또한 섬의 남북 길이는 3일 정도, 동서의 길이는 하루, 혹은 반나절 정도의 거리였다고 한다. 4면이 모두 돌산으로 땅이 척박하여 농사를 짓기에 어려움이 많았기 때문에 백성들은 가난했고, 따라서 소금을 굽고 고기를 잡다 파

는 것이 그들의 주요 생업이었다.27)

여말선초(麗末鮮初) 시기에 해양수산업의 쇠퇴 속에서 조선에 필요한 어염(魚鹽)을 제공하고 이로써 생계를 이어갔던 주체가 바로 대마도 왜인이다. 이들 중에는 삼포개항이후 조선에 와서 항거(恒居)하는 자도 있었고, 대마도주의 문인(文引)을 발급받아 일정기간동안 조선에 와서 고기를 잡는 자들도 있었다. 전자가 바로 항거왜인(恒居倭人)으로 부산포, 제포, 염포의 삼포에서 항상 거주하며 생활을 영위한 자들이다. 이들은 주로 어염에 종사하여 장사로 그 생계를 이어나갔고, 조선정부로부터 토지를 지급받아 농사를 짓기도 했다.28) 반면 후자는 대마도주가 대마도인들의 생계를 유지할 목적으로 조어(釣魚)하기를 요청해, 세종 23년(1441)에 고초도 어장을 개방한 것과 관련이 있는 조어왜이다. 고초도는 오늘날의 거문도로 추정되는데29), 대마도인들이 고초도에 와서 조어하는 데는 일정한 형식이 있었다. 즉, 고초도에서 조어를 하고자 하는 자는 대마도주로부터 문인(文引)을 발급받아 거제도 지세포(知世浦)에 이르면, 지세포 만호(萬戶)에게 대마도주의 문인을 납부하고 만호의 문인을 받아 고초도로 가서 조어를 할 수 있었고, 조어가 끝나면 다시 지세포로 돌아와서 만호의 문인을 반납하고 어세(漁稅)를 바친 뒤, 도주의 문인에 회비(回比)를 받고 대마도로 돌아갔다.30) 만약 이들이 어선에 병기(兵器)를 휴대하거나 지세포에서 고초도까지의 정해진 항로 이외에 다른 곳에서 조어를 한다면 대마도주의 문인을 가지고 있

---

27) ≪신증동국여지승람≫ 제23권, 경상도, 동래현. 산천, 對馬島. 卽日本國對馬島州也. 舊隸我鷄林未知何時爲倭人所據. 自釜山浦都由朔至島之船越浦水路凡六百七十里.島中分爲八郡.人戶皆○海浦. 南北三日程東西或一日或半日程. 四面皆石山土瘦民貧以煮鹽捕魚販賣爲生.
28) ≪성종실록≫ 성종24년. 11월 5일 병신.
29) 長節子, ≪中世國境海域の倭と朝鮮≫, 吉川弘文館.
30) ≪세종실록≫ 세종24년, 8월 27일 갑인.

다고 하더라도 적왜로 간주한다고 하는 내용이 1441년 조어금약으로 맺어졌던 것이다.[31]

 항거왜인과 고초도 조어왜인들의 공통점은 대부분이 대마도인들로서 조선에서 어염을 팔아 생활을 영위했다는 것이다. 실제로 이들의 어염 판매는 상당한 수입이 있었던 것으로 보인다.[32] 주지하였듯이 여말선초 시기 백성들이 연안에서 살지 못하던 상황에서 제염지로부터 멀리 떨어진 백성들이 소금을 얻기란 쉽지 않았을 것이며, 왜구침입이후 침체된 수산업 속에서 먼 바다에 나가 왜인이 잡아오는 물고기는 그 수요가 많았을 것이기 때문이다.

 이처럼 조선초기 연안지방이 안정되지 않았던 때에 대마도인의 어염 매매는 조선백성과 대마도인 모두에게 이익을 가져다주었을 것이다. 그러나 차차 왜구에 대한 두려움이 사라지고 연안이나 섬으로 나와 생활하는 조선백성이 늘어남에 따라 이들의 무역관계에도 또한 변화가 생겼다. 즉, 앞에서 살펴보았듯이 조선의 염업 종사자는 시간이 지남에 따라 폭발적으로 증가했는데, 이들의 수산업 진출은 종래 조선에서 어염업을 장악하고 있던 대마도인들과의 마찰을 불러왔던 것이다. 실제로 세조10년에는 해도(海島)로 들어간 승인(僧人)들과 항거왜들이 더불어 무역을 하다가 문제가 발생했고[33], 성종6년(1475)에는 부산포의 사염장(私鹽場)에 왜인과 조선인들이 뒤섞여 판매를 하는데, 이들의 마찰을 우려하여 사염장을 철거하기까지 했다.[34]

 세종대에 이미 항거왜나 조어왜들은 그 수를 정해놓았지만 시간이

---

31) ≪세종실록≫ 세종27년. 7월 16일 무자.
32) ≪세종실록≫ 세종 21년. 10월 25일 경자 및 세종22년 5월22일 정묘.
33) ≪세조실록≫ 세조10년, 6월 14일 병신.
34) ≪성종실록≫ 성종6년. 1월 6일 병진. 禮曹據慶尙道觀察使啓本啓, 本道釜山浦私鹽場, 與倭人混處販賣, 恐或生釁, 請撤去. 從之.

지남에 따라 조선에 우거(寓居)하는 왜인들의 수는 더욱 늘어났고, 사회가 안정됨에 따라 해안가의 조선백성도 또한 크게 늘어났다. 한정된 시장 속에서 같은 물건, 곧 어염을 매매 하는 자들이 늘어난 것이다. 때문에 이들은 필연적으로 마찰할 수밖에 없는 관계였다. 결국 세조에서 성종시기동안 조선왕조실록에 대마도왜인과의 문제가 자주 나타나는 것은 조선에서 장사를 하며 그들의 생활을 도모했던 왜인의 불만이 점차 고조되고 있었음을 반증한다. 즉, 조선자체의 염업 발전과 어업의 증가는 조선에서의 대마도 왜인들의 장사에 큰 걸림돌이 되었고 그들의 생계까지 위태롭게 하기에 이르렀던 것이다.

5. 맺음말

조선건국 직후 조선의 연안은 거의 무인지경이었다. 유례없는 고려말 왜구의 침입으로 인하여 많은 섬들과 연안의 땅을 버려둔 채 백성들은 내륙으로 들어가 살 수밖에 없었기 때문이다. 그러나 건국이후 사회가 점차 안정됨에 따라 해안방어가 강화되었고, 백성들은 다시금 점차 해안으로 나와 생활을 영위하면서 자연히 그들의 생업인 어염업의 비중도 증가했다.

조선시대 전통적인 제염방식은 바닷물을 끓여서 소금을 만드는 자염업이 일반적이었다. 지방에 따라 제염방식에 약간의 차이가 있지민, 대부분은 염전을 조성하여 염분이 높은 함토를 만든 후 이로부터 함수를 채취하고, 이 함수를 염분에서 밤낮으로 끓이는 것이 전통 자염법이었다. 이렇게 소금을 만드는 장소를 통틀어 염소라고 하는데, 염소는 소금을 만들 수 있는 염정이나 염분과 같은 일련의 장비를 모두 갖추고 있었다. 염분의 종류는 공염분, 수군염분, 사염분 등이 있었다. 각 염분에 따라 소금을 굽는 자염인들도 차이가 있었는데, 공염간, 수군, 사염인이 그들이다.

 조선초기의 소금산업은 고려말에 비해 비약적으로 발전했으며 건국 이후에도 점증적으로 발전해 나갔다. 이는 조선초기 편찬된 ≪세종실록지리지≫와 ≪경상도속찬지리지≫에서의 염소수의 변화로 알 수 있다. 이러한 염소의 증가는 왜구의 위협이 사라지고 연안 및 도서지역에 인구가 증가한 데 따른 것으로 보인다. 실제로 여말선초시기 거의 무인도였던 거제도와 남해등지의 인구변화를 통해 단기간에 이 지역의 인구가 엄청나게 증가했음을 알 수 있었다. 조선 연안의 백성들이 염업에 종사하여 차차 그 비율이 늘어감에 따라 초기에 어염판매로 이익을 보았던 대마도왜인들은 그들의 무역에 타격을 입게 되었다. 세조에서 성종까지의 시기동안 조선인과 대마도왜인사이의 잦은 대립이나 부산포에서는 이들의 마찰을 우려한 나머지 사염장을 철거한 사건 등은 대마도왜인과 조선인들 사이에 발생했던 일종의 "어염무역분쟁"이라고 할 수 있을 것이다. 결국 중종5년에 일어난 삼포왜란도 이와 같은 맥락에서 본다면 그들의 이익에 장애가 되고 생계를 위협받았던 대마도왜인의 불만이 표출된 사건이라 할 수 있다.

조선전기 남해안 조어왜인과 해양 방어

김 기 훈

목 차

1. 머리말
2. 조선전기 수군의 남해안 방어체제
   1) 조선전기 수군체제
   2) 방어 기지의 위치
3. 조어왜인의 어장
   1) 왜인의 어장 확대 요구
   2) 고초도 조어의 허가
4. 고초도 조어허가에 따른 해양방어의 변화
   1) 고초도 조어왜선의 항로
   2) 방어기지의 이동
5. 맺음말

---

1. 머리말

고려 말기부터 본격적으로 창궐하기 시작한 왜구는 고려라는 국가를 무너뜨리고 조선이라는 새로운 국가를 출현시키는데 결정적인 계기를 마련하였다. 하지만 조선 건국 후에도 왜구의 침입은 끊이지 않고 계속되었기 때문에, 조선의 대일관계는 기본적으로 왜구의 금압을 첫 번째 목표로 할 수 밖에 없었다. 이를 위해 조선은 교린정책이란 명분 아래, 통상과 외교 등의 수단을 통해서 왜구를 회유하는데 온 힘을 쏟아 붓고 있었다.

그런데 아이러니하게도, 이 왜구 문제는 당시 조선의 위정자들이 해양 방위의 중요성을 자각하는데 결정적인 기여를 하고 있었다. 즉 왜구의 침구를 계기로 해서, 해상방위의 필요성이 강조되기 시작하였고, 고려 말기부터 조선 전기에 이르기까지 수군제도가 점차 정비·강화되어 가고 있었던 것이다. 예컨대, 조선 초에 기선군(騎船軍, 수군)이 육수군(陸守軍, 육군)과는 다른 병종으로 파악되는가 하면, 『세종실록지리지(世宗實錄地理志)』에서는 육수군과는 별도로 독립된 지휘체계를 가진 수군의 모습이 고스란히 담겨져 있다. 또한 세종 1년(1419)에 단행된 기해동정(己亥東征, 대마도 정벌)의 성공은 당시 조선의 수군력이 그만큼 증강되었음을 보여주는 일례이기도 하다.

그런데 이러한 조선 전기의 수군강화책은 항상 교린정책과 맞물려 있었다. 조선이 통상이나 어장의 허가 등을 통해 왜구를 회유할 때마다, 수군은 이와 관련하여 혹시 있을지도 모르는 왜변에 항상 대비하고 있어야 했기 때문이다. 예컨대 왜인에게 남해안 지역에 있는 특정 어장에서의 조어(釣魚, 고기잡이)를 허락할 경우, 여기로 왜인들이 몰릴 것은 자명한 일이고, 조선 수군은 이 지역을 방비하기 위한 방어체계를 수립하고 있어야만 했다. 즉 조선 정부가 왜인에게 베풀어주는 혜택이 많아질수록, 수군의 해양 방위 범위 또한 그만큼 넓어질 수밖에 없었던 것이다. 앞으로 본문에서 중점적으로 소개할 왜인에 대한 고초도(孤草島) 조어의 허가 또한 바로 이러한 연장선상에서 바라볼 수 있는 문제이다.

이제 필자는 본고에서 조선 전기 왜인에게 허가되었던 어장을 중심으로, 이들 어장이 허락되면서 조선 수군의 해양방위체제가 어떻게 변화해갔는지에 대해서 중점적으로 서술해보도록 하겠다. 어장은 기본적으로 조선이 처음으로 왜인에게 조어를 정식 허가해주었던 삼포의 연근해 지역과 그 이후에 추가로 허락한 고초도를 중심으로 논의할 것이며, 수군의 해양방위체제 중에서도 포진의 이동과 방어 거점의 변화에 역점을 맞추어 글을 전개시켜 나갈 것이다. 그리고 이러한 논의에 앞서 먼저 조선 전기 수군 체제와 수군 방어기지의 위치에 대해서 간략히 살펴보도록 하겠다.

2. 조선전기 수군의 남해안 방어체제

1) 조선전기 수군체제

조선 초기 지방군의 방위체제는 크게 북방의 군익(軍翼)체제와 남방의 영진(營鎭)체제로 나누어 볼 수 있다.[1] 군익체제는 서북면과 동북면을 중심으로, 북방민족의 침입으로부터 강력한 방어선을 구축하기 위해, 행정조직 자체를 그대로 군사조직으로 재편성한 군사체제이다. 즉 한 도(道)를 몇 개의 군익도로 나누고, 각각의 군익도에 예하 군현을 3익으로 나누어 분속시키는 형태이다. 따라서 해당 지역에 살고 있는 사람들은 자신들의 거주지가 곧 그들의 복무처가 되었고, 별도로 징발되지 않더라도 항상 군인의 역할을 수행하고 있었다. 이와는 달리 남방의 영진체제는 왜구 등 해상 세력으로부터의 침입을 방어하기 위한 체제로서, 기존의 행정조직과는 별도로 요해처에 군사조직을 편성하고 있다. 즉 각 도의 군사책임자인 병마절도사가 수어하는 영(營) 아래에, 첨

---
1) 장학근, 『한국해양활동사』, 해군사관학교, 1994, 171쪽.

절제사가 수어하는 진(鎭)이 요해처에 설치되어 있는 형태이다. 그리하여 이들을 일컬어 영진군(營鎭軍)이라고 칭했다.

이러한 영진체제 속에서 수군은 육수군과 별도로 성립되었다. 건국초의 군적작성에 마·보병(馬步兵)과 더불어 기선군이 파악되고 있는가 하면[2], 수군의 최고지휘관인 수군도절제사가 설치되고 있었다.[3] 이는 기선군이 육수군의 병마사 관할 하에 놓여있었던 고려말기의 상황에 비해 크게 발전된 형태라고 말할 수 있다.[4] 그러나 수군도절제사의 폐지와 복설이 반복되고 명칭상에 있어서도 각 도별로 차이가 있어서, 아직 일원화된 모습을 보여주지는 못하고 있었다. 예컨대, 경상도의 경우에는 좌·우도에 각각 책임자격인 수군도안무처치사가 1인씩 배치되어 있었다. 이에 반해 전라도의 경우에는 수군처치사 1인이 전라좌·우도를 통합하여 관할하고 있었던 것이다.

그런데 영진체제는 주로 연해안 지역에 편성되어 있어 내륙의 방어가 용이하지 않았다. 또한 연해안 지역에 있어서도 주방어대상인 왜구의 침입양상이 소규모이고 산발적이어서, 기존의 영진체제로서는 그 방어에 한계점을 노출할 수밖에 없었다. 그리고 이와 동시에 전국의 군사체계를 일원화하자는 요구가 일어나기 시작했다. 이리하여 세조 2년 북방의 군익체제를 전국에 일원화하는 정책이 시행되었다. 즉 전국의 각 도를 다시 몇 개의 군익도로 나누고, 각 군익도는 중·좌·우의 3익으로 구성하였던 것이다. 예컨대 경상도의 경우에는 경주도, 상주도, 성주도, 진주도, 안동도, 대구도, 영해진, 동래진, 웅천진, 사천진 등 11개의 군익도가 있고, 각각 주위의 군현을 3익으로 나누어 소속시키고 있었다.[5]

---

2) 『太祖實錄』권3, 태조2년 5월 경오.
3) 『太祖實錄』권3, 태조2년 3월 갑자.
4) 방상현, 『조선초기 수군제도』, 민족문화사, 1991, 26쪽.

그리고 세조 3년에는 행정조직의 명칭과 혼동되는 '도(道)'라는 명칭을 '진(鎭)'으로 바꾸고, 중요한 지점에 거진(巨鎭)을 설치하여 이전 군익도의 역할을 대체하게 했다. 또한 3익을 혁파해 그들을 제진(諸鎭)이라 부르고, 하나의 거진 아래에 이들을 소속시킴으로써 일원적인 명령체계를 갖추게 하였다. 이것이 바로 조선 전기 군사체제를 대표하는 진관체제인 것이다. 예를 들면, 경상도는 도에 설치된 병영 아래에 안동진, 경주진, 울산진, 창원진, 대구진, 진주진, 성주진, 상주진 등 8개의 거진이 있고, 그 아래에 각각의 제진들이 소속되어 있었다.[6]

이때 수군도 진관체제 속에 편입되어 진관조직을 갖추게 되었다. 수군은 주목적이 해양방위에 있었기 때문에, 내륙의 육수군과는 달리 연안지역을 도 단위로 구분하여 방어하고 있었다. 진관체제 속에서 수군의 지휘계통을 살펴보면, 먼저 도 단위로 해안 방어를 총지휘하는 수군절도사가 주진(主鎭)에 있고, 그 휘하에 첨절제사와 만호가 위치해 있다. 여기에서 첨절제사는 좌·우도 1명씩 배치되는데, 거진에 위치하여 진관 내 소속되어 있는 제진의 만호를 통솔하고 있었다.[7] 하지만 수군의 경우 앞서 살펴보았듯이, 이미 세조 이전부터 영진체제 속에서 이와 비슷한 형태를 취하고 있었다. 경상도의 경우에는 좌·우도 수군도안무처치사, 전라도의 경우에는 좌·우도 도만호 등의 지휘 아래 만호가 각 포진(浦鎭)에 위치하여 수어하고 있었던 것이다. 따라서 수군에 있어서 진관조직은 획기적인 변화는 아니었다. 그러나 이전의 영진체제에서 보이는 명칭상의 문제 등이 해소되고 각 도가 일률적인 지휘체계를 가짐으로써, 한 단계 발전한 수군 방어 체제를 갖추게 되었다고 평가할 수 있다.

---

5) 『世祖實錄』권2, 세조1년 9월 계미.
6) 『世祖實錄』권9, 세조3년 10월 경술.
7) 『경국대전』권4, 병전, 외관직.

2) 방어 기지의 위치

경상도	지역명	수어 책임자	병선수(艘)	군사수(名)	비 고
좌 도	동래 부산포	좌도수군도안무처치사	33	1,779	
	울산 염포	도만호	7	502	
	울산 서생포	만 호	20	767	
	영해 축산포		12	429	
	영덕 오포		8	353	
	흥해 통양포		8	218	두모적포로 옮김
	장기 포이포		8	589	가엄포로 옮김
	경주 감포		6	387	
	울산 개운포		12	420	
	기장 두모포		16	843	
	동래 해운포		7	589	
	동래 다대포		9	723	
	합 계		146	7,599	
우 도	거제 오아포	우도수군도안무처치사	28	2,601	이전에 제포
	고성 가배량	도만호	22	1,122	거제 옥포로 옮김
	김해 제포	만 호	9	882	
	거제 영등포		8	720	
	고성 견내량		20	940	거제 옥포로 옮김
	고성 번계		15	722	고성 당포로 옮김
	진주 구량량		16	748	고성 사포로 옮김
	진주 적량		13	720	가을곶으로 옮김
	진주 노량		8	568	평산포로 옮김
	합 계		139	9,023	

총 병선 수 : 285척 / 총 수군 수 : 16,622명

<표1> 『세종실록지리지』 경상도 수군 현황

| 전라도 | 지역명 | 수어 책임자 | 병선수(艘) | | | | | 군사수(名) | 비고 |
			대선	중선	맹선	별선	합계		
좌 도	무안 대굴포	수군 처치사	8	16			24	1,895	
	보성 여도량	좌도 도만호		6	12		18	1,012	

	순천 내례	만 호		6		6	12	766	
	순천 돌산			8			8	518	
	고흥 축두			6		2	8	512	
	장흥 녹도			6		2	8	483	
	장흥 회령포			4		4	8	472	
	강진 마도			8			8	510	
	영암 달량			7		2	9	519	
	해진 어란			4			4	480	
	합 계		8	71	14	14	107	7,167	
우 도	함평 원곶(垣串)	우도 도만호		8		10	18	1,055	
	무안 목포	만 호		6		2	8	498	
	무안 다경포			4		4	8	479	
	영광 법성포			6		2	8	493	
	부안 검모포			4		4	8	455	
	옥구 군산			4		4	8	461	
	합 계			32		26	58	3,441	
총 병선 수 : 165척 / 총 수군 수 : 10,608명									

<표2> 『세종실록지리지』 전라도 수군 현황

경상도	지역명	수어 책임자	병선수(艘)					군사수[8](名)	비고
			대맹	중맹	소맹	무인[9]	합계		
좌 도	울산 개운포	수군절도사	2	7	6	2	17	1,580	
	동래 부산포	수군첨절제사	1	3	5	1	10	820	
	기장 두모포	만 호	1	3	3	1	8	700	
	경주 감포				6	1	7	360	
	동래 해운포		1	1	4	1	7	540	
	흥해 칠포				4	1	5	240	
	장기 포이포			1	6	1	8	480	
	영덕 오포				4	1	5	240	
	울산 서생포		1	1	4	1	7	520	
	동래 다대포		1	2	6	1	10	760	
	울산 염포		1	4	5	2	12	940	
	영해 축산포				6	1	7	360	

---

8) 『경상도속찬지리지』의 내용이다.

9) 군사가 없는 소맹선이다.

	합 계		8	22	59	14	103	7,540
우 도	거제 오아포	수군절도사	2	11	8	10	31	2,120
	웅천 제포	수군첨절제사	1	5	5	5	16	1,600
	거제 옥포	만 호	1	5	4	6	16	1,000
	남해 평산포		1	3	3	6	13	698
	거제 지세포		1	4	7	5	17	1,060[10]
	거제 영등포		1	3	3	6	13	700
	고성 사량		1	2	4	5	12	640
	고성 당포		1	4	3	5	13	820
	거제 조라포		1	2	3	3	9	600
	진주 적량		1	3	3	6	13	700
	웅천 안골포		1	2	3	4	10	600
	합 계		12	44	46	61	163	10,538

총 병선 수 : 266척 / 총 수군 수 : 18,078명

<표3> 『경국대전』 경상도 수군 현황

전라도	지역명	수어 책임자	병선수(艘)					비 고
			대맹	중맹	소맹	무인	합계	
좌 도	순천 내례포	수군절도사	2	6	1	7	16	
	흥양 사도진	수군첨절제사	1	4	2	8	15	
	장흥 회령포	만 호	1	1	2	4	8	
	영암 달량		1	2	1	3[11]	7	
	흥양 여도		1	1	2	3	7	
	강진 마도		1	2	1	4	8	
	흥양 녹도		1	2	3	3	9	
	흥양 발포		1	3	3	4	11	
	순천 돌산포		1	2	1	3	7	
	합계		10	23	16	39	88	
우 도	해남현 황원곶	수군절도사	3	4	2	9	18	
	함평 임치진	수군첨절제사	1	3	2	3	9	
	부안 검모포	만 호	1	1	2	4	8	
	영광 법성포		1	2	1	2	6	
	영광 다경포		1	1	1	2	5	

---

10) 『경상도속찬지리지』에서는 '知老浦'라고 표기.
11) 『경국대전』에서는 '達島'라고 표기.

				1	1	1	3	6	
무안 목포				1	1	1	3	6	
해남 어란포				1	1	2	8	12	
옥구 군산포				1	2	1	4	8	
진도 남도포				1	3	4	4	12	
진도 금갑도				1	2	1	8	12	
합 계				12	20	17	47	96	

총 병선 수 : 184척

<표4> 『경국대전』 전라도 수군 현황

위의 표들은 『세종실록지리지』·『경상도속찬지리지(慶尙道續撰地理誌)』·『경국대전(經國大典)』·『신증동국여지승람(新增東國輿地勝覽)』 등에 근거하여, 조선 전기 남해안의 해양방어를 위해 설치되었던 각 포진과 병력 등을 종합하여 정리해놓은 것이다. 이를 통해 조선 전기 수군 체제의 변화양상을 대체적으로 살펴볼 수 있다.

우선 <표1·2>는 진관체제가 성립되기 이전의 영진체제 속에서 남해안을 지키는 수군의 군사체제를 보여준다. 경상도의 경우, 좌·우도에 각각 수군도안무처치사가 파견되고, 그들의 휘하에 11명과 8명의 만호(도만호 포함)가 위치한다. 이와는 달리 전라도는 수군처치사 1명이 무안현 대굴포에 영을 두고 총지휘하며, 그 예하의 좌·우도 도만호가 각각 관내 8명과 5명의 만호를 거느린다. 앞서 언급한 바와 같이 수군의 지휘체계가 일원화되지 않고, 도별로 다소 차이가 있는 모습이다.

이에 비해 <표3·4>는 세조·성종대의 진관체제 속에 편입된 수군의 모습을 보여주는 것으로, 이를 통해 수군체제가 어느 정도 완비되었음을 알 수 있다. 이는 경상도와 전라도의 수군체제가 동일한 지휘체계를 가지게 되는 모습에서 잘 드러난다. 경상도의 경우, 3명의 절도사가 있는데, 좌·우도에 각각 1명씩 배치되고, 나머지 1명은 관찰사가 겸임한다. 수군절도사가 머무는 주진은 울산 개운포와 거제 오아포[12])이며, 좌·우도 첨절제사가 머무는 거진은 부산포진과 제포진이다. 그리고 각각의 진관 내에 10명과 9명의 만호가 소속되어 있다. 전라도의 경우에도 기본적으로 이 체제와 동일하다. 순천 내례포와 해남현에 좌·우도 수군절도사영이 있고, 그 휘하에 첨절제사가 흥양 사도진과 함평 임치진에서 수어한다. 그리고 이들의 진관 아래에 각각 7명과 8명의 만호가 위치해 상부의 통제를 받고 있는 것이다.

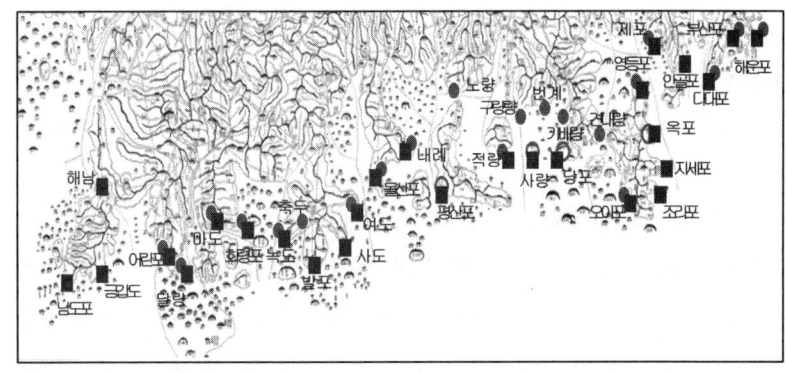

<지도1> 조선전기 남해안 일대 포진의 위치

범 례
● 『세종실록지리지』에서 보이는 포진의 위치
○ 『세종실록지리지』에서 보이는 이동한 포진의 위치
■ 『경국대전』에서 보이는 포진의 위치

이러한 군사체제의 변화와 더불어 표에서 주목해볼만한 것은 병력의 배치 양상과 포진의 이동 양상이다. 먼저 전자부터 살펴보자. 위의

---

12) 여타의 논저에서는 진관체제 아래 경상우수영과 전라좌수영이 각각 '거제 가배량'과 '순천 오동포'에 있다고 기술하고 있다. 그런데 『신증동국여지승람』을 보면, 경상우수영과 전라좌수영이 각각 '거제 오아포'와 '순천 내례포'에 소재해 있다고 기록하고 있어, 본고에서는 후자의 기록을 따르도록 하겠다(김주식외 4인, 『조선시대 수군관련 사료집』Ⅱ, 해군사관학교, 1999, 19~20쪽; 국사편찬위원회, 『한국사』23, 국사편찬위원회, 1994, 238~239쪽; 방상현, 『앞의 책』, 63쪽).

<표1 · 2>를 보면, 전라도보다 경상도 지역에 더 많은 병력이 배치되고 있는 사실을 쉽게 알 수 있다. 총 병선수에 있어서는 120척, 총 수군수에 있어서는 무려 6,014명의 차이가 보인다. 이러한 양상은 여기에서 그치지 않고, 각 도내의 좌도와 우도 사이에서도 극명히 나타난다. 경상좌도의 경우 총 12개소의 포진 중 동해에 면한 5개소의 수군수는 500명이 채 되지 않고, 병력의 다수가 왜관이 설치된 삼포와 그 주변에 위치하고 있다. 이에 반해 경상우도의 경우, 9개소의 포진이 모두 500명을 넘고 있으며, 포진의 개수가 좌도에 비해 적음에도 불구하고 그 총합에 있어서는 1,424명이나 많이 배치되어 있다. 즉 전라도보다는 경상도가, 그 중에서도 경상좌도보다는 경상우도에 병력이 집중 배치되어 있는 것이다. 그리고 이러한 경향은 진관체제로 전환된 이후에 더욱 심화된다. <표3>을 보면, 경상좌도는 수군의 군사력이 거의 변동이 없거나 약화된 것에 반해, 우도의 경우에는 더욱 증강되고 있는 모습이다. 예를 들면, 경상우도가 병선과 수군수에 있어서 각각 60척, 2,998명의 차이로 압도적인 우위를 보이고 있다.

전라도에서도 이와 유사한 양상이 보여 진다. 즉 경상우도에 지리적으로 가까운 전라좌도가 전라우도보다 많은 병력이 배치되고 있는 것이다. 예컨대 <표2>에서 확인할 수 있듯이, 전라좌도가 포진수나 병력에 있어서 전라우도에 비해 약 2배 정도나 앞서 있다. 특히 우도의 경우에는 그 포진의 수군수가 모두 500명 미만으로 나타나 있어, 동시기의 다른 남해안 지역에 비해 그 방어가 상당히 열악하였음을 볼 수 있다. 그런데 여기에서 한 가지 흥미로운 점은 영진체제 하에서 열세를 면치 못하는 전라우도가, 진관체제로 넘어오면서 전라좌도와 거의 대등한 수준으로 그 방어력이 올라간다는 사실이다. 물론 사료의 한계로 진관체제 아래 전라도 수군의 군사수를 정확히 파악하여 비교할 수는 없

다. 하지만 포진수와 병선수의 증가를 염두해 두었을 때, 수군의 숫자도 그만큼 늘어났을 것이라고 하는 점은 충분히 추측 가능하다. 그렇다면, 여기에서 한 가지 의문점이 생긴다. 경상우도와 전라우도가 진관체제에 들어서면서부터, 타지역에 비해 그 방어력이 증강된 원인이 어디에 있었는가라고 하는 점이다. 이 문제에 대해서는 조어왜인과 관련지어, 다음 4장에서 논의하도록 하겠다.

위의 표에서 또 하나 주목할 만한 것은 바로 포진의 이동과 신설이다. 그런데 여기에서도 앞서 살핀 것과 마찬가지로, 경상우도와 전라우도가 가장 많은 변화 양상을 보이고 있다. 경상우도의 경우, 『세종실록지리지』 단계에서 이전된 바 있는 옥포, 당포, 사량, 평산포 등이 그대로 『경국대전』 단계 안에 포함되어 있다. 아울러 『경국대전』 단계에서는 전에 없었던 새로운 포진이 보이는데, 지세포와 조라포, 안골포 등이 바로 그 요해처이다.

전라우도의 경우에는, 전자의 단계에서 포진의 변화는 보이지 않는다. 대신 후자의 단계로 넘어오면서, 해남현에 수군절도사영이 설치되는가 하면, 진도의 남도포와 금갑도에도 각각 새로운 포진이 보인다. 또한 이와 더불어 전라좌도에서는 <표4>에서 보이는 것과 같이, 기존 만호가 수어하던 순천 내례포에 수군절도사영이 들어서고 있고, 홍양현의 사도와 발포에는 이전 단계에서 볼 수 없었던 포진이 확인되고 있다. 이러한 포진의 이동과 신설은 앞서 언급한 병력 배치 양상의 추이와 시기적으로 일치하고 있으며, 이후에 기술할 조어왜인 문제와 상당 부분 연관성을 맺고 있을 것으로 생각된다. 따라서 이에 대한 논의 또한 4장에서 중점적으로 다루도록 하겠다.

3. 조어왜인의 어장

1) 왜인의 어장 확대 요구

조선전기 왜인들은 통교의 범위를 확대하기 위해, 조선에 누차 사절을 보낸다. 그러나 그 때마다 조선 정부는 기존의 방침을 고수하며, 정해진 곳 이외에는 통교를 허락하지 않고 있었다. 즉 태종 7년에 경상좌·우도 도만호가 수어하는 부산포와 내이포(제포)에 왜인을 머무를 수 있게 한 이후로, 이들 지역에 대해서만 개항과 통상활동 등을 허락하고 있었던 것이다.13) 이는 당시 조선의 남해안 방어체제에 있어서 중대한 변화라고 말할 수 있다. 고려 말기부터 본격적으로 창궐하기 시작한 왜구들은 조선 건국 후에도 근절되지 않은 채 남해안 각지에서 횡행하면서 노략질을 일삼고 있었다. 그리고 남해안 전체를 무대로 돌아다니는 왜구들을 방어하는데 있어서 당시 조선 수군의 군사력은 한계점을 노출할 수밖에 없었다. 이러한 상황 아래에서 태종은 왜인의 기항지를 부산포와 내이포로 국한시킴으로써 동시에 왜구들의 활동범위 또한 제한시켜 버렸던 것이다. 이는 곧 남해안에서 왜구들의 해적활동을 더 이상 묵과하지 않겠다는 의미였다. 그리고 한 걸음 더 나아가 왜구로부터 남해안의 제해권을 되찾고자 하는 태종의 의지를 보여주는 단적인 일례라고 말할 수 있다.

이러한 점은 당시 왜인의 기항지로 채택된 부산포와 내이포의 성격을 통해서도 잘 드러난다. 앞서 잠깐 언급했듯이, 부산포와 내이포는 좌·우도 도만호가 수어하는 곳이다. 다시 말해서, 경상좌·우도의 수군을 통솔하는 도만호가 자리하고 있는 수군 방어의 중심지인 것이다. 그리고 이는 동시에 양포(兩浦)에 경상도의 수군력이 집중되어 있었음을 반증하는 것이기도 하다. 또한 이와 같은 제한 이후에는 내이포에서 말

---

13) 『太宗實錄』권14, 태종7년 7월 무인.

고 있던 안부도(安釜島) 방어를 다른 군관에게 넘겨줌으로써 내이포 도만호의 소임을 줄여주는가 하면, 다대포 천호를 혁파해서 그 수군력을 부산포로 이전시킴으로써, 2포의 수군력을 더욱 배가시키고 있다. 즉 당시 조선은 경상도 수군의 방어 중심지라고 할 수 있는 부산포와 내이포로 왜인의 기항지를 제한시킴으로써, 그들의 왜구활동을 제어하고자 했던 것이다.

이후 왜인들은 남해안 다른 지역에서의 기항과 무역활동을 허락해줄 것을 요청했지만, 조선 조정에서는 번번이 기본원칙만을 내세우며 허락하지 않았다. 다만 늘어나는 항거왜인들을 분산시킬 목적으로 염포와 가배량에 왜관을 설치하기도 하였다.[14] 이러한 상황 속에서 조선은 세종 8년(1426)에 내이포와 부산포 이외에 염포에서 왜인들의 무역활동을 허가해주게 된다.[15] 그런데 특징적인 점은 염포 또한 앞의 양포와 같이 무역 허가 이후 그 방어력이 증강하고 있다는 사실이다. 원래 염포는 태종 17년(1417)에 왜선이 와서 정박하는 곳이므로 방어가 긴요하다 하여 이미 만호가 설치되고 있었다.[16] 그런데 염포에 왜인의 기항이 허락되면서 도만호가 설치되고, 서생포 병선의 일부가 이 곳으로 이전되면서 그 방어력이 강화되고 있었던 것이다.[17] 이처럼 조선은 왜인들의 끊임없는 요청으로 염포에서의 통상활동을 허가해주기는 하였지만, 곧 이 지역의 수군력을 보완함으로써 왜인들의 활동을 통제하고자 했던 것이다. 그리고 이 삼포체제는 이후에도 계속 유지되어, 조선전기 삼포왜란이 있기 전까지는 기본적으로 부산포・내이포・염포 등 3개소에 왜관이 들어서 있었다.

---

14) 『太宗實錄』권35, 태종18년 3월 임자.
15) 『世宗實錄』권31, 세종8년 1월 계축.
16) 『太宗實錄』권34, 태종17년 10월 갑진.
17) 『世宗實錄』권32, 세종8년 4월 무진.

이러한 왜관의 확대와 더불어, 왜인들이 요구했던 항목 중의 하나가 바로 왜인들이 조어할 수 있는 어장의 확대였다. 하지만 조선은 어장의 개방에 있어서도 기본적으로 왜관의 연근해로 한정하면서,[18] 그 이외 지역에서 왜인들의 어업활동은 금지하고 있었다. 왜관 이외의 다른 지역에서 왜인의 어업 활동을 허가할 경우, 왜인들의 활동범위가 그만큼 넓어지게 될 것은 자명한 일이고, 이로 인해 기항지를 제한하면서까지 왜인들을 통제하고자 했던 조선의 정책이 수포로 돌아갈 가능성이 충분했기 때문이다. 그리하여 조선은 앞서 왜관의 확대에서와 같이, 먼저 부산포와 내이포의 연근해지역에서만 조어활동을 허가해주다가, 염포가 개항된 이후에 조어 허가 지역에 염포의 연근해를 추가시키고 있었던 것이다.

그러나 왜인들은 이후에도 삼포 이외 지역, 예컨대 가배량(加背梁)·구라량(仇羅梁)·두모포(豆毛浦)·서생포(西生浦) 등지에서의 어업활동을 허가해줄 것을 요청한다.[19] 하지만 그 때마다 조선은 삼포 이외 지역에서의 조업은 허락지 않는다는 대답을 되풀이하였다. 다만 기존 삼포 지역 내에서의 어업 범위를 넓혀주는 조치는 취하고 있었던 것으로 보인다.

> "예조에서 아뢰기를, '대마도의 물고기 잡고 장사하는 배는 내이포, 부산포, 염포 등 세 곳에서만 정박하도록 일찍이 허락했습니다. 그런데 지금 가배량, 구라량 등처에도 왕래하면서 무역하고자 원합니다. 또한 동류(同類,

---

18) 조선이 삼포지역에서 조어왜인에게 허락한 어업 장소에 대해서는, 그 범위를 정확히 파악하기 어렵다. 다만, 세종 20년 1월 무술조에 내이포에 정박한 왜선이 조어할 수 있는 장소가 옥포 이북 해중포곶(海中浦串)이라고 말하고 있는 것으로 보아, 부산포와 염포에서도 왜인이 고기잡이를 할 수 있는 특정지역이 정해져있었음을 알 수 있다. 또한 『燕山君日記』권21, 연산군 3년 1월 무진조를 보면, '三浦倭人釣採界限 自先王朝定約已久'라고 하여, 삼포의 왜인이 고기를 잡거나 해초를 채취하는 한계가 선왕조부터 정해져 있어왔음을 알 수 있다.
19) 『世宗實錄』권50, 세종12년 11월 기해.

대마도인) 1인을 머물러 두고서 수군과 바꾸어, (그 조선수군과) 함께 고기 잡이배를 타고 다른 경계를 논할 것 없이 마음대로 다니며 물고기를 낚고자 원합니다. 그러나 가배량 등에 왕래하면서 무역하는 것은 진실로 들어줄 수가 없습니다. 다만 수군이 고기잡이배에 바꾸어 타고 개운포 등지를 왕래하면서 물고기 잡는 것만 허락하소서.' 하니, 그대로 따랐다."[20]

위에서 보이는 바와 같이, 세종 17년에 왜인들은 삼포 이외 지역에서의 무역과 어업활동에 대해 조선에서 허가해줄 것을 요청하고 있다. 하지만 조선 조정에서는 무역활동에 대해서는 결코 허락할 수 없다는 입장을 분명히 하고 있다. 다만 어업활동에 있어서는, 조어왜선에 수군이 동승하는 조건으로 개운포(開雲浦) 등지에 왕래하면서 조어할 수 있도록 허가해주고 있다. 여기서 말하고 있는 울산의 개운포는 삼포 중에서도 염포와 아주 가까운 거리에 위치하고 있는 지역이다. 그렇다면 한 가지 추측 가능한 사실은 이 때 개운포가 비로소 염포의 왜인에 대한 어업활동 허가지역에 포함되고 있었다는 점이다. 다시 말해서 이 허가로 인해, 염포로 들어온 조어왜선이 개운포까지 가서 어업 활동을 할 수 있게 되었다는 것이다. 이는 내이포로 기항한 왜인이 옥포 이북의 해중포곶까지 가서 조어한 이후 다시 내이포로 되돌아오는 과정과 매우 유사한 사례라고 말할 수 있다.[21]

물론 위 사료의 해석상 개운포가 삼포 이외에 새로운 왜인의 조어어장으로 추가되었을 가능성도 없지 않다. 하지만 앞서 언급하였다시피 삼포 이외 지역에 새로운 어장을 추가적으로 허락할 경우, 기본적으로 왜인들의 활동범위를 삼포로 제한하려고 한 조선의 해양방어체제에 금이 갈 우려가 있었다. 또한 개운포를 새로운 어장으로 추가하고자 했다면, 앞서 삼포의 경우와 같이 이에 상응하는 군사적 증강이 보여야함에

---

20) 『世宗實錄』권70, 세종17년 10월 을묘.
21) 『世宗實錄』권80, 세종20년 1월 무술.

도 불구하고 그러한 모습은 확인할 수 없다. 따라서 개운포의 경우, 삼포와는 별개인 새로운 조어 어장으로 추가되었다기보다는, 기존의 삼포, 구체적으로 염포의 조어허가 범위 안에 편입되었을 가능성이 크다. 이처럼 당시 조선은 이들 삼포지역에 국한해서만 왜인들의 통상활동과 고기잡이활동 등을 허락하고 있었던 것이다.

그런데 이처럼 왜인의 어업영역을 제한하고 있었다는 점이 단순히 왜인의 고기잡이를 제한하고 있었다는 사실만을 의미하지는 않는다. 이는 왜인의 활동 범위를 제한한 것이 되고, 동시에 해당지역을 넘어서는 왜선은 모두 왜구로 규정지을 수 있다는 근거를 제공하고 있는 것이다. 이를 전제로 다시 생각해 보면, 당시 왜관이 설치된 삼포는 모두 경상도지역에 위치하고 있었다. 즉 경상도에 한해서만 왜인의 어업활동이 공식적으로 허락되었던 것이다. 그리고 이러한 사실은 영진체제 아래 수군의 군사 배치 양상이 경상도에 집중되어질 수밖에 없었던 이유를 잘 설명해준다. 당시 조선 수군의 주된 임무가 왜구 방비에 있었다는 것을 염두 해두었을 때, 왜선의 주요 활동 지역인 경상도를 중심으로 강력한 방어체제가 구축되었을 것은 자명한 일이기 때문이다.

그리고 이 경상도 중에서도 경상우도가 경상좌도보다 더욱 중요한 전략적 요충지로 부각되고 있었다. 경상우도는 해안선이 복잡하고 섬이 많아 은신처가 많았기 때문에 왜구의 출몰이 잦았던 반면, 경상좌도의 경우 특히 경주 이북부터는 해안선이 완만한데다 섬이 없고 게다가 파도 또한 높아서 왜인들조차 항해하기가 쉽지 않았기 때문이다. 이는 <표1>에서 보이듯이, 경상좌도 안에서도 동해안에 위치한 축산포, 오포, 통양포 등이 도내의 다른 포진에 비해 상대적으로 열악한 수군력을 보유하고 있었던 사실을 통해서도 잘 알 수 있다. 또한 경상우도는 삼포왜인들이 고기잡이배로 위장하여 삼포 이서 지역, 즉 전라도나 충청도 지역으로 침투해 들어갈 때 반드시 거쳐 가야하는 요해처에 자리 잡고 있었다. 다시 말해서 왜구들은 경상우도를 지나야 만이 조선의 남해를 마음대로 횡행할 수 있었던 것이다. 따라서 조선 수군은 이 지역에 강력한 방어선을 구축할 수밖에 없었고, 이러한 노력들로 인하여 경상우도는 다른 지역들을 압도하는 수군력을 보유하게 되었다.

2) 고초도 조어의 허가

앞에서 살펴본 바와 같이, 왜인에게 어장이 개방되고 있는 삼포는 모두 경상도에 소재하고 있었다. 이는 경상도, 더욱 엄밀히 말하자면, 삼포 중에 가장 서쪽에 위치한 내이포를 경계로 그 이서지역으로는 왜인의 출입을 철저히 통제한다는 의미이기도 하다. 그렇기 때문에 왜인이 조어를 할 수 없는 충청도나 전라도로 가는 것 자체가 불측한 마음을 가지고 있다는 의심을 받기에 충분했다. 또한 실제로 정해진 해역 밖에서 횡행하던 왜선은 모두 왜구로 간주되어 변장(邊將)의 제재를 받고 있었다. 하지만 조선 수군의 제재와 노력에도 불구하고, 왜구의 불법적인 조어활동은 근절되지 않고 계속되었다. 이러한 상황 속에서 전라도 지역으로 왜인들이 합법적으로 항해를 할 수 있는 명분이 생기게 되었는데, 왜인에 대한 고초도[22] 조어의 허가가 바로 그것이다. 고초도는 조어지역으로 허가되기 이전부터 왜인이 고기잡이를 위해 출몰하던 지역으로, 허가 이전 시기에 본도(本島)와 그 주변 해역을 돌아다니던 왜선은 조선수군에 의해 추격당하고 있는 실정이었다.[23]

---

[22] 본고에서는 필자의 능력의 한계로 고초도의 위치 비정에까지 논의를 진전시키지 못하였다. 고초도의 위치에 대해서는 여러 가지 설이 분분한데, 현재로서는 흥양현(지금의 고흥) 아래에 위치한, 손죽열도 내의 초도와 거문도가 가장 유력한 비정지로 생각된다. 이러한 설은 고초도가 전라도 남해에 있다고 하는 세종 22년 5월 경오조 기사와도 잘 부합한다. 따라서 본고에서는 고초도의 정확한 위치에 대해서 확실히 언급할 수 없지만, 전라도 남해 중에서도 흥양현 아래의 바다 중에 소재하고 있을 것으로 추측하고, 논지를 전개해 나가겠다.

[23] 『世宗實錄』권25, 세종6년 9월 임진.

조선에서 고초도에 대한 논의가 시작된 것은 세종 22년 5월에 대마도주 종정성이 삼포 이외에 고초도에서도 고기잡이를 허락해달라고 요청하면서부터였다. 이후 조선에서는 이 문제에 대한 찬반논의가 계속되었는데, 영의정 황희 등은 허락하지 않으면 몰래 고기잡이하는 왜인이 늘어나 변방에 분명히 틈이 생길 것이니, 은혜를 베푸는 것만 못하다하여 찬성하고 있다. 이에 반해, 우의정 신개 등은 고초도의 어장을 허락해줄 경우, 훗날 자신들의 땅이라고 거짓으로 주장할 수도 있는 등 여러 가지 폐단이 생길 것이기 때문에 반대 입장을 표명했다. 그러나 결국 세종은 영의정 황희 등의 말에 따라, 1441년 고초도에서 왜인의 어업활동을 허락해주게 된다.[24]

하지만 고초도 조어를 허락받는 대신, 왜인들은 대마도를 출발하면서부터 조어를 마치고 본도로 돌아오는 데까지 복잡한 과정을 거쳐야만 했다. 기존의 삼포체제에서는 기본적으로 수군의 방어가 경상도에 집중될 수 있었지만, 왜인의 어업 행위가 고초도로까지 확대되면서 수군의 주방위 범위도 그만큼 확대될 수밖에 없었다. 그리고 당시 조선 수군의 방어를 보다 용이하게 하기 위해서 고초도 조어왜인에 대한 좀 더 확실한 통제책이 필요했음은 말할 필요도 없다. 이러한 상황 속에서 조선과 대마도주 사이에 왜인의 어업활동과 관련된 금약이 맺어지는데, 『해동제국기(海東諸國記)』에 그 내용이 기록되어 있다.[25]

조어금약
"대마도 사람으로서 고기잡이하는 자는 도주(島主)의 삼착도서(三着圖書)의 문인(文引)을 받는다. 그리고 지세포(知世浦)에 도착하여 문인을 바치면, 만호(萬戶)가 허가문인으로 바꾸어 지급한다. 고초도(孤草島)의 정해진 곳

---

24) 『世宗實錄』권94, 세종23년 11월 을묘.
25) 민족문화추진회, 『해행총재(海行摠載)』Ⅰ, 민족문화문고간행회, 1985, 167쪽.

이외에 아무 곳이나 함부로 돌아다니는 것을 허락지 않는다. 고기잡이를 마치면 지세포로 돌아와서 만호에게 허가문인을 반납하고 세어(稅魚)를 바친다. 만호는 도주의 문인에 회비(回批, 회답)하여 인(印)을 찍어 돌려줌으로써 서로 증거로 삼는다. 만약 문인이 없는 자이거나, 풍랑을 이기지 못하였다고 핑계하면서 몰래 무기(武器)를 가지고 변방 섬에 마음대로 다니는 자는 적(賊)으로서 논죄(論罪)한다."

위에서 보여지는 바와 같이, 대마도 사람으로서 고초도로 조어하는 자는 먼저 대마도주로부터 삼착도서(三着圖書)의 문인[26]을 받아야 한다. 그리고 거제현 지세포에 도착하여 만호에게 도주의 문인을 맡기고, 만호로부터 고초도 왕래 허가 문인을 급부 받아 고초도로 가는데, 고초도의 정해진 곳 이외에는 함부로 다니지 못하게 하였다. 이윽고 조어를 마치면 왜인은 지세포로 돌아와서 만호가 발급한 문인을 반납하고 어세를 납부한다. 그리고 이때 만호는 도주의 문인에 회비하여 인을 찍어 돌려줌으로써 서로 증거로 삼게 했던 것이다. 아울러, 만약 문인이 없는 자나, 풍랑을 이기지 못하였다고 핑계하고 몰래 무기를 가지고 변방 섬에 마음대로 다니는 자는 적왜로 논하여, 만약에 있을지도 모를 변란에 대비하고 있다.

이처럼 고초도 조어 금약의 내용을 통해서 볼 때, 조선은 어장의 확대에 따른 왜구의 출몰을 미연에 방지하기 위해, 왜구의 행동까지 염두해둔 엄격한 적왜 규정을 수립하는 등 다양한 노력을 기울이고 있었던 것이다. 이러한 노력은 대마도주가 작성하는 문인에 첨부되어야할 내용을 정하는데 있어서도 여실히 드러난다. 조선은 도주의 문인에 해당 선박의 척수(隻數)와 크기의 대·중·소, 타고 온 사람의 수를 명백히 기록하게 함으로써[27], 이들이 조어선에서 왜구로 돌변할 가능성을 사전

26) 도주의 도장을 3개 찍었던 도항증명서.
27) 『世宗實錄』권97, 세종24년 8월 갑인.

에 봉쇄하고 있었다.

  그런데 조선이 이 조어 금약의 내용을 왜인에게 무조건적으로 엄격히 적용한 것은 아니었다. 조선은 기본적으로 왜인에 대해서 교린정책을 펴고 있었기 때문에, 조어왜인에 대해서도 금약의 내용을 어겼다고 해서 반드시 처벌하지는 않았다. 조어금약에서 적왜 규정을 살펴보면, 당시 조선수군이 적왜를 판단하는 기준에 대략 3가지 정도가 있었음을 알 수 있다. 문인의 소지여부, 무기의 소지여부[28], 정해진 항로에서의 이탈여부 등이 바로 그것이다. 여기에서 처벌에 있어서 예외를 두는 부분이 바로 두 번째와 세 번째의 것인데, 무기를 소지하거나 항로를 이탈하였다 하더라도, 문인을 소지하고 있다면 처벌의 대상에서 제외되고 있었다. 다시 말해서 적왜의 판정에 있어서 문인의 소지여부가 가장 큰 영향력을 미치고 있었던 것이다. 예컨대 무기를 소지한 채로 정한 곳 이외에 횡행한 조어왜인의 경우, 추포하였지만 지세포만호의 문인을 소지하고 있다는 이유로 별다른 처벌 없이 돌려보내는 조치를 취하고 있었다. 또한 병기를 가진 채 바로 전라도로 도착한 왜인의 경우에는, 대마도주의 문인을 가지고 있었기 때문에 석방조치되기도 하였다.[29] 이밖에 무기의 소지 문제에 있어서도, 장수가 공을 위해 왜선이 가지고 있는 작은 칼까지 무기로 간주하여 추포하는 등의 폐해를 막기 위해, 무기의 범위를 한정해놓고 있다.[30] 이러한 일련의 조치들은 왜인을 회유하고자 하는 목적도 물론 가지고 있었지만, 기본적으로 대마도와의 관계를 악화시키지 않고자 하는 조선의 정책기조를 내포하고 있는 것이라고 말할 수 있다.

---

28) 고초도로 가는 조어왜선은 지세포에 정박하여 무기를 만호에게 반납해야 했기 때문에, 원칙적으로 지세포에서 고초도로 떠난 조어왜선이 무기를 소지하고 있는 것은 불법이다.
29) 『世宗實錄』권97, 세종24년 8월 갑인.
30) 『世宗實錄』권109, 세종27년 7월 임신.

4. 고초도 조어 허가에 따른 해양 방어의 변화

1) 고초도 조어왜선의 항로

이처럼 왜인에게 허락한 어장에 고초도가 추가되면서, 조선 수군에게는 지세포에서 고초도로 가는 항로상에 대한 방어가 새로운 임무로 부각되었다. 조어왜선이 고초도로 가는 도중 왜구로 돌변하여 정해진 항로를 이탈하고 남해안 내륙지역으로 침투할 가능성이 다분했기 때문이다. 실제로 『조선왕조실록(朝鮮王朝實錄)』에서, 고초도 조어를 허가한 직후에 연거푸 왜선이 항로를 이탈한 사건 기록이 보인다.

이런 상황 속에서 세종 24년 10월에 흥미로운 사건이 하나 발생한다. 바로 여도천호(呂島千戶) 최완(崔浣)이라는 자가 금음모도(今音毛島)[31]의 동면 우아포에서 왜인 11명을 살해한 사건이 일어났던 것이다. 금음모도는 돌산도 남쪽 금음두(今音頭)로부터 수로로 반식(半息)여의 거리에 있는 섬이다.[32] 사건 최초발생시 최완은 당시 왜인을 적왜로 상부에 보고하였다. 하지만 이후 조사에서 살해당한 왜인은 적왜가 아니라 문인을 가진 조어왜인이었고, 최완이 공을 세우기 위해 거짓으로 보고했다는 사실이 드러났다. 이에 조정에서는 최완의 처리를 두고 의견이 분분했는데, 공을 노리고 조어선을 도적의 배라고 거짓 증언한 것과 보고도 하지 않고 살해한 것에 대해서는 모두가 죄가 있는 것이라고 인정하고 있다. 다만 최완이 변방의 장수로서 본연의 임무를 다했는지 못했는지에 대한 책임 문제에 있어서, 의견이 양쪽으로 나뉘어졌다. 다시 말해서 당시 조어왜선이 정해진 항로를 이탈했다면 최완의 행위는 변방의 장수로서 당연한 것이지만, 이탈하지 않았다면 이 또한 명백

---

31) 사건 발생 이후, 조사 기록에서는 사건의 발생지역을 '안도(安島)'와 '금모도(今毛島)'라고 말하고 있다.
32) 『成宗實錄』권217, 성종19년 6월 갑오.

한 죄이므로 죄목에 추가시켜야 한다는 것이다. 이러한 논의 속에서 사건의 발생지역이 고초도로 가는 정해진 항로상에 위치해있는지가 중요한 문제로 떠올랐다. 이 문제에 대한 결과는 세종25년 6월 정유조에 보이는데 내용은 다음과 같다.

> "우의정 신개(申槩), 우찬성 황보인(皇甫仁), 좌참찬 권제(權踶), 우참찬 이숙치(李叔畤), 예조판서 김종서(金宗瑞), 참판 허후(許詡) 등을 불러서 이르기를, '(중략)최완이 죽인 왜인이 와서 도착한 곳이 실상 정해진 항로(直路)가 아니었으니, 변방의 장수가 적선으로 간주하여 죽인 것은 진실로 마땅하다. 다만 왜인들이 문인을 갖고 있었는데도 최완이 덮쳐서 죽인 것은 잘못이다. 그러한 까닭에 장차 극형에 처하고자 김해부에 보내어서 가을까지 기다리는 것이다.(중략)'하니, (하략)."

최완이 죽인 왜인이 와서 도착한 곳이 실상 정해진 항로가 아니었기 때문에, 변방의 장수로서 적선으로 의심하여 죽인 것은 진실로 마땅하나, 왜인이 문인을 들고 있는데도 죽인 것은 잘못인 까닭에 장차 극형에 처한다고 하는 내용이다.[33] 즉 안도와 금모도가 정해진 항로를 벗어난 지점에 위치하고 있었다는 것이다.

그렇다면, 고초도가 어장으로 허락되면서, 조선수군의 주 방어 목표가 된 지세포에서 고초도 사이에 정해진 항로는 어떤 것일까. 우선 실록에는 고초도 조어왜인의 정식항로를 보여주는 기록이 보이지 않는다. 다만 왜선 또는 조어왜선이 왕래하는 길에 대한 단편적인 기록들이 보이는데, 이를 종합해보면 다음과 같다. 지세포에서 만호의 문인을 받고 고초도로

---

33) 柳在春은 그의 논문에서, 본 사건이 최완이 얼마든지 더 가벼운 처벌을 받는 것으로 매듭지워 질 수 있는 사건이었다고 말하고 있다. 그리고 당시 조정이 최완을 굳이 죽인 이유는, 최완을 처형하여 조선의 변장(邊將)도 대(對)왜인관계에 있어서 불법행위를 할 경우 엄히 처벌받는다는 사실을 왜인에게 널리 알게 함으로써, 왜인들이 각종 정약을 어기고 불법행위를 일삼는 것에 대하여 경고하고자 했던 것이라고 말하고 있다(柳在春, 「世宗代 崔浣事件과 朝日關係의 推移」, 『한일관계사연구』10, 한일관계사학회, 1999).

출발한 조어왜선은 조라포(助羅浦)34)를 지나, 연화도(蓮花島)·욕지도(欲知島)에서 급수(汲水)한 이후35), 미조항(彌助項)36)과 세존암도(世尊巖島)37)에 이른다. 이때 왜인들은 연화도·욕지도·세존암도 등처에 머물면서 물고기를 낚기도 하였다. 이후 왜선은 돌산도(突山島)38)·금음모도·내례(內禮)39) 등지를 거쳐, 개도(蓋島)와 이로도(伊老島)40) 등 여러 섬들을 지나, 고초도에 이르러 조어를 시작했던 것으로 보인다.

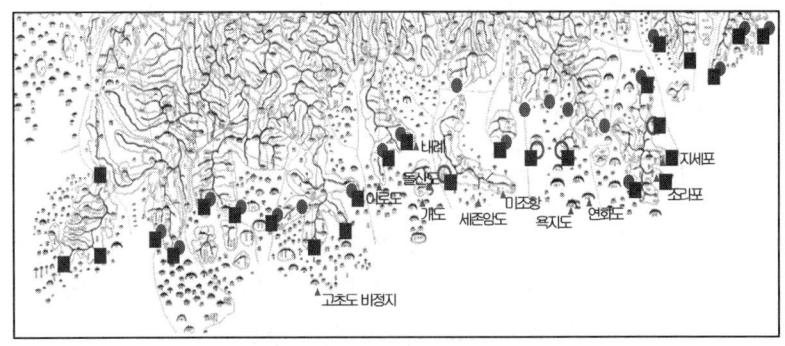

<지도2> 고초도 조어왜선의 항로상 경유지41)

34) 『端宗實錄』권5, 단종1년 1월 임오.
35) 『世祖實錄』권9, 세조3년 9월 무자.
36) 『成宗實錄』권215, 성종19년 4월 경술.
37) 『成宗實錄』권217, 성종19년 6월 갑오.
38) 『成宗實錄』권217, 성종19년 6월 갑오.
39) 『成宗實錄』권259, 성종22년 11월 신축.
40) 세종24년 8월에 여도 천호인 최완이 개도로부터 나와서 이로도를 향하는 왜선을 추포한 사건이 발생하였다. 이 사건에 대해 돈사문(頓沙文)은 자기 섬사람들은 고기잡이를 하기 위해 증명서를 가지고 고초도 근처에 가서 배를 매고 있었는데, 파해관(把海官)이 붙잡아 옥에 가두고 가진 물건을 다 빼앗았으니 너무 심하다고 아뢰고 있다. 그리하여 세종이 명하여 이를 문초하자, 최완은 왜인을 잡은 일을 조심하지 않았음을 실토하였다. 즉 당시 최완이 잡았던 왜인은 왜구가 아니라 조어왜인이었던 것이다. 그렇다면 이들이 항해한 위치 또한 조어왜선이 실제로 항로상에 경유했던 지역일 가능성이 높다.
41) 금음모도의 경우, 『대동여지도』에서는 그 위치를 정확히 확인할 수 없어 일단 지도에는 표시하지 않았다. 하지만 본문에서 이미 밝혔듯이, 금음모도는 돌산도 남쪽 금음두로부터

범 례	
●	『세종실록지리지』에서 보이는 포진의 위치
○	『세종실록지리지』에서 보이는 이동한 포진의 위치
■	『경국대전』에서 보이는 포진의 위치
▲	고초도 조어왜선의 항로상 경유지

    그런데 여기서 주목할 만한 것은 이러한 조어왜선의 항로가 당시 왜구가 이용하던 뱃길과 매우 유사한 형태를 지니고 있었다는 사실이다. 왜구의 경우에도, 대마도를 출발한 왜선이 난도(卵島)·비진도(非眞島)·용초도(龍草島) 등 거제현 근해의 여러 섬들을 지나, 연화도와 욕지도를 거쳐 미조항에 이르고 있다. 그리고 왜구는 미조항에서 전라도로 이동하여 내례나 돌산 등처에서 몰래 은신하다가 출몰하고 있었던 것이다.42) 그런데 한 가지 의문스러운 사실은 이들 경유지가 조어왜선 또는 왜구가 출몰하는 요해처임에도 불구하고, 조라포를 제외한 모든 지점에 조선 수군이 수어하는 방어진이 설치되지 않고 있다는 점이다. 유일하게 돌산도와 미조항에 진(鎭)을 설치하자고 하는 의견이 조정에서 나오기도 하였다. 하지만 그나마 돌산도의 경우에도, 진 설치의 주목적이 왜구에 대한 방어에 있었던 것이 아니라, 돌산도 내의 토지를 경작하기 위한 것이었다. 이후 여기에 대한 논의가 분분하였지만, 결국 돌산도와 미조항에는 방어진이 설치되지 않게 된다.43)
    여기에서 추측해볼 수 있는 것은 조선에서 이들 경유지에 대해 정식으로 허가하지는 않았다고 하더라도, 최소한 통행을 묵인하지는 않았을까 라고 하는 가능성이다. 다시 말해서 조선은 경유지에 대한 조어왜인

    수로로 반식여의 거리에 있는 섬이었다. 그리고 금음모도라고 추정되는 현재의 금오도 또한 실제로 돌산도 바로 아래에 위치해 있다.
42) 『成宗實錄』권197, 성종17년 11월 계해.
43) 미조항의 경우, 성종 시기에 진의 설치를 두고 찬반양론이 분분한 상태였다. 『신증동국여지승람』의 기록에 따르면, 1486년(성종 17년)에 진이 설치되기도 하지만 이후 혁파된 것으로 보이며, 1522년(중종 17년)에 이르러서야 다시 진이 설치되었다.

들의 통행을 허가해주는 대신, 그 경계를 넘어 남해안 내륙지역으로 들어오는 것에 대해서만 엄금하고 있었던 것이다. 실제로 조선 수군은 관내에 왜선이 출현했다고 해서 바로 검문하거나 추포하는 것이 아니라, 적의 형세가 명백해지거나 금제한 금역을 넘어왔을 경우에만 추포하고 있다. 예컨대 세조7년에 전라도 노도(魯島)로부터 금음물두(今音勿頭)에 이르기까지 왜선이 열지어 정박해서 오래 머물자, 전라도 수군 처치사가 이에 대해 농민들을 입보(立保)시키며 방어를 강화한 사건이 발생했다. 이에 대해 세조는 고기를 잡는 왜선이 왕래하는 것은 보통일인데, 처치사가 백성을 입보시키며 민심을 놀라게 하는 것은 불가(不可)하다고 말하고 있다.[44] 또한 성종의 경우에도 왜적이 왕래하는 길에 제한이 있어왔는데, 금제한 구역을 넘어 들어온다면 포획하는 것이 옳다고 전교하고 있다.[45] 이밖에도 조선은 경작하기에 좋지 못하거나 방어하기가 쉽지 않은 해도(海島)의 경우에는 예외적으로 비워두는 경우도 있었는데, 경유 지역의 여러 섬들 또한 이러한 경우에 포함되어 묵인되었을 가능성도 있다. 요컨대, 조어왜선이 고초도로 가는 정식항로는 앞서 언급한 경유지 등을 중심으로, 금제한 구역 안쪽으로 들어오지 않는 범위 내에서 허용되었을 가능성이 크다.

그렇다면 실제로 조선이 고초도로 가는 항로상에 왜인에게 정식으로 허락했던 경유지는 과연 없었던 것일까.『열성왕비세보(列聖王妃世譜)』의 「예종대왕비휘인소덕장순왕후(睿宗大王妃徽仁昭德章順王后)」편에, 이에 관련된 내용이 보인다. 본 편에는 예종의 비(妃)인 장순왕후의 부친이었던 한명회(韓明澮)의 신도비(神道碑) 내용이 첨부되어 있는데, 바로 여기에 왜인의 항로와 관련된 간략한 기록이 나온다. 세조4년 한명회는 병조판서를 제수받고 아울러 충청도·전라도·경상도의 도순

---

44)『世祖實錄』권24, 세조7년 6월 경진.
45)『成宗實錄』권133, 성종12년 9월 기축.

문진휼사(都巡問賑恤使)가 된다. 이때 능성군(綾城君) 구치관(具致寬)이 한명회에 건의하는 조목이 여러 가지 있었는데, 그 중의 하나가 지세포와 조라포, 연화도와 욕지도에 관한 내용이었다. 구치관은 여기에서 앞의 2포와 양도(兩島)를 왜인에게 허락하여 고기잡이를 할 수 있게 하고 길을 내어주는 것은, 울타리를 치우고 호랑이를 들이는 것과 같아 변환이 있을까 두려우니 지금 파하는 것이 옳다고 말하고 있다.46) 이들 2포와 양도는 모두 앞서 언급한 고초도로 가는 항로상에 포함되어 있는 경유지들이다. 그리고 이 내용을 통해서 볼 때, 당시 지세포, 조라포, 연화도, 욕지도 등은 조어왜인들에게 이미 정식으로 통행이 허가되고 있었음을 알 수 있다.

2) 방어 기지의 이동

(1) 포진(浦鎭)의 이동

한편, 이처럼 고초도 조어왜선의 항로상의 경유지에는 지세포와 조라포를 제외하고는 방어진이 모두 설치되어 있지 않았다. 그렇다면 이 항로상에 대한 방어는 어디에서 이루어진 것일까. 이는 2장에서 언급했던 포진의 이동을 통해서 그 일면을 찾아볼 수 있다.

앞서 언급한 바와 같이, 『세종실록지리지』 단계에서 『경국대전』 단계로 넘어가는 과정에서 남해안 일대에는 많은 수의 포진이 이동하거나 신설된다. 그런데 포진의 이동을 살펴보기에 앞서 먼저 이 두 사료의 작성연대부터 살펴보면, 전자가 1454년이고 후자는 1485년에 최종적으로 완성되었다. 즉 왜인에게 고초도 조어가 허락된 1441년보다 후

---

46) 『列聖王妃世譜』권1, 睿宗大王妃徽仁昭德章順王后, "…戊寅移判兵曹時忠清全羅慶尙三道不熟命爲巡察使盡心賑恤民賴以活 先是綾城君具致寬建議三道州縣犬牙相錯疆界不正宜割大竝小以就其中 且慶尙道知世助羅等浦蓮花浴池等島皆可罷公奏曰州縣錯置得大小相維之制況畫界已久一朝變更民必騷擾 且二浦兩島許倭人捕魚給路因收稅譏察往來法莫善焉今罷之是撤藩籬而納虎豹恐有邊患…"

대에 작성된 기록들인 것이다. 그렇다면 이들 사료에서 보이는 당시 남해안에서의 포진 분포 양상은, 고초도 조어 허가 전후(前後)의 변화 양상을 담아내고 있을 가능성이 크다. 먼저 『조선왕조실록』 등의 기록을 통해, 전자에서 후자단계로 넘어가면서 변화과정을 거친 여러 포진들이 실제로 언제 이동되고 신설되었는지, 그 정확한 연대부터 따져보자.

경상도	포진의 변화양상	전라도	포진의 변화양상
옥포(*)47)	1431년(세종13년) 7월 27일 고성 가배량/견내량→거제 옥포	남도포	1438년(세종20년) 1월 10일 전라도 주량(周梁)48)→남도포
당포	1438년(세종20년) 4월 17일 고성 번계→고성 당포	황원곶	1440년(세종22년) 무안현 대굴포→해남현 황원곶49)
사량	1438년(세종20년) 10월 1일 진주 구량량→고성 사량	금갑도(*)	1446년(세종28년) 1월 23일 신 설
평산포	1438년(세종20년) 4월 17일 진주 노량→남해 평산포	발포(*)	1439년(세종21년) 4월 11일 소홀포(所訖浦)50)→발포
지세포	1441년(세종23년) 11월 22일 신 설	사도(*)	1476년(성종 7년) 7월 12일 신 설
조라포	1453년(단종 1년) 1월 24일 신 설		
안골포	1462년(세조 8년) 4월 27일 가망포 → 안골포		

<표5> 조선 전기 남해안 지역 포진의 이동과 신설

---

47) (*) : 조선왕조실록에 그 정확한 이동 및 신설시기가 기록되어 있지 않아, 실록에 해당 포진이 최초로 등장하는 년도와 일자를 기록해 놓았음.
48) 『신증동국여지승람』에서는 주량의 위치를 해남현의 서쪽 75리에 있다고 말하고 있다.
49) 『대동지지(大東地志)』를 살펴보면, 전라우수영에 대한 연혁이 간략히 언급되고 있다. 그 내용을 살펴보면 다음과 같다. "국초(國初)에 수군을 두고 영을 설치해둔 곳은 무안(務安)의 대굴포(大掘浦)인데, 세종 22년에 본현의 황원곶(黃原串)에 옮겨 설치하였다. 본현과의 거리는 서쪽으로 70리이다. 세조 10년에 절도사로 승격되었다."

위의 표를 토대로, 우선 경상도부터 살펴보자. 경상도의 경우, 남해 안에 소재한 포진 중 총7개소가 이동·신설되었다.[51] 모두 경상우도 지역이다. 이 중 옥포·당포·사량·평산포의 경우에는 고초도 조어를 허가하기 이전부터, 포진이 기존의 요해처로부터 이동하여 위치하고 있었다. 그러므로 이것은 기본적으로 고초도 조어를 허락하기 이전, 다시 말해서 왜인의 어업영역이 삼포로 한정되어있을 때의 변화 양상을 보여주는 것이다. 그런데 그 이동하는 양상을 살펴보면, 고성·진주 등 해안지역에서 거제현의 옥포를 비롯한 당포·사량·평산포 등 연근해 지역으로 일제히 포진이 이동하고 있음을 볼 수 있다. 즉 수군의 방어 기지가 바다 쪽으로 점점 남하하고 있는 모습이다. 이러한 포진의 이동 양상은 당시 조선 수군이 왜구의 침입을 막기 위해 적극적으로 바다 쪽으로 나오고 있음을 보여준다.

이러한 포진의 남하는 고초도 조어 허가 이후, 조어왜인의 항로상에 대한 방어에서도 여전히 유효하게 사용되었던 것으로 보인다. 예를 들면, 성종 16년 4도 순찰사 홍응(洪應)이 보고하기를, 사량은 적량과 당포 사이에 있는 외딴 섬인데, 방어하는 군사가 적고 왕래하는 데에도 풍랑을 만나 익사할 염려가 있다고 하여, 내륙의 가배량으로 옮길 것을 주장하고 있다.[52] 그러나 이후 조정의 중신들이 의논하기를, 사량의 외면(外面)에 있는 화량(花梁)과 욕지내(欲知乃)는 왜인이 고기잡이로 왕래하는 땅인데, 사량을 가배량(加背梁)으로 물려서 배설한다면, 백성을

---

50) 정확한 위치는 알 수 없다. 하지만 『대동여지도(大東輿地圖)』에 보면, 신지도(薪智島) 아래에 소홀(所訖)이라고 하는 섬은 확인할 수 있다.
51) 가을곶(加乙串)의 경우, 『세종실록지리지』 단계에서 포진이 적량으로부터 이전되어 왔지만, 이후 『경국대전』 단계에서 다시 포진이 적량으로 복귀하고 있기 때문에, 논의에서 제외하였다. 『여지도서(輿地圖書)』에 보면, 가을곶포는 남해현 북쪽 30리에 위치해 있다고 한다.
52) 『成宗實錄』권176, 성종16년 3월 병오.

방호(防護)하는데 있어서 더욱 허술하게 될 것이라고 말하고 있다. 또한 포진이 없는 틈을 타 왜인이 여기에 머물게 되면 장차 그들의 소굴이 될 것이고, 당포와 적량 사이는 멀리 떨어져있기 때문에 만일 사변이 일어나면 능히 지킬 수 없다고 하여, 사량에 포진을 계속 두기를 주장하고 있다.53) 결국 성종은 조정 중신들의 의견을 따랐고, 사량에 계속 방어진이 두어지게 된다. 즉 당포와 사량, 그리고 적량 등은 고초도 조어가 허가 된 이후에도 여전히 그 군사적인 중요성을 인정받으며 방어진의 역할을 수행하고 있었던 것이다.

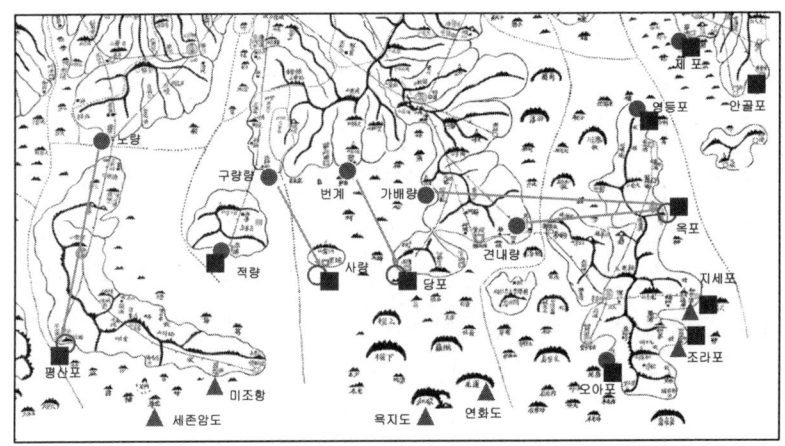

<지도3> 조선전기 경상우도 지역에서의 포진 변화54)

	범 례
●	『세종실록지리지』에서 보이는 포진의 위치
○	『세종실록지리지』에서 보이는 이동한 포진의 위치
■	『경국대전』에서 보이는 포진의 위치
▲	고초도 조어왜선의 항로상 경유지

53) 『成宗實錄』권197, 성종17년 11월 을축.
54) 적량의 경우, 『세종실록지리지』 단계에서 남해현의 가을곶으로 포진이 이동을 하게 된다. 하지만 본문에서 사용하고 있는 『대동여지도』에서는 그 위치를 정확히 확인할 수 없어 일단 지도에는 표시하지 않았다.

그런데 여기에서 또 하나 주목해보아야 할 점은 거제현의 비약적인 수군력 증강이다. 거제현이 위치한 경상우도는 앞서 살펴본 바와 같이 조선전기 남해안 해양방어의 최대 중심지였다. 따라서 경상우도의 수군 수와 병선수는 남해안에 위치한 여타 지역의 그것보다 월등히 앞서 있었다. 앞서 인용한 『세종실록지리지』의 자료를 참고해서 그 상세한 내용을 살펴보면 다음과 같다.

구 분	거제	고성	진주	김해	합계
포진수(所)	2	3	3	1	9
수군수(名)	3,321	2,784	2,036	882	9,023
병선수(艘)	36	57	37	9	139

<표6> 『세종실록지리지』에 보이는 경상우도 수군의 병력 배치

  위의 표를 살펴보면, 당시 경상우도 지역은 제포가 위치하고 있는 김해 지역을 제외하고는 거제와 고성, 진주 등지에 병력이 집중되어 있는 모습이다. 특히 고성 지역은 57척이라는 압도적인 병선 수로 미루어보아, 당시 경상우도 수군을 총괄하던 우도수군도안무처치사가 위치해있는 거제현과 더불어 막강한 방어체계를 구축하고 있었던 것으로 생각된다. 그런데 이러던 것이 고초도 조어가 허가되기 전인 1430년대에 커다란 변화를 맞이하게 된다.

구 분	거제	고성	남해	김해	합계
포진수(所)	3	2	2	1	8
수군수(名)	5,383	1,470	1,288	882	9,023
병선수(艘)	78	31	21	9	139

<표7> 『세종실록지리지』단계에서의 포진 변화 이후 경상우도 수군의 병력 배치

고성 지역에서도 가장 규모가 큰 가배량과 견내량이 거제현의 옥포로 이전된 것이다. 이로 말미암아 거제현은 남해안 해양방어의 중심지인 경상우도 중에서도 가장 강력한 수군력을 가지게 되었다. 이에 반해 고성지역은 그 규모가 눈에 띄게 축소되었고, 진주 또한 병력의 대부분이 고성과 남해 등지로 이전되면서 쇠퇴하게 된다. 즉 거제현이 경상우도에서 독보적인 수군력을 가지게 된 것이다. 그리고 이는 거제현이 가지는 군사적·지리적 중요성이 더욱 강조되고 있음을 반증하는 것이기도 하다.

한편 고초도 조어가 허가 된 이후에는 거제현에 새로이 지세포·조라포 등이 신설되고 있고, 웅천현의 안골포에는 가망포의 배가 여기로 옮겨지면서 포진이 설치되고 있다. 특히 지세포의 경우에는 고초도 조어 왜인이 문인을 받기 위해 꼭 경유해야만 했던 곳이었기 때문에, 만호와 포진의 존재는 필수불가결한 것이었다. 이와 같이 거제현은 앞서 옥포가 설치된 이후 현내(縣內)에 2개의 포진이 추가로 신설됨으로써, 기존의 포진들과 함께 더욱 강력한 방어체제를 구축할 수 있게 되었다.

거제현은 위치상 왜인들이 왜구로 돌변하여 경상우도의 내륙지역이나 전라좌도로 나아갈 때 반드시 거쳐 가야 하는 요해처에 자리 잡고 있었다. 즉 거제현 앞바다를 지나야만 이들 지역으로 넘어 들어갈 수 있는 것이다. 예컨대 앞서 언급하였듯이 대마도를 출발한 왜구들은 거제현 근해의 여러 섬들을 지나 남해안 곳곳으로 잠입해 들어가는 루트를 주로 사용하고 있었다. 따라서 고초도 조어허가 이전시기부터, 거제현은 병력이 집중되어 있는 경상우도 내에서도 가장 중요한 방어지점이었다. 그리고 이러한 거제도의 팽창은 앞서 살핀 경상우도 내 여러 포진의 남하와도 연관된다. 삼포지역에서 남해안 지역으로 잠입해 들어가려고 하는 왜구들은 조선 수군의 남해안 수비에 있어서 가장 중요한

1차 방어선인 거제도를 먼저 지나가야 한다. 그런데 설령 이때 왜구들이 거제도를 뚫고 지나갔다 하더라도, 그들이 자유로이 남해 바다를 유린할 수 있었던 것은 아니다. 뒤이어 바로 당포·사량·평산포 등 남하한 여러 포진들이 위치해 있어서 쉽사리 횡행할 수 없는 상황을 연출하기 때문이다. 즉 경상우도는 거제도를 중심으로 왜구들의 남해안 침구(侵寇)를 막는 방어체제를 구축하고 있었던 것이다. 이는 <지도 3>을 보면 더욱 확실히 알 수 있는 사실이다. 이러한 거제현의 군사적 중요성은 고초도 조어허가 이후에도 변함없이 지속되었고, 여기에 고초도 조어왜인들의 필수적인 경유지라는 역할이 첨가되면서 그 방어력이 더욱 증강하게 된 것이다.

다음으로 전라도의 포진을 살펴보자. 전라도의 경우, 남해안에 면한 포진들 중 전라좌도에서는 2개소, 전라우도에서는 3개소가 각각 변화하고 있다. 먼저 전라좌도부터 보면, 좌도는 고초도 조어가 허가되기 이전부터 전라우도보다 그 방어력이 강했던 곳이다. 여기가 기본적으로 경상우도에 면해있어서, 왜구들이 출몰할 가능성이 전라우도보다 높았기 때문이다. 전라좌도에서는 고초도 조어허가를 전후하여, 발포와 사도에 차례로 포진이 설치되고 있다. 특히 허가 후에 설치되었을 것이라고 생각되는 사도진의 경우 첨절제사가 위치하고 있어, 좌도 관내에 소속된 포진들을 통솔하고 있었다. 그런데 여기서 한 가지 주목되는 것은, 고초도 조어 허가를 전후로 하여 전라좌도 내에서 포진이 추가로 설치되는 곳은 위의 2포소가 위치한 흥양현뿐이라는 점이다. 흥양현에는 당시 새로 설치된 2개소의 포진 외에, 기존의 녹도와 여도 등을 합쳐 모두 4개소의 포진이 위치하고 있었다. 이는 흥양현 지역이 방어상 중요한 위치를 점하고 있었다는 사실을 반증하는 것이기도 하다.

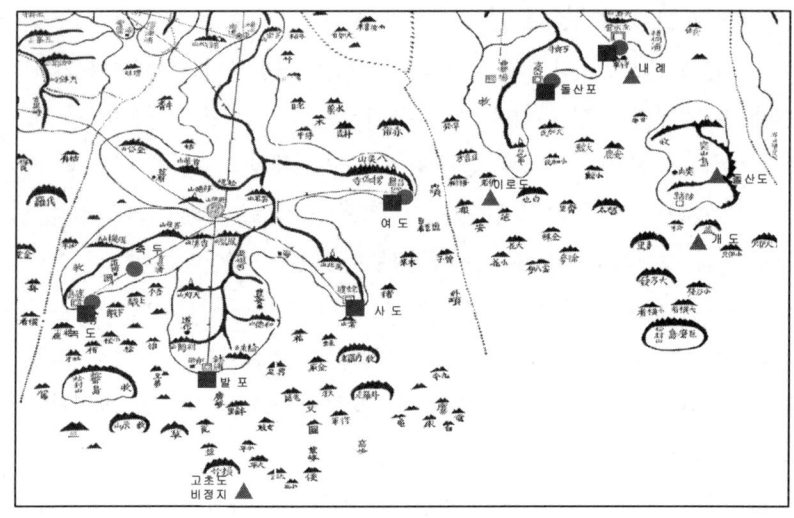

<지도4> 조선전기 전라좌도 흥양현 지역에서의 포진 변화

범 례	
●	『세종실록지리지』에서 보이는 포진의 위치
■	『경국대전』에서 보이는 포진의 위치
▲	고초도 조어왜선의 항로상 경유지

 그러면, 그 원인은 어디에 있었을까. 필자는 그 원인을 흥양현의 남쪽 바다 중에 위치하고 있을 것으로 생각되는 고초도에서 찾고자 한다. 고초도 허가 이전부터 왜인들은 죽음을 무릅쓰고 고초도에서 불법적인 조어활동을 하고 있었다.55) 당연히 조선 수군으로서는 이를 막아야만 했고, 1439년에는 흥양현의 가장 남쪽에 위치한 발포에 포진을 설치함으로써, 그 방어선을 남쪽으로 더욱 끌어내리고 있었다. 또한 조어가 허락된 이후에는 조어왜선의 항로상의 방어를 목적으로 사도에 거진을 설치하고 있다. 사도는 북동쪽으로는 조어왜인의 경유지인 내례가 위치

---
55)『世宗實錄』권89, 세종22년 5월 경오.

하고 있고, 남서쪽으로는 발포와 고초도 등이 인접해 있어, 조어왜인이 고초도로 가는 길목의 요해처였을 것으로 생각된다. 요컨대, 조선수군은 흥양현 지역에도 포진을 집중시킴으로써 그 방어력을 증강시키고 있었던 것이다.

전라우도는 앞서 살펴보았던 것처럼 영진체제 즉, 『세종실록지리지』 단계에서는 그 방어력이 경상·전라 좌우도를 통틀어서 가장 약했던 지역이었다. 그런데 고초도 조어 허가를 전후한 시기부터 진도를 중심으로 급격하게 포진 수가 늘어나고 있다. 1438년 해남현 주량에서 진도의 남도포로 포진이 내려오는 것을 시작으로, 허가가 있기 바로 전해인 1440년에는 진도 바로 맞은편의 해남현 황원곶으로 수군처치사영이 남하하고 있다. 그리고 고초도 조어가 허락된 이후에는 추가로 금갑도 만호가 설치되었던 것으로 보인다. 약 8년 사이에 전라우도의 방어력이 진도를 중심으로 급격히 강화되고 있는 것이다. 이러한 양상의 원인은 뒤에서도 후술하겠지만, 고초도 이서지역으로 나아가는 것은 불법이었음에도 불구하고, 조어왜인이나 왜구가 추자도나 서여서도 등지로 이동하여 노략질하는 경우가 많았기 때문이다. 또한 진도 지역은 왜구가 침입하는 초입길로서[56], 경상우도로 들어와서 전라좌도로 넘어가는 이동루트와 함께 조선 전기에 왜구가 주로 사용하던 침입경로였다. 이러한 사실을 근거로 생각해볼 때, 고초도 조어허가를 전후로 하여 그 이서지역에 대한 방어가 조선 수군의 주요한 임무로 부각되었을 가능성은 충분하다. 그리고 진도를 중심으로 한 포진의 이동이 이러한 상황을 잘 반영해주고 있는 것이다.

---

56) 『燕山君日記』권44, 연산군8년 6월 기미.

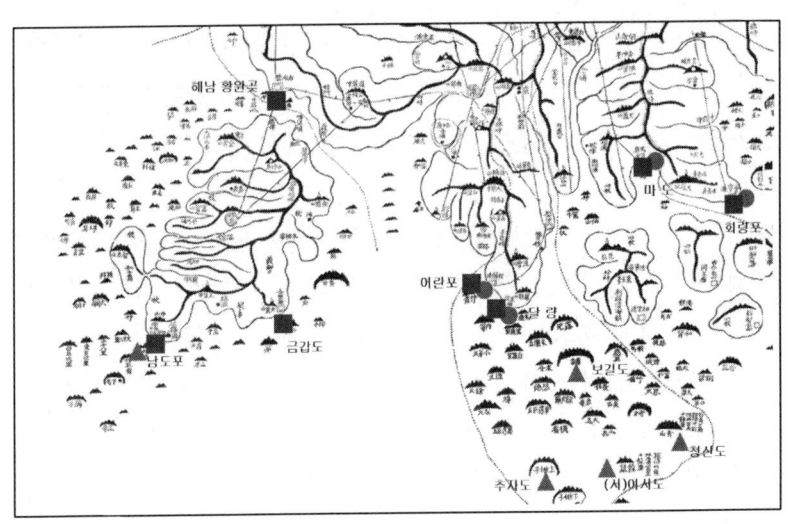

<지도5> 조선전기 전라우도 진도 지역에서의 포진 변화

범 례	
●	『세종실록지리지』에서 보이는 포진의 위치
■	『경국대전』에서 보이는 포진의 위치
▲	고초도 이서지역에서의 왜구 출몰 지역

위에서 살펴본 바와 같이, 고초도 조어 허가 전후로 단행된 포진의 이동은 고초도로 가는 조어왜선의 항로와 밀접한 관계를 맺고 있다. 다시 말해서, 조선 전기 남해안에서의 포진의 이동은 조어왜인이 고초도로 가는 항로상의 방어를 위해 필수불가결한 요소였던 것이다. 고초도 조어의 허가 이후 조어왜인이 합법적으로 전라도 영역으로까지 넘어올 수 있게 되면서, 왜구 또한 이전에 비해 손쉽게 남해안 각지로 이동하는 것이 가능해졌다. 그리고 이러한 사실은 왜구의 침입으로 말미암아 남해안 일대가 피해를 입게 될 가능성 또한 높아진다는 것을 의미한다. 당시 조선수군은 이러한 위험요소를 최대한 줄이기 위한 하나의 전략

으로서 포진의 이동을 선택하고 있었던 것이다.

(2) 방어 거점의 변화

앞에서 이미 언급한 바와 같이, 고초도 조어의 허가를 전후로 포진의 증설 등 병력 규모가 눈에 띄게 확장된 곳은 경상우도의 거제현과 전라좌도의 흥양현, 그리고 전라우도의 진도군이다. 이러한 사실은 『세종실록지리지』와 『경국대전』 등의 기록을 상호 비교하게 되면, 더욱 확실히 알 수 있다. 대체적으로 전자는 고초도 조어허가 이전 시기, 후자는 그 이후 시기의 상황을 보여주고 있다고 말할 수 있다.

거제현의 경우, 전자의 단계에서는 2개소(오아포, 영등포)의 포진에, 총 3,321명의 수군과 병선 36척이 편성되어 있었다. 그리고 여기에 가배량과 견내량의 병력이 옥포로 이전되면서 거제도의 수군 규모는 급속도로 확장된다. 최대 수군 5383명, 병선 78척의 대병력이다. 이는 동시기 남해안에 포진이 설치된 지역 중에서 거의 독보적인 병력 수준이다. 이는 앞서 언급한 바와 같이 거제현이 왜구들이 남해안의 각 지역으로 침구해 들어오는데 있어서 가장 중요한 길목에 위치하고 있었기 때문이다.

그런데 고초도 조어 허가 이후라고 할 수 있는 후자의 단계에서는 규모가 더욱 커져, 2개소(지세포, 조라포)가 늘어난 5개소의 포진에, 총 5,480명의 수군과 병선 86척이 편성되고 있다. 당시 남해안에서 가장 많은 병력이 배치된 경상우도의 전력 중 무려 약 50%를 거제현에서 보유하고 있는 셈이다. 물론 여기에는 고초도 조어의 허가에 따른 지세포와 조라포의 신설이 병력의 규모에 커다란 영향을 끼쳤음에 분명하다. 또한 이 단계에 들어서면 거제현 바로 맞은편의 웅천현 지역도 그 방어력이 대폭 강화된다. 기존의 제포 이외에 안골포에 포진이 설치되면서, 전자 단계에서 882명에 불과하던 수군이 후자 단계에 들어서면서 2,200명으로 급속히 증가하고 있는 것이다. 이러한 웅천현 지역의 병력 증강은 거제현의 방어력을 더욱 극대화시키는데 직·간접적으로 영향을 미쳤을 것으로 생각된다. 거제현과 웅천현은 바다를 사이에 두고 마주보고 있는 지형인데, 이 사이를 지나게 되면 곧바로 경상우도의 해안 지역으로 들어갈 수 있다. 따라서 이 지점은 왜구들이 진해·고성 등 경상우도의 내륙지역으로 잠입하기 위해서는 반드시 지나야 하는 중요한 길목이 된다. 바로 조선 수군은 기존의 거제현과 더불어 웅천현의 병력까지 증가시킴으로써 이 길목을 틀어막아 왜구들의 침입에 대비하고 있었던 것이다. 이처럼 거제현은 전자와 후자, 즉 고초도 조어 허가 이전과 이후 시기 모두 경상·전라 좌우도를 통틀어 가장 많은 병력이 배치되면서, 해양 방어의 최대 중심지로서 그 역할을 수행하고 있었다.

홍양현의 경우 전자의 단계에서는 3개소(여도량, 축두, 녹도)의 포진에 2,007명의 수군과 34척의 병선이 편성되어 있었다. 물론 이 숫자도 결코 적은 것은 아니다. 당시 남해안 지역에 있어서 거제현과 동래현을 제외하고는 가장 많은 병력이 배치되어 있었기 때문이다. 그런데 후자의 단계에 이르면, 축두가 폐지되는 대신 2개소(사도, 발포)가 다시 추가되어, 총 4개소의 포진에 42척의 병선이 배치되고 있다. 이 수치는 동시기의 남해안 포진 중에서 거제현 다음으로 가장 많은 병선수이다. 그 방어력이 이전시기에 비해 더욱 증강된 것이다. 이러한 변화는 앞의 장에서 상세히 서술한 것처럼, 홍양현의 남쪽 바다에 고초도가 위치하고 있었으므로, 고초도 조어 허가를 전후하여 이 지역에 대한 방어가 긴요하게 되었기 때문이라고 생각된다. 즉 허가 전에는 불법으로 조어하는 왜인들을 통제하기 위해, 허가 후에는 정식으로 어업활동을 하는 왜인들이 불측한 행동을 하지 못하도록 통제하기 위해, 방어진의 증설이 요구되었던 것이다. 이는 홍양현 중에서도 새로이 설치된 발포와 사도에 전체 전력의 절반이 넘는 병선 26척이 배치되고 있는 점에서 잘 알 수 있다.

진도군의 경우, 전자에서는 아예 포진의 모습을 찾을 수 없지만, 후자의 단계에 와서는 남도포와 금갑도에 각각 12척의 병선이 배치되고 있다. 당시 경상우도를 제외한 거의 모든 포진의 병선수가 10척 이하임을 고려해 볼 때, 양포(兩浦)의 규모는 다른 포진에 비해 상당히 앞서 있음을 알 수 있다. 또한 진도의 경우에는 바로 맞은편에 18척의 병선을 가진 전라우수영이 자리 잡고 있었기 때문에, 그 방어 능력은 도내 다른 지역에 비하여 월등히 앞서 있었을 것이다. 그리고 앞의 거제현과 홍양현의 경우에는 기존에 어느 정도의 수군력을 가진 포진이 이미 운용되고 있는 상태였음을 감안할 때, 진도군의 비약적인 수군력 확장은 눈여겨볼만하다.

그런데 앞의 거제현이나 홍양현의 경우는 조어왜인이 고초도로 가는 출발지와 종착지에 해당하는 곳이었기 때문에, 포진의 증가가 어느 정도 수긍이 간다. 하지만 진도의 경우는 어떠한 이유로 병력이 증가되고 있었을까. 이것은 대략 2가지로 그 원인을 분석해볼 수 있다. 첫 번째로, 고초도 조어왜인의 항로와 연관된다. 조선이 고초도 조어왜인에게 공식적으로 허가한 항로는 지세포에서 고초도까지이다. 이는 고초도를 지나서 그 이서 방면으로 나아가는 것 자체가 바로 불법이라는 것을 의미한다. 예컨대 성종 9년 왜적의 변란이 빈번히 일어나자, 병조에서 성종에게 아뢰기를, 전번의 조약에서 고기 잡는 왜선은 고초도를 지나지 않기로 기약하였는데 이제 고초도를 넘어서 도둑질하였으니 마땅히 잡아야 한다고 주장하고 있다.[57] 실제로 왜인들이 고초도를 넘어, 보길도(甫吉島)・청산도(靑山島)・서여서도(西餘鼠島)・추자도(楸子島) 등지에서 약탈행위를 하는 사례는 조선 전기에 빈번하게 보인다.

특히 추자도는 제주도를 제외하고 본토에서 서남쪽으로 제일 멀리 떨어져 있는 섬이었기 때문에, 조선 수군이 능히 방어하기 어려운 곳이었다.58) 이 때문에 왜구들에게 있어서 추자도는 수군의 추격을 피하기 좋은 장소였고, 중국에서 노략질을 하고 온 왜구들이 잠시 머무르는 은신처로서 이용되기도 하였다. 또한 본도는 제주도에서 전라도로 가는 중요한 길목에 위치하고 있었기 때문에, 왜구들이 여기에 숨어 있다가 제주도에서 전라도로 가는 공선을 약탈하는 사건도 발생했다.59) 이러한 왜구의 약탈 행위가 자주 발생하자, 조선은 보길도에 만호를 설치하여 추자도를 겸하여 관장하게 하자는 의견까지 내놓았다. 하지만 보길도 자체가 바다 한 가운데 있어 방어하기가 용이치 않고, 추자도와의 거리도 극히 멀다는 이유로 결국 실행되지는 못한다.60) 이처럼 고초도 조어허가 이후 왜구들이 고초도의 경계를 넘어가 여러 해도(海島)에서 횡행하는 정도가 심해지자, 조선은 여기에 대한 대비책을 강구할 수밖에 없었다.61) 또한 왜구들이 고초도를 지나서 중국으로 가거나 한반도 서해를 따라 북상할 가능성도 없지 않았기 때문에, 고초도 이서지역에 대한 방비가 중요한 문제로 떠올랐을 것임에 틀림없다. 바로 이러한 문제를 해결하기 위해 조선수군은 진도에 방어진을 증설함으로써 왜구들을 소탕하려고 했던 것이다.

---

57) 『成宗實錄』권91, 성종9년 4월 병오.
58) 실제로 추자도의 방어 체제는 아주 미흡한 상태였다. 중종 16년 7월 을묘조에, 병조가 중종에게 보고하는 바에 의하면, 당시 추자도는 제주에도 속하지 않고, 전라우도에 속하지도 않으며, 또한 적선이 왜적인지 해적인지도 확실히 알지 못하겠다고 말하고 있다.
59) 『成宗實錄』권235, 성종20년 12월 을사.
60) 『成宗實錄』권248, 성종21년 12월 병진.
61) 『成宗實錄』권289, 성종25년 4월 병자.

두 번째로, 진도 자체가 왜구들이 한반도 남해안 지역으로 들어오는 관문이었기 때문에, 진도의 방어체제는 강화될 수밖에 없었다. 당시 남해안 지역으로 왜구가 들어오는 이동루트는 크게 두 가지였을 것으로 생각된다. 하나는 경상우도를 경유하여 전라좌도 등지로 들어오는 경로이고, 또 하나는 바로 진도를 통해 한반도 남해안 지역으로 들어오는 경로이다. 그리고 전자일 경우에 이를 방어하는 요새가 경상우도에 위치한 거제현이었다면, 후자의 경우는 바로 진도가 그 요충지였을 것이다. 실제로 세조8년 조정에서 진도를 혁파하고 목장을 세우자는 의견이 나왔을 때, 한명회는 지금 진도를 폐하는 것은 울타리를 없애고 적로를 열어주는 셈이라고 말하며 불가하다는 입장을 고수하고 있었다. 그리고 세조 또한 결국 이 말에 의거해서 진도를 폐하는 것을 멈추게 하였다.[62] 요컨대, 진도는 왜구가 들어오는 요해처였기 때문에, 포진을 증설하여 방어체제를 강화함으로써 왜변을 미연에 방지하고자 했던 것이다.

위에서 지금까지 살펴본 것을 종합해 보면, 고초도 조어 이전까지 조선 전기 남해안의 방어중심지는 경상우도의 거제현이었다. 거제현은 왜인들이 왜구로 돌변하여 경상우도의 내륙지역이나 전라좌도로 나아갈 때, 반드시 거쳐 가야 하는 요해처에 자리 잡고 있었기 때문이다. 또한 병력의 규모에 있어서도, 당시 남해안의 어떠한 지역보다 강한 수군력을 지니고 있었다. 그런데 왜인에게 고초도 조어가 허가되면서 남해안 지역의 방어 거점은 점차 변화를 맞이하게 된다. 즉 전라좌도의 고초도로까지 왜인의 활동영역이 확대됨에 따라, 기존의 거제현에 더하여 전라좌도의 흥양현과 전라우도의 진도군이 남해안을 지키는 중심 거점으로 성장하고 있었던 것이다. 그리고 조선 수군은 이러한 방어 거점들을 중심으로 조어왜인의 항로 이탈 여부 등을 감시하면서, 언제 발생할지 모르는 왜변에 대처하고 있었다.

---

62) 『世祖實錄』권27, 세조8년 1월 병오.

5. 맺음말

조선 전기 왜인들은 통교의 범위를 확대하기 위해 조선에 누차 이를 요구한다. 이 때 왜관의 확대와 더불어, 왜인들이 요구했던 항목 중의 하나가 바로 왜인들이 조어할 수 있는 어장을 확대해달라는 것이었다. 하지만 조선은 기본적으로 기존에 허락하고 있던 삼포의 연근해 지역 이외에는 어업 활동을 엄금하고 있었다. 즉 삼포가 위치하고 있는 경상도 지역으로 왜인의 어업 활동을 제한하고 있었던 것이다. 그리고 이는 동시에 경상도 이외의 지역, 예컨대 전라도 등지로 왜인이 넘어가는 행위 자체를 왜구로 간주하여 처벌하겠다는 의미가 되기도 하였다. 이처럼 삼포로 왜인의 조어 어장이 한정되어 있을 때, 남해안 지역에 있어서 해양방어의 거점은 바로 경상우도였다. 그리고 그 중에서도 거제현이 방어체제에 있어서 최대 중심지로서의 역할을 수행하고 있었다. 거제현은 왜구들이 남해안의 각 지역으로 침구해 들어올 때, 기본적으로 반드시 거쳐 가야 하는 길목에 자리 잡고 있었기 때문이다. 또한 병력의 규모면에 있어서도 이곳은 당시 남해안의 어떠한 지역보다 강력한 수군력을 보유하고 있었다.

이후 1441년에 조선은 왜인의 조어 어장에 고초도를 추가로 허락해 준다. 즉 왜인들이 합법적으로 전라도 지역으로 항해할 수 있는 명분이 생기게 된 것이다. 그런데 왜인에게 허락하는 어장에 고초도가 추가되면서, 조선 수군에게는 출발지인 지세포에서 종착지인 고초도로 가는 항로상에 대한 방어가 새로운 임무로 부각되었다. 조어 왜선이 고초도로 가는 도중 왜구로 돌변하여 정해진 항로를 이탈하고 남해안 내륙지역으로 침투할 가능성이 높았기 때문이다.

지세포에서 고초도로 가는 정식항로가 어떠한 루트를 거쳤는지에 대해서는 확실치 않다. 다만 조어왜선이 왕래하는 길에 대한 단편적인 기록을 확인할 수 있는데, 그 내용을 종합해 보면 다음과 같다. 지세포에서 만호의 문인을 받고 고초도로 출발한 조어왜선은 조라포를 지나, 연화도・욕지도에서 물을 길은 이후, 미조항과 세존암도에 이른다. 이 때 왜인들은 연화도・욕지도・세존암도 등지에 머물면서 물고기를 낚기도 하였다. 이후 왜선은 돌산도・금음모도・내례 등지를 거쳐, 개도와 이로도 등 여러 섬들을 지나, 고초도에 이르러 조어를 시작했던 것으로 보인다. 그런데 여기서 주목할 만한 사실은 조어왜선의 항로가 당시 왜구가 이용하던 뱃길과 매우 유사한 형태를 지니고 있는데, 거의 모든 경유지에 방어진이 설치되지 않고 있다는 점이다.

이 항로상에 대한 방어는 당시 고초도 조어허가 전후에 벌어지고 있던 포진의 이동을 통해서 확인할 수 있다. 고초도 조어의 허가를 전후하여 포진의 이동 등으로 병력의 규모가 눈에 띄게 확장되는 곳은 경상우도의 거제현과 전라좌도의 흥양현, 그리고 전라우도의 진도군이다. 여기서 거제현과 흥양현은 당시 고초도로의 출발지와 종착지였다는 측면에서 그 방어력이 남해안의 여타 지역보다 증강되고 있었다. 그리고 진도군의 경우에는 기본적으로 거제현과 함께 왜구들이 한반도 남해안 지역으로 들어오는 첫 관문이었으므로, 조선수군의 전략적 요충지였다. 또한 왜구들이 불법으로 고초도를 지나쳐 서해지역이나 중국으로 잠입하는 경우도 많았기 때문에, 이들에 대한 방비 등을 목적으로 포진이 새로이 설치되고 있었다. 요컨대, 왜인의 조어 어장에 고초도가 추가되면서 조선수군의 남해안 방어체제상에도 변화가 생겨, 기존의 거제현에 더하여 흥양현과 진도군이 남해안을 지키는 중심거점으로 성장하고 있었던 것이다. 그리고 이는 경상도에 비하여 상대적으로 열세에 있었던 전라도의 수군력이 고초도 조어허가를 전후한 시기에 흥양현과 진도군을 중심으로 점차 증강되고 있었음을 보여주는 것이기도 하다.

嘉靖연간의 倭寇와 江南 海防論

김 문 기

목 차

1. 머리말
2. 嘉靖 倭寇와 海防體制
   1) 江南과 嘉靖 倭寇
   2) 海防體制의 전환
3. 江南 海防論의 展開
   1) 禦倭·海防論의 등장
   2) 鄭若曾의 海防論
4. 海防과 江南社會
   1) 海防과 江南水利
   2) 禦倭論과 明末 守城論
5. 맺음말

---

1. 머리말

근세 동아시아에 있어 바다의 의미는 무엇인가? 朱元璋에 의해 海禁정책이 실시된 이후 이것은 중국뿐만 아니라 朝鮮을 비롯한 동아시아 각국의 해양에 대한 인식과 정책에도 지대한 영향을 끼쳤다. 明代 海禁정책이 실시된 배경으로는 朝貢貿易을 통한 華夷秩序의 확립을 들 수 있지만 그 직접적인 원인은 무엇보다도 沿海지역의 안전문제, 즉 倭寇의 창궐이었다. 16세기 중반에 중국의 동남연해지역에 발생했던 '嘉靖倭寇'는 한편으로는 明朝의 海禁정책이 한 요인이 되었다. 明朝는 倭寇의 가공할만한 위력과 더불어 海防의 중요성을 다시 일깨우게 되었다. 당시 경제적으로 가장 선진지역이면서 왜구의 피해를 가장 많이 입었던 강남에서 海防에 대한 다양한 논의가 출현하는 것은 이러한 배경 때문이었다.

지금까지 연구에서 '嘉靖倭寇'는 일본과 중국학계의 관심이 집중된 주제 중의 하나로 이미 상당한 연구가 축적되어 있다. 물론 이러한 연구의 축적이 만족스러운 결론에 이르렀는가 하는 것은 별개의 문제인 듯하다. 왜냐하면 倭寇의 성격에 대한 일정한 합의에도 불구하고 이를 바라보는 각국 학계의 입장에는 아직도 많은 간격이 존재하고 있음도 사실이다. 또 하나의 문제는 '嘉靖倭寇'의 성격에 대한 다양한 논의에도 불구하고, 왜구를 방어하기 위한 海防에 대한 구체적인 연구는 여전히 부족한 형편이다. 海防이라는 문제는 해양과 도서에 대한 구체적인 인식을 담고 있다. 이 때문에 단순히 바다라는 자연적 공간뿐만 아니라 국가의 방어체제와 영역에 대한 의식을 확인할 수 있는 중요한 주제이기도 하다.

본고에서는 嘉靖倭寇를 통해 江南에서 해방체제가 형성되는 과정과 그것이 강남사회에 끼친 영향에 대해서 살펴보고자 한다.

이를 위해서 2장에서는 嘉靖倭寇에 대한 江南의 구체적인 사례를 통해서 당시의 영향력을 확인하고, 나아가 이것이 明朝의 해방체제에 어떠한 변화를 초래했는가를 살펴볼 것이다. 이 과정에서 歸有光의 기록들을 통해서 기존의 왜구에 대한 인식에 대해서 문제점이 없는지도 아울러 확인하고자 한다.

3장에서는 강남에서 해방론이 전개되는 과정에 대해서 살펴볼 것이다. 嘉靖倭寇는 해방사상과 군사이론의 형성에도 심대한 영향을 주었다. 흥미로운 것은 이러한 해방사상과 군사이론의 형성에 강남출신 혹은 강남과 관련된 사람들이 많다는 점이다. 본고에서 특히 주목했던 인물은 胡宗憲의 막료로 있으면서 체계적인 해방이론을 수립한 鄭若曾이다. 그의 저작들에 대한 간략한 정보와 더불어 그가 구상했던 해방체제의 대략적인 모습에 대해서 알아보고자 한다.

4장에서는 당시의 海防論 혹은 海防策이 강남사회에 끼친 영향에 대해서 살펴볼 것이다. 먼저 주목한 것은 海防과 水利와의 관계이다. 얼핏 별다른 상관관계가 없을 것 같은 이 둘의 관계는 강남의 독특한 자연적 조건으로 인해 긴밀하게 연결되어 있을뿐만 아니라, 때로는 모순을 이루기도 한다. 이런 문제에 대해서 강남의 지식인들은 어떠한 생각을 가지고 있었는가? 이 문제에 대해서 접근하고자 한다. 다음으로 16세기의 海防論이 명말 강남의 사회적 위기상황 속에서 어떠한 역할을 했는가를 살펴볼 것이다. 특히 명말의 守城論은 嘉靖倭寇를 경험하면서 형성된 다양한 禦倭論과의 연결점을 보여줄 것으로 기대된다.

이상의 검토를 통해서 16세기 중반의 海防論에 대한 대략적인 모습을 축적하여, 앞으로 좀 더 구체적인 연구를 진행하는 디딤돌로 삼고자 한다.

2. 嘉靖 倭寇와 海防체제

1) 江南과 嘉靖 倭寇

대체로 明 중기인 16세기에 발생한 '嘉靖倭寇'는 이전의 시기와는 몇 가지 점에서 차이를 보이고 있다는 평가 받고 있다.

첫째, 주된 약탈 대상지역의 변화이다. 명 전기까지의 왜구의 약탈지역은 주로 山東이나 遼東, 한반도와 같은 북부 연해지

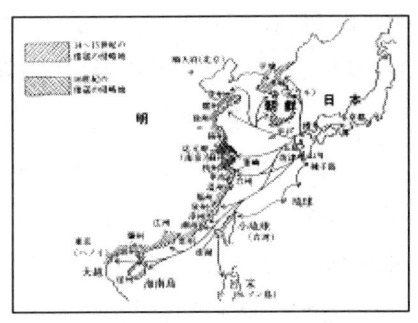

<그림1> 왜구의 습격(松浦章, 뒤의 책 1995, p.59)

역이 중심이었다. 그러나 16세기를 전후하여 江蘇, 浙江, 廣東, 福建과 같은 동남연해지역이 주된 약탈지역이었다. 둘째, 왜구의 성격의 변화이다. 명 전기까지의 왜구는 주로 약탈이 중심이었던 반면에, 16세기 이후에는 해외의 밀무역 및 동아시아에서의 상품경제와 국제적인 무역과 밀접한 관련성을 지니게 된다. 셋째, 왜구 구성의 변화이다. 명 전기까지 왜구의 주된 구성원은 北九州지역을 중심으로 하는 武裝海賊 집단이었다. 16세기이후에 그 구성원은 일본의 무장집단 외에 福建과 廣東지역의 주민이 주된 구성원으로 편성되고 있어 상당한 변화를 보이고 있다.[1] 이런 변화와 더불어 명 중기이후에는 그 침략이 더욱 격렬해지고 있다는 점도 주목된다. 특히 嘉靖연간의 왜구의 침략은 '嘉靖大倭寇'라고 할 정도로 이전에 없던 극렬한 것이었다. 이러한 16세기 중반의 嘉靖倭寇의 특징은 중국과 일본의 학계에서 대체로 인정되고 있는 분위기이다.[2]

---

1) 田中健夫, 『倭寇-海の歷史』, 敎育社, 1982. 160~172쪽.
2) 일본과 중국학계에서 嘉靖倭寇의 이러한 특징에 대해서 대체로 일치된 의견을 보이고 있

嘉靖倭寇 이전에도 왜구의 침탈은 이어지고 있었다. 다만 1550년대의 8년(1552~1558)이 가장 극심하였다. 杭州 仁和縣 출신인 張瀚은 嘉靖倭寇의 발단을 다음과 같이 설명하고 있다.

> 正統・弘治 연간에 자주 入寇했다. 嘉靖 초에 倭國에서 내란이 일어나, 諸 道가 入貢을 다투었다. 이들이 寧波에서 모여 자기들끼리 서로 원수처럼 여기고 죽였다. 이에 입공을 허락하지 않고 돌려보냈다. 殺人사건으로 발전하기도 하였기 때문에, 明은 朝貢을 허가하지 않고 귀국시켰다.[3]

張瀚은 嘉靖(1522~1566) 이전의 왜구상황을 설명함과 더불어 이른바 '寧波의 亂'이 嘉靖倭寇의 중요한 계기였음을 지적하고 있다. 寧波의 난은 嘉靖 2년(1523) 勘合符의 교부와 관련하여, 일본의 大內氏와 細川氏 쌍방이 파견한 勘合무역선이 寧波에서 朝貢權을 다투는 사건에서 발생하였다. 이 사건 이후에 明朝는 일본의 朝貢船에 대한 관리를 다시 강화하여, 사무역의 단속을 엄중히 했다. 이와 함께 朱紈과 같은 관리를 파견하여 海禁정책을 강행하였다. 그 결과 무역에서 배제되었던 상인들은 근거지를 일본으로 옮기고, 밀무역을 강행하게 되었다. 또한 勘合무역을 독점하고 있던 大內氏가 1551년에 멸망하자, 일본과 중국의 정규 무역 루트는 단절되어 버렸고, 상인들이 무역을 행하는 수단은 밀무역 밖에 없게 되었다[4].

嘉靖 초의 밀무역의 근거지는 雙嶼였다. 嘉靖 27년(1548) 朱紈이 쌍서를 공격하여 이전까지의 밀무역을 진행할 수 없게 되었다. 이에 따

지만, 실제로 그 구체적인 성격에 대한 인식은 매우 복잡한 양상을 띠고 있다. 국제적인 시각에서 倭寇에 대한 연구가 부족한 한국학계의 경우 일본과 중국의 인식 틀을 크게 벗어나지 못하는 실정이다. 이런 문제에 대한 尹誠翊의 지적은 앞으로 연구에서 참고할만하다. 尹誠翊, 「明代 倭寇論에 대한 재고찰」, 『明淸史硏究』 14, 2001; 同, 「21세기 동아시아 국민국가 속에서의 倭寇像」, 『明淸史硏究』 23, 2005.

3) 張瀚, 『松窓夢語』卷3 東倭紀.
4) 松浦章, 『中國の海賊』, 東方書店, 1995. 57~58쪽.

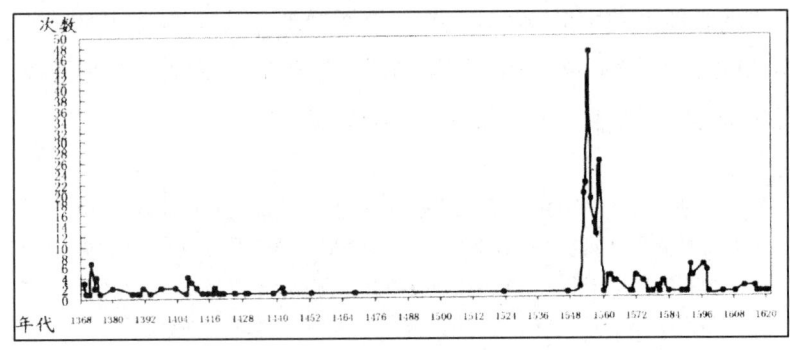

<그림2> 명대왜구발생빈도(馮賢亮, 뒤의 책, 2002, p.290)

라 최대의 왜구수령으로 성장한 王直은 五島로 근거지를 옮기게 되었다. 쌍서에서의 밀무역이 정지된 후에 이들 밀무역자들은 무장을 강화하여 흉포화하였다. 王直은 중국 본토의 관헌, 향신, 부호와 연결되어 瀝港을 근거지로 다시 국제밀무역을 진행하였다. 王直이 瀝港에 근거했을 때부터 倭寇의 활동은 중국 연안에서 극에 달하였다. 嘉靖 31년(1552) 이후, 중국의 무뢰배들을 끌어들인 왜구가 절강과 남직예의 각지를 공략하고, 게다가 남하하여 福建과 廣東의 연해지구를 범했다. '嘉靖大倭寇'의 시작이었다.[5]

嘉靖 32년(1553) 왕직은 왜구를 끌어들여 중국연안을 습격하였다. 3월은 昌國衛, 4월은 太倉・上海・江陰・乍浦를 공격 약탈하고, 8월에는 金山衛・崇明・常熟・嘉定을 침범하였고, 다음해 정월에는 太倉・蘇州를 약탈하고 松江을 공격하고, 노한 江北에는 通州・泰州에 육박하였다. 4월에는 嘉善・崇明・蘇州・崇德에 침입하였고, 6월에는 吳江에서 嘉興을 약탈하고 돌아가 柘林에 주둔하는 등 종횡으로 무인지경으로 약탈하였다. 이때부터 수년간이 嘉靖大倭寇의 최대 전성기였다.[6]

---

5) 田中建夫, 『倭寇-海の歷史』, 敎育社, 1982. 132~137쪽.

嘉靖 30년대의 왜구활동을 기록하고 있는 鄭若曾의 『籌海圖編』에 의하면, 이 당시 왜구활동의 주된 대상지역은 南直隷·浙江지역이었는데 이 중에서도 특히 江南이 주된 대상지역이었다[7]. 嘉興府의 平湖縣을 예를 들어보자. 天啓 『平湖縣志』에 의하면 "倭奴가 平湖縣에 환란이 된 것은 正統 7년(1442) 7월 乍浦를 노략질 하면서 시작되었다"[8]라고 하였다. 이후 正統 8년 6월, 成化 15년(1479) 乍浦를 침략하였다. 嘉靖 연간에는 24년(1545) 왜적 40여인이 침략하였고, 25년에는 乍浦를 침범하였다. 嘉靖 27년(1547) 10월에는 包家埭를 노략질하고 있다. 당시까지 왜구의 침략은 주로 乍浦와 같은 연해지역이 주된 공격 대상이었음을 알 수 있다. 그러나 이러한 정황은 嘉靖 32년을 전후하여 바뀌게 된다.

> (嘉靖32년 이전의) 이들 모든 海寇의 침범은 작은 것이었다. 32년에 이르러 재앙이 비로소 극렬해지기 시작하였다.[9]

당시 가장 세력이 컸던 王直의 왜구집단 외에도 徐海·陳東·葉明과 같은 왜구집단은 松江府나 嘉興府의 乍浦, 柘林, 金山 및 蘇州府의 崑明 등에 근거지를 두고서 연해지역 뿐만 아니라 내륙 깊숙이 침입해 들어갔다. 崑山縣의 예를 보자.

> 倭亂의 變은 1년 전 3월 초순부터 발생하였다. 비록 침범이 끊기는 날이 없었지만, 역시 騷擾는 바다에 연해있는 지역에 한정되어 감히 깊이 침입하지는 못하였다. 그것은 되돌아가는 길이 막힐 것을 두려워했기 때문이다. 지

---

6) 田中建夫, 『倭寇-海の歷史』, 敎育社, 1982. 137~148쪽.
7) 鄭若曾, 『籌海圖編』卷8 「嘉靖以來倭奴入寇總編年表」·「寇踪分合始末圖譜」.
8) 天啓 『平湖縣志』卷6 政事4 倭變 "倭奴之爲平湖患 自正統七年七月 寇乍浦始."
9) 天啓 『平湖縣志』卷6 政事4 倭變.

금은 규합한 인원이 이미 많고, 길 안내는 이미 밝다. 또한 우리 백성이 평소 습관 되지 않았고, 병사는 예비하지 못하였음을 알고서, 마침내 멸시하여 기탄하는 바가 없었다. 금년 4월 초7일 警報가 바로 崑山縣에까지 미쳤다.10)

崑山人으로 嘉靖大倭寇를 직접 목격했던 歸有光의 지적에 의하면 왜구가 처음부터 내륙 깊숙이 침입하였던 것은 아니었다. 歸有光은 그 계기를 왜구집단의 인원이 대규모로 편성되었고, 왜구를 내륙으로 안내해 줄 내부의 협력자가 있어 지리적인 지식을 갖추게 되었으며, 왜구의 침입에 대한 백성들의 대책이 미흡하다는 것과 군사적 대비를 갖추지 못한 점을 파악했기 때문이라고 지적했다.11)

위의 歸有光의 지적에서 今年이 정확히 어느 때인지는 정확하지 않다. 다만 『籌海圖編』과 『江南經畧』에 보이는 崑山縣의 왜구 기록에 의거하면, 嘉靖 33년으로 보인다. 따라서 嘉靖 32년까지 왜구의 침탈이 주로 연해지역을 중심으로 이루어졌던 것이 이듬해인 嘉靖 33년부터는 江南에 대한 지리적, 경제적, 군사적 허실을 상세히 파악하여 내륙 깊숙이 공격해 들어가고 있는 것이다. 嘉靖 33년의 경우 왜구는 배 50여 척의 배를 이끌고, 3천여 명의 왜구로 崑山縣城을 포위하여 직접 공격하는 등 그 침입이 대담해지고 있다.12)

당시 강남을 공략했던 왜구 중에는 일본인이 아닌 중국인이 주요한 구성원이었다는 것은 잘 알려진 사실이다.13) 다만 歸有光의 기록에는 이에 대한 흥미로운 기록이 보이고 있다.

---

10) 歸有光, 『震川先生集』 卷8 「崑山縣倭寇始末書」.
11) 鄭若曾도 "왜구가 우리의 내지를 침입함에, 깊숙이까지 침략하는 것을 마음 놓고 하는 이유는 모반하는 자가 지도를 바치고, 포로로 잡힌 자가 길을 안내하기 때문"이라고 지적하고 있다(『江南經略』, 「江南經略凡例」).
12) 歸有光, 『震川先生集』 卷8 「崑山縣倭寇始末書」.
13) 田中建夫, 『倭寇-海の歷史』, 敎育社, 1982. 164~167쪽.

최근에 왜구가 婁塘·羅店鎭 등을 노략질하면서 거주민을 몰아서 포위하였다. 그 포위를 지키는 사람이 우리 백성과 사적인 이야기를 나누었다. 그 말인 즉 그는 "어느 府州縣 사람으로 왜구에게 붙들려왔는데, 언제라도 고향을 생각하지 않는 것은 아니다. 그러나 이미 머리를 깎이고 그 의상을 따라 입었으니 왜구와 구별이 없다. 스스로 도망하고자 하나 도리어 州縣에서 살해된다. 이 때문에 다만 '잘못된 것'(왜구)에 의지하여 생명을 연장할 수밖에 없다"라고 하였다.14).

『明史』의 日本傳에 의하면 眞倭 즉 일본인은 전체의 30%이고, 從倭 즉 중국인은 70%라고 하였다15). 이들 從倭 중에는 중국인이 일부로 머리를 깎고 왜인행사를 하는 경우도 있었다. 그러나 위의 지적과 같이 중국인 중에는 부득이하게 왜구에 협력하게 된 경우도 있었다. 이들은 왜구를 벗어나려고 해도 오히려 중국 관헌에 의해 살해를 당하는 입장이었다. 따라서 그들은 왜구집단에 잔류할 수밖에 없다. 歸有光은 이들 왜구와 어쩔 수 없이 왜구에 협력하는 중국인을 구별하면 오래지 않아 왜구의 보급원이 차단되고, 이것이 왜구를 막는 長策이라고 하였다.16) 歸有光의 다음 기록도 당시의 이러한 모순을 지적하고 있다.

> 일찍이 듣건대, 우리 군사가 도적 2백여 명을 참수하였다고 하는데, 그 중에서 단지 1~2명만이 眞敵이다.17)

왜구에 직접 가담한 중국인도 있지만, 백성 중에는 포로로 잡혀 머리를 깎이고 선발대에 있는 경우가 있다. 그럼에도 관군은 그들이 민간인이라는 것을 알면서도 공을 세우기 위해 그들을 죽였다. 이 때문에

---

14) 歸有光, 『震川先生集』卷3 「備倭事略」
15) 『明史』卷322 列傳210 外國3 日本.
16) 歸有光, 『震川先生集』卷3 「備倭事略」
17) 歸有光, 『震川先生集』卷8 「論禦倭書」

2백여 명을 참수하였다고 하지만, 그 중에서 '眞敵'은 1~2명에 불과한 상황이 벌어지고 있는 것이다. 이러한 정황을 볼 때 비록 왜구의 구성원에는 중국인이 다수를 차지하고 있지만, 그들 중에는 민간인의 비중이 크기 때문에 왜구의 주체를 철저히 중국인이라고 단정하는 것은 검토할 필요가 있다고 보인다.

江南에서 嘉靖大倭寇의 정황을 좀 더 상세히 살펴보자. 앞에서 예를 든 平湖縣의 乍浦의 경우 正統 7년(1442) 이후 자주 왜구의 공격을 받았지만, 그것이 격화되었던 것은 嘉靖 32년(1553)이라는 것은 이미 언급하였다. 天啓『平湖縣志』에 의하면 嘉靖 32년 4월 2일 이후, 4월 5일 · 21일 · 23일 · 25일, 5월 9일 · 12일 · 18일 · 20일 · 26일, 7월 6일, 9월 12일, 11월 왜구의 습격을 받았다. 다음 嘉靖 33년에는 3월 8일, 4월 4일, 5일, 5월 20일 · 21일 · 24일 · 26일 · 27일 · 28일에 습격을 받았다. 嘉靖 34년은 元旦을 시작으로 2월 20일 · 26일, 5월 15일 · 28일, 嘉靖 35년은 2월 29일, 3월 26일, 6월 2일 · 21일 · 25일 · 29일, 7월 29일, 8월 1일 · 2일 · 8일 · 12일 · 15일 · 16일 · 17일 · 19일 · 20일 · 23일 · 24일 · 25일 · 26일과 8월은 거의 연일 공격을 받고 있다[18].

太湖에 연접한 蘇州府의 吳縣의 경우에도 거의 동시기에 왜구의 피해가 보고되고 있다. 崇禎『吳縣志』에 의하면, 嘉靖 33년(1554) 6월 5일 왜구가 蘇州城의 閶門을 불 질러 공격하였고, 楓橋에 도달하였다. 게다가 8일 · 9일 · 11일에도 공격을 받았고, 巡撫都御史 周充 등은 6월 6일부터 12일까지의 7주야에 걸쳐 閶門을 중심으로 비상계엄체제에 들어갔다. 嘉靖 34년(1555)에는 5월 9일 · 13일 · 26일, 10월 13일 · 16일 · 20일 · 21일 · 25일 · 27일 왜구와의 전투가 계속되었다. 특히 10월 13일의 기록은 당시 왜구집단의 실력을 실감하게 한다.

---

18) 天啓『平湖縣志』卷6 政事4 倭變.

10월 13일 流倭 53인이 이전에 餘姚縣으로부터 錢塘江을 건너, 徽州, 寧國, 蕪湖를 경유하여 南京에 이르렀었다. 漂水縣·宜興縣·無錫縣을 거쳐 장차 북으로 常熟연해에 이르고, 柘林까지 내달았다. 3천여 리를 전전하여 싸웠는데, 향하는 곳은 적수가 없었다.[19]

이처럼 50여 명의 정도의 왜구가 浙江省의 餘姚縣에서 南直隷의 徽州·寧國·蕪湖를 경유하여 당시 제2의 수도였던 南京을 유린하고, 다시 應天府의 漂水·宜興, 常州府의 無錫, 蘇州府의 常熟, 松江府의 柘林에 이르는 약 천 500km를 완전히 공략하였던 것이다.

같은 시기의 松江府 華亭縣 출신인 何良俊도 이와 비슷한 기록을 남기고

乙卯年(嘉靖 34년) 倭賊이 浙江省을 따라서 嚴州·衢州를 경유하고 饒州를 지났다. 徽州·寧國·太平을 경유하여 南京에 이르렀다. 겨우 72인 일 뿐이었는데, 南京의 병사들이 그들과 서로 대치하였다. 두 명의 把總指揮를 살해하였고, 군사들 중에 사망한 자가 8~9백 명이었다. 이 72인은 한 사람도 상하지 않고 물러갔다.…… 비록 적이 물러갔지만 감히 警嚴을 풀지 못했다.[20]

이 기록이 비록 崇禎『吳縣志』와 인원에서 차이가 있지만, 구체적인 정황을 볼 때 같은 내용일 가능성이 많다. 왜구 72인이 浙江省과 江西省·南直隷·강남지역을 완전히 유린하고, 제2의 수도인 南京에서 관군 8~9백 명을 살해하였다는 何良俊의 기록은 이들이 평범한 무장집단이 아니라는 사실을 확인시켜 준다.

이처럼 당시 강남을 비롯한 중국의 동남부 연해지역은 왜구에 의해 철저히 유린당했다. 歸有光은 嘉靖倭寇에 대해서 다음과 같이 평가하였다.

---

19) 崇禎『吳縣志』卷11 祥異.
20) 何良俊,『四友齋叢說』卷11 史7.

中原의 허실이 도적의 눈에 명확하게 드러났기 때문에 감히 내지 깊숙이까지 침략하였습니다. 壬子(嘉靖31)년 3월부터 침탈이 지금까지 계속되었습니다. 浙東·浙西지역을 거쳐 강남지역까지 이르고, 곧바로 淮安府와 揚州府를 침범하여 불태워 위협하고 음탕한 일을 일삼았습니다. 능만 하기를 꺼림이 없었습니다다. 진실로 국가의 大辱입니다.[21]

2) 海防體制의 전환

명대의 해방체제는 海禁정책과 왜구의 공격정도에 따라 변화했다. 明初 주원장은 정권을 공고히 하고 연해민의 생명과 재산을 보호하기 위해 왜구에 대해서 한편으로 외교교섭을 취하면서 한편으로 海禁 조치를 취하고, 연해 해방체제를 강화했다. 洪武 18년(1385) 이전에는 海上防禦를 중심으로 하다가 19년 이후에는 해군과 육군을 결합하는 해방체제가 기본적으로 형성되었다.[22]

洪武 19년(1386) 明 太祖 朱元璋은 湯和를 浙江 등의 연해지역에 파견하여 해방책을 강구하게 했다. 湯和는 연해지역의 방어를 위해 해상의 해군과 해안의 육군이 긴밀하게 연결된 방어체제를 구축하고자 했다. 이러한 주원장의 海防정책은 몇 가지 문제를 안고 있었다. 첫째, 직속의 水軍이 점차로 그 기능을 상실했다는 점이다. 연해에 衛所가 설립됨에 따라 水軍은 洪武 7년(1374)이후 해상 순시 임무를 지니지 않게 되었다. 이것은 수군이 계속적인 발전을 보지 못하고 점차로 약화되었다는 것을 의미한다. 둘째, 주된 해상 방어지역이 遠海에서 近海로 이동했다는 점이다. 연해에 衛所가 건립된 후 해상의 순시는 衛所의 수군이 담당했다. 衛所의 수군은 분산되어 있어 해상의 방어구역에 한계를 보일 수밖에 없었다. 셋째, 海上防禦 위주에서 점차로 海岸방

---

21) 歸有光,『震川先生集』卷8「上總制書」
22) 『明史』卷91 海防.

어 위주로 전환되었다. 어떤 지역에서는 해상으로 출항하여 순시하는 것마저 정지되었다. 이에 따라 해안방어가 수군의 주된 전략으로 자리잡아 갔다. 넷째, 연해 도서의 주민들을 내지로 옮기게 하여 방어선을 축소시켰다. 그러나 이러한 조치로 이들 도서지역은 海賊이 내륙을 공격하는 근거지가 되었다. 이상의 해방정책은 이후 海防체제에 불리하게 작용했다.[23]

正統 이후 해방체제는 점차로 붕괴하기 시작하여, 嘉靖 중기에 이르면 해방은 이미 廢夷된 상태였다. 嘉靖大倭寇가 발생하기 직전에 연해의 衛所는 텅텅 비고, 수군은 감소하고 전선을 파손되어 전투력을 유지할 수 없는 지경에 이르렀다. 이런 상태에서 嘉靖大倭寇가 발생했던 것이다.

嘉靖 31년(1552)에서 37년(1558)까지의 극심한 왜구의 침탈은 海防의 중요성을 다시 환기시켰다. 范中義에 의하면 嘉靖大倭寇를 겪으면서 海防체제는 다음 몇 가지 주목되는 변화를 보이고 있다.[24]

첫째, 군대편제의 개편이다. 명대 군사제도는 衛所제도를 근간으로 하고 있는데, 명대 중기 이후 군사들이 이탈하여 점차로 그 기능을 상실한 상태였다. 따라서 붕괴된 衛所제도를 대신하여 募兵이 실시되었다. 연해지역에서 모병은 가정 32년(1553) 강남지역을 중심으로 시작되었다. 그 중에서 주목되는 것이 譚綸과 戚繼光이 招募한 군대였다. 이들은 選兵에 주의하여 전투에 용맹한 건장한 광부와 농민을 중심으로 모집하고, 그 과정에서 '游手好漢'의 無賴들은 철저히 배제했다. 모병제의 발전에 따라 군대의 編制도 큰 변화가 발생했다. 모병제의 편제는 고대의 什伍制를 모방하여 營—總—哨—隊—什의 편제가 형성되었다. 이러한 변화에 따라 지휘계통 변화했다. 과거 '都指揮使—指

---

23) 范中義, 「明代海防述略」, 『歷史研究』 1990~3, 45~46쪽.
24) 范中義, 「明代海防述略」, 『歷史研究』 1990~3, 49~52쪽.

揮使―千戸―百戸―總旗―小旗'계통은 '總督―總兵―參將―遊擊將軍―守備―把摠'계통으로 전환되었다.[25]

둘째, 水軍 군사력의 증강이다. 왜구의 극심한 공격을 경험한 당시의 관료들은 海防의 기본은 해상에서 적을 막아내는 것이라는 것을 인지하고 있었다. 南直隷에서 俞大猷는 가정 35년(1556) 福船 16척, 蒼船沙船 40여 척을 이끌고 2哨로 나누어 멀리 洋山, 馬迹 등까지 순시했다. 浙江에서는 嘉靖 36년(1557) 海鹽・澉浦・乍浦에 3關水寨를 설치하고, 蒼山・福淸 등의 선박 78척을 招募하고 관병 2천여 명으로 상당한 규모의 수군을 조직했다. 이후에도 선박과 수군을 계속 증가시켜 수군의 군사력은 상승했다. 이전의 수군은 모두 임무 때마다 각 衛所의 육군에서 선발되어 조직되었던 것이다. 이 시기의 수군은 전선과 군인이 하나로 결합되어 전문적인 훈련과 전투력의 제고에 유리했을 뿐만 아니라, 다양한 종류의 火器가 장착 되어 전투능력을 향상시켰다.

셋째, 城의 수축과 城鎭 방어의 강화이다. 왜구의 침범이 더욱 엄중한 형세 속에서 연해 각지에는 城이 수축되었고, 각 府縣의 城은 더욱 튼튼하게 修築하였다. 예컨대 浙江城 연해의 6府 35縣은 嘉靖 31년(1552)에서 39년(1560) 사이에 縣城 20곳이 새롭게 축성되고, 8곳이 修築했다.

넷째, 방어구역을 새롭게 재편하여 방어능력을 강화했다. 嘉靖 말년에 연해의 효율적인 방어를 위해 새로운 방어구역을 형성했다. 예컨대 浙江에서는 總兵 아래에 4參 6總을 설치하여 실제상 4개의 구역으로 나누었다. 南直隷는 江南, 江北의 양대 방어구로 나누고 각각 總兵, 參將, 把摠 등을 설치하여 방어업무를 맡게 했다. 이러한 새로운 방어구역의 편제는 통일적인 지휘와 협동작전을 펼치는데 편리하여 연해 방어체제를 강화했다.

---

25) 王莉는 위소제를 대신한 이러한 군대편제를 '營兵制'라는 개념으로 정의했다. 王莉,「明代營兵制初探」,『北京師範大學學報』(社科版) 1991~2(『復印報刊 明淸史』 1991~5).

3. 江南 海防論의 전개

1) 禦倭·海防論의 등장

　嘉靖倭寇(1552~1558)를 겪으면서 海防에 대한 중요성이 대두되어 해방체제를 변화시켰음은 이미 살펴보았다. 이와 더불어 海防에 대한 다양한 학문적, 이론적 접근이 이루어졌다는 점도 기억할 만하다. 倭寇에 대한 방어를 목적으로 하는 禦倭論, 海防論 및 실전적인 군사이론이 정리되었던 것이 이 시기였다.

　군사이론서로는 唐順之(1506~1560)의 『武編』, 何良臣의 『陣記』, 戚繼光(1528~1588)의 『紀效新書』 및 『練兵實記』 등이 倭寇와의 실전적인 경험을 통해서 편찬되었다. 이후에 이들 군사이론서는 임진왜란과 後金의 위협이라는 明末의 군사적 위기 상황에서 더욱 각광을 받았다. 예컨대 明末에 출현한 대형 군사백과전서인 『武備志』[26]의 저자인 茅元儀(1594~1644)는 鄭若曾과 함께 胡宗憲의 막부에 있으면서 『籌海圖編』의 편찬에도 참가했던 茅坤의 손자였다. 위의 인물 중 唐順之, 何良臣, 茅元儀는 모두 江蘇와 浙江 출신이며,[27] 戚繼光은 山東 출신이지만 浙江에서 倭寇의 소탕에 혁혁한 공을 세웠다. 이런 점에서 볼 때 강남에서의 왜구에 대한 방어대책들이 이들의 군사이론 형성에 중대한 영향을 미쳤음을 알 수 있다.

　嘉靖 연간의 禦倭論과 海防論에 대해서는 명말 陳子龍에 의해 간행된 『明經世文編』을 통해서 대략적인 내용을 살펴볼 수 있다. 『明經世文編』에서 주목했던 인물로는 朱紈을 비롯하여 唐順志, 胡宗憲,

---

26) 茅元儀의 『武備志』는 전 240권으로 200만 자가 넘으며, 740여 폭의 그림을 싣고 있는 대형 군사기술서적으로 현재 天啓 원년(1621)에 간행된 刻本이 현존하고 있다.
27) 唐順之는 江蘇 常州府 武進, 何良臣은 浙江 紹興府 餘姚, 茅坤과 茅元儀는 浙江 嘉興府 吳興 출신이다.

唐樞, 鄭若曾, 章煥, 楊博, 聞人詮, 王忬, 方廉, 薛應旋 등이 있다. 이들은 입장에서는 약간씩의 차이를 보이고 있지만, 당시 禦倭와 海防 문제에 대해서 적극적으로 의견을 제시했던 인물들이다.28) 『明經世文編』에서는 鄭若曾과 같은 崑山 출신인 歸有光(1507~1571)의 禦倭論도 주목하고 있다. 歸有光은 당시 강남에서 대표적인 지식인의 한 명으로 왜구의 침탈로 인한 피해에 대해서 상세한 체험을 기록하고 있다. 또한 당시 강남이 안고 있던 내부적인 문제와 倭寇와의 상관관계에 대해서 상세한 분석을 시도하고 있다는 점은 주목된다.29)

이 시기에 또 하나 기억할 만한 것은 海防에 대한 체계적인 이론이 형성되었다는 점이다. 嘉靖倭寇를 경험하면서 저술된 海防에 대한 전문저작들30)은 이를 상징적으로 보여준다. 당시 海防에 대한 체계적인 이론을 제시했던 인물들 중에서 누구보다 주목 되는 것은 鄭若曾(1503~1570)이다. 이미 언급했듯이 鄭若曾은 歸有光과 같은 崑山人인 출신이다. 鄭若曾의 자는 伯魯, 호는 開陽으로 嘉靖 15년(1536)의 貢生이 되었지만, 연이어 두 차례에 걸쳐 과거에 실패하자 실용적인 학문에 정진했다.

그는 嘉靖大倭寇가 발생하자 연해지역의 방어를 궁구하여 沿海形勢圖 12폭을 편집했다. 당시 巡撫로 浙江지역의 倭寇 문제를 총책임지고 있던 胡宗憲의 막료가 되어 자신의 海防에 대한 이론을 저술했

---

28) 戚繼光과 더불어 왜구의 소탕에 가장 유명한 俞大猷(1504~1580)의 『正氣堂集』에는 禦倭海防과 관련된 다양한 기록 및 『兵法發微』, 『劍經』, 『洗海近事』 등의 군사이론서가 그의 시문집 등과 함께 실려 있다.
29) 歸有光의 禦倭論은 그의 문집인 『震川集』의 「備倭事略」, 「禦倭議」, 「崑山縣倭寇始末書」, 「論禦倭書」, 「上總制書」에서 확인할 수 있는데, 이들 글은 『明經世文編』에 실려 있다.
30) 대표적인 것으로는 다음과 같은 것이 있다. 鄭若曾, 『籌海圖編』13卷(1562년); 鄭若曾, 『江南經略』8卷(1568년); 鄧鍾 重編, 『籌海重編』12卷(鄭若曾 編, 1592); 謝廷傑, 『兩浙海防類考』10卷(1575); 范來, 『兩浙海防類考續編』10卷(1602); 李如華, 『溫處海防圖略』2卷(萬曆刊本); 王在晉, 『海防纂要』13卷(1613년). 이외에 江防과 관련된 것으로는 吳時來의 『江防考』(6卷, 1577년)과 洪朝選의 『江防信地』(2卷)이 있다.

다. 그 결과 嘉靖 40년(1561)에 『籌海圖編』을 완성하였고, 그 이듬해 胡宗憲이 중심이 되어 杭州에서 출간되었다.31) 『籌海圖編』은 총 13권으로 약 26만자 114폭의 지도로 구성되어 있다. 본서는 먼저 輿地全圖, 沿海沙山圖를 싣고, 다음으로 王官使倭畧, 倭國入貢事畧, 倭國事畧을 서술하고 있다. 다음으로 廣東·福建·浙江·直隷·登萊 5省의 沿海郡縣圖, 倭變圖, 兵防官考 및 事宜를 기록하고, 이를 이어서 倭患總編年表, 寇踪分合圖譜, 大捷考, 遇難殉節考, 經略考를 싣고 있다.32) 經略考에는 군사의 선발과 조련, 재정충당, 구체적 방어방법, 兵船과 兵器에 대해서 상세히 다루고 있다.

『籌海圖編』이 간행된 4년 뒤에 鄭若曾은 자신의 고향인 강남지역의 방어에 대해서 더욱 상세한 접근을 시도했다. 『江南經略』이 그것이다. 총 8권으로 구성된 『江南經略』은 매 卷마다 上·下로 나뉘어져 있다. 卷1의 上은 兵務總要를, 卷1의 下는 江南內外形勢總考를 싣고 있다. 卷2의 上에서 卷6의 下까지는 蘇州·常州·松江·鎭江 4府로 나누어 각각 그 소속의 山川·險要·城池·兵馬를 설명하고 土寇要害를 덧붙였다. 卷7의 上·下는 見行兵政編으로 군사의 전쟁수행과 수비에 대한 상황들을 논했으며, 卷8의 上·下는 雜著編으로 군사와 병선, 海防과 守城에 대한 단편적인 글들을 모아놓았다. 특히 마지막부분은 「論東南水利」와 「蘇松浮賦議」, 즉 강남의 수리문제와 부세문제로 장식하고 있는 것은 흥미롭다. 이것은 倭寇에 대한 방어문제를 단순히 외부적인 침탈에 대한 대처에 한정하는 것이 아니라, 당시

---

31) 1562년의 첫 번째 간행 이후 『籌海圖編』은 청초까지 총 4차례 간행되었다. 隆慶 2년 절강포정사에 의해 제2차 간행이 있었고, 天啓 4년 胡宗憲의 증손인 胡維極에 의해 제3차 간행이 있었다. 이때 胡維極은 『籌海圖編』의 저자를 鄭若曾에서 胡宗憲으로 변경했는데, 이 때문에 『四庫全書』에서 이 판본을 사용하여 胡宗憲이 저자인 것처럼 알려지게 되었다. 康熙 32년 鄭若曾의 5대 자손인 鄭起泓에 의한 제4차 간행이 있었다.
32) 鄭若曾, 『籌海圖編』, 「四庫提要」.

강남 사회가 안고 있던 내부의 모순과 연결하려는 것이다. 이러한 문제의식은 그의 5세손인 鄭起泓에 의해 위의 두 저작에서 중요한 내용을 뽑아 合編한 『鄭開陽雜著』에도 반영되어 있다. 『鄭開陽雜著』에도 맨 마지막 부분은 「蘇松浮賦議」가 차지하고 있다. 鄭若曾은 강남이 안고 있는 내부적인 문제, 곧 水利문제와 重賦문제는 강남의 海防과 불가분의 관계가 있다고 보고 있는 것이다.

鄭若曾에 형성된 海防의 이론적 체계는 明末과 淸代의 海防論 전개에 지대한 영향을 미쳤다. 명말 朝鮮에서 발생한 임진왜란으로 海防에 대한 중요성이 다시 부각되고 있던 상황에서 편찬된 王在晉의 『海防纂要』는 편찬과정에서 『籌海圖編』이 가장 중요한 논거로 채택되고 있다.[33]

淸初에는 臺灣 鄭氏세력의 위협으로 海禁이 재개되면서 海防의 중요성도 높아갔다. 臺灣정벌의 총사령관이었던 施琅을 비롯한 당시의 사람들은 海防에 대한 다양한 논의를 남기고 있다.[34] 이후에 海防문제가 중국사에 다시 역사적으로 중대한 의미를 지니게 되었던 것은 19세기이다. 이 시기에 서구 열강의 침탈이 본격화 되면서 해방은 국가의 운명을 좌우할 정도로 심대한 문제였다. 당시 대표적인 해방저작으로는 薛傳源의 『防海備覽』(1801년), 嚴如熤의 『洋防輯要』 (1805년 전후), 『廣東海防滙覽』 등이 있다.[35] 嘉靖 연간에 이론적 체계를 형성한 海

---

[33] 王在晉, 『海防纂要』, 「凡例」. 「凡例」에 따르면 『海防纂要』를 편찬할 때 중요한 바탕이 되었던 海防書는 鄭若曾의 『籌海圖編』(1562년), 鄧鍾이 重編한 『籌海重編』(1592), 謝廷傑의 『兩浙海防類考』(1575) 등 3書였다. 이 중에서 鄭若曾의 『籌海圖編』이 중심이 되었는데, 그것은 『海防纂要』가 『籌海圖編』과 동일하게 13편으로 구성되었다는 데서도 드러난다. 또한 朝鮮에서 발생한 壬辰倭亂의 영향으로 海防에 대한 중요성이 다시 강조되어 琉球를 비롯한 주변의 해상에 대해서도 관심이 증폭되고 있음을 확인할 수 있다.

[34] 당시 顧炎武도 해방에 대해 관심을 가졌던 인물 중의 한 명이다. 顧炎武, 『天下郡國利病書』卷86 海防書 참조. 顧炎武의 海防論은 19세기 嚴如熤 등의 해방사상에 심대한 영향을 끼쳤다.

[35] 王宏斌, 『淸代前期海防:思想與制度』, 社會科學文獻出版社, 2002, 5~9쪽.

防論은 19세기 중국이 근대적 변모를 경험하는 동안에도 중요한 의미를 지니고 있었던 것이다.

2) 鄭若曾의 海防論: 점, 선 그리고 면

鄭若曾이 구상하는 강남지역에 대한 방어대책은 어떠한 것일까? 鄭若曾의 강남에 대한 海防論은 '점—선—면'이라는 측면에서 접근할 수 있다. 즉 방어의 지리적 대상에 따라 해양의 섬들은 '점'을 이룬다. 이 점을 넘어 오면 沿江·沿海의 방어'선'이 나온다. 이 '선'마저 넘게 되면 목표지점인 內地의 '면'에 도달하는 것이다. 따라서 해방의 요체는 '면'에 도달하기 전에 '선'에서 막는 것이고, 그것보다 더 근원적으로는 해양인 '점'에서 방어하는 것이 최선의 방법이다. 鄭若曾은 이에 대해서 다음과 같이 지적했다.

> 蘇州와 松江의 해양은 곧 島寇가 안으로 침범해오는 上游이다. 해양에서 순시하고 사로잡아 해안에 가까이 오지 못하게 하는 것, 이것이 상책이다. 海塘과 海港에서 막아 지켜서 해안에 올라 정박 하지 못하게 하는 것, 이것은 중책이다. 만약 마음대로 內地 깊이 기어 들어와 지방에 잔혹한 해를 끼치게 되면, 그 우두머리는 마땅히 책임을 지고 죄를 받아야 한다.36)

鄭若曾은 왜구가 內地에 들어오는 것은 이미 海防이 실패한 결과이며, 따라서 연해에 접근하기 전에 해양에서 격퇴시키는 것이 海防의 최선임을 강조하고 있다.

엄밀하게 말해서 '海防'이란 왜구가 內地에 들어오는 것을 1차로 '海洋'에서 방어하고, 그것이 실패했을 경우에는 2차 방어선인 '海岸'에서 차단시키는 것을 의미한다. 鄭若曾은 이것을 '禦海洋'과 '固海

---
36) 『江南經畧』卷1上 海防.

岸'으로 표현하고 있다.

海防의 대책은 두 가지가 있으니, '禦海洋'과 '固海岸'이 그것이다. '禦海洋'이란 무엇인가? 陳錢에서 수군을 모아 순시하고, 馬蹟·大衢·洋山으로 수군을 나누어 순시하여 요충지에서 적을 막는 것이다. '固海岸'이란 무엇인가? 太祖 때의 왜구방어의 옛 제도를 수복하고, 海塘을 돌면서 막아 지켜 해안에 올라 정박하지 못하게 하는 것이 그것이다.[37]

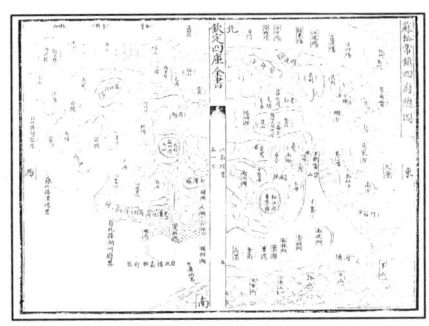

여기에서 陳錢·馬蹟·大衢·羊山은 江南의 동남 해양에 있는 섬들이다. 해방체제가 느슨해진 이후 이들 섬들은 왜구가 강남을 침입하는 근거지가 되었다. 특히 陳錢山은 왜구가 江南의 吳淞江·劉河를 비롯한 여러 수로와 揚子江·錢塘江, 멀리는 福建과 廣東으로 침입하는 중요한 경유지였다.[38] 따라서 이곳에 대해서는 수군이 연합으로 순시 하여 그것을 근원적으로 차단하려는 것이다. 이외에 馬蹟·大衢·羊山 등의 섬들이 강남 해방을 위한 1차의 '점'들임을 알 수가 있다.[39]

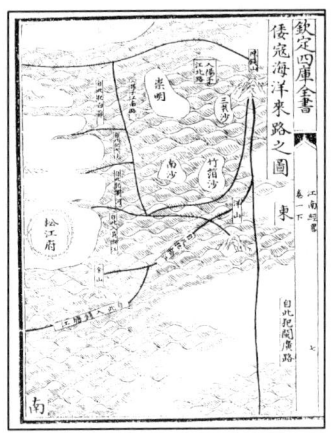

다음으로 2차 방어선인 '固海岸'은 海上에서의 방어가 실패했을 경우 海岸

---

37) 鄭若曾, 『江南經畧』卷1下 海防論1.
38) 鄭若曾, 『江南經畧』卷1下 「倭寇海洋來路之圖」.
39) 鄭若曾, 『江南經畧』卷1下 「蘇松海防圖」.

에서 왜구의 침입을 방어하는 것이다. 鄭若曾은 해안의 방어는 당시 강남의 자연적 조건 때문에 蘇州府와 松江府가 차이가 있음을 다음과 같이 지적하고 있다.

> 蘇州府의 海防은 松江府와 같지 않다. 松江府는 海塘은 있지만 海港은 없다. 그 設備는 陸兵을 위주로 한다. 蘇州府는 海港은 있지만 海塘은 없다. 그 設備는 水兵을 위주로 한다. "海塘은 있지만 海港은 없다"는 것은 무엇인가? 대개 松江의 해양은 … 모두 護塘으로 막혀 놓고 두텁기가 城과 같아 港汊이 따로 없다. … "海港은 있지만 海塘은 없다"는 것은 무엇인가? 대개 蘇州의 해양은 … 모두 潮汐이 왕래하는 곳이며, 沙船이 출입하는 곳으로 본래 해당을 수축하여 그것을 막은 적이 없다.[40]

鄭若曾은 蘇州府와 松江府의 해안 방어의 가장 큰 차이를 海塘과 海港의 유무에서 찾고 있다. 松江府의 경우 海潮를 방어하기 위한 海塘이 둘러쳐져 이것이 城과 같은 역할을 하게 되는 것이다. 이곳에 塹壕를 설치하고, 그 밖으로 衛所와 墩堡를 설치하여 왜구의 '登泊'을 저지하는 방어선을 구축하였다. 만약 이것이 실패하면 塹壕를 경계로 다시 방어선을 형성할 수 있다는 것이다. 이 때문에 해당의 군사적 가치는 결코 적은 것이 아니라고 평가하고 있다. 蘇州府의 경우 무수한 海港이 분포하여 海塘을 수축할 수 없는 곳이다. 이곳에는 선박의 출입이 용이하기 때문에 水寨를 설치하고 兵船을 나누어 방어하면 "조밀하지 않다고 할 수 없다"고 평가하였다.

嘉靖倭寇 동안 江南의 연해지역은 倭寇가 登陸하여 강남 침탈의 거점으로 이용하는 등 많은 문제점을 노출시켰다. 그 대표적인 곳이 柘林, 金山, 川沙지역이었다. 明朝는 왜구에 대한 효과적인 방어를 위해 이들 지역에 築城을 하고, 柘林과 川沙지역에는 所를 설치하여 중

---

40) 鄭若曾, 『江南經略』卷1下 海防論2.

요한 군사거점으로 삼았다.

鄭若曾의 해방론에서 또 하나 주목되는 것은 江防의 중요성에 대한 강조이다. 江南은 揚子江과 해양을 접해있는데, 만일 해안의 2차 방어선마저 붕괴되면 왜구는 곧바로 명조의 '留都'인 南京까지 올라갈 수 있었다. 따라서 鄭若曾은 양자강의 하류에서 왜구를 적극적으로 방어하여 이들이 南京까지 올라가지 못하게 하는 것이 중요하다고 지적했다.

> 江防은 留都를 호위하는 것을 중요함으로 삼는다. 長江 하류는 곧 留都의 門戶이다. 揚子江과 바다가 만나는 지점에서 왜구를 막아 양자강으로 진입하지 못하게 하는 것이 상책이다. 揚子江의 요충지에서 진로를 막고 죽여서 賊이 물길을 거슬러 서쪽으로 나아가지 못하게 하는 것은 중책이다. 만약 그들이 마음대로 金山・焦山・礬山 등을 통과하여 留都를 震動하게 한다면, 죄는 營前沙・浪山・靖江을 통과하게 한 것과 같은 종류로 용서받을 수 없다.41)

이처럼 海防의 붕괴로 江防이 위협당할 때, 최대한 揚子江으로의 진입 자체를 막는 것이 최선의 방책이었던 것이다. 江南海防은 단순히 강남에 대한 방어뿐만 아니라, 明朝의 제2수도인 南京을 방어하기 위한 저지선이기도 했다. 이것은 곧 명조의 제국적인 자존심과도 연결되는 문제였다.

마지막으로 '점'과 '선'의 해방이 실패하여, 왜구가 강남의 內地에 침입했을 때의 방어를 살펴보자. 앞에서 살펴보았듯이 嘉靖倭寇 동안 강남의 내지는 왜구에 의해 비참하다고 할 정도로 유린당하고 있었다. 鄭若曾의 내지에 대한 방어에서 먼저 주목되는 것은 '湖防論'이다. 太湖는 당시 중국최대의 경제 선진지역이었던 蘇州・常州・湖州에 접해 있고, 서로는 南京과도 가까이 있었기 때문에 太湖의 방어는 매우

---
41) 鄭若曾, 『江南經畧』卷1上 江防.

중요한 의미를 지니고 있었다.42) 太湖에는 무수한 섬들이 산재해 있어 그 방어는 쉬운 것이 아니었다. 명말에는 太湖를 근거지로 삼은 湖賊이 강남의 치안에 중대한 위협이 되어, 湖防論에 대한 중요성이 다시 제기되기도 한다. 鄭若曾은 내지의 방어에 있어 지역 간의 긴밀한 정보교환과 연합작전이 중요함을 역설하고, 각 지역에 鄕兵을 두어 방어를 할 수 있도록 할 것을 주장했다.43)

內地에 대한 방어에서 가장 주목되는 것은 '守城論'의 등장이다.44) 嘉靖倭寇 동안 왜구가 대규모의 병력을 이끌고 縣城 혹은 府城까지 공략하여 함락당한 일이 적지 않았다. 따라서 효과적인 내지의 방어를 위해 많은 성들이 증축, 보수되었고 필요에 따라서는 신축되었다.45)

그 중에서 上海縣城은 이 시기에 새로 축성된 대표적인 것이다. 上海는 宋代 市舶司가 있던 곳으로 元代인 至元 29년(1292) 현으로 승격되었다. 그럼에도 이후 260여 년 동안 縣城이 없는 상태였는데, 嘉靖 32년(1553) 왜구에 의해 상해지역이 완전히 약탈된 이후에 축성의 필요성이 제기되어 그 해에 현성이 신축되었다. 4년 뒤인 嘉靖 36년(1557)에는 4大門에 敵樓를, 沿城에는 箭臺와 環濠 및 土墻을 만들고, 동북의 요충지에는 高臺層樓를 만들었다.46) 당시 강남지역에서는 기존의 성들에 군사방어시절이 갖추어 지고, 土城은 石城으로 개축되었다. 이러한 현성의 개축과 신축은 이후 鄕居에서 城居로의 전환과 도시의 발전에 크게 기여하였다.

---

42) 鄭若曾, 『江南經略』卷1上 太湖之防.
43) 鄭若曾, 『江南經略』卷1上 四郡 및 腹內地方要害.
44) 鄭若曾, 『江南經略』卷8上 雜著 「守城論」.
45) 馮賢亮, 「城市重建及其防護體系의構成-16世紀倭亂在江南的影向」, 『明淸江南地區的環境變動與социальное控除』(上海人民出版社, 2002); 龐新平, 「嘉靖倭寇活動期における築城-中國浙江沿海地方を中心にして」, 『東洋學報』75-1・2, 1993.
46) 同治, 『上海縣志』卷2 城池 「顧從禮奏疏略」.

이상에서처럼 鄭若曾은 해양의 방어에서 내지의 방어까지 체계적인 이론적 접근을 시도했다. 鄭若曾의 海防論에 대해서 淸代의 학자들은 다음과 같이 높은 평가를 내리고 있다.

> 여러 사람 중에 다만 王守仁과 唐順之만이 '經濟之學'을 講했다. 그러나 王守仁은 그것을 써서 효과를 드러냈지만, 唐順之는 그것을 썼어도 그다지 효과를 드러내지 못했다. 鄭若曾에 이르러서는 비록 크게 쓰이지는 못했지만, 胡宗憲의 幕府를 도와 倭寇를 평정하는 데에 공을 세웠다. 그렇게 된 까닭은 唐順之는 헛된 말에서 그것을 구한 반면에 鄭若曾은 실질적 경험에서 그것을 얻기 때문이다. 이 10개의 글 중에 江防・海防形勢는 모두 목격한 것이며, 日本諸考는 모두 諮訪하고 考究하여 그 실제적인 근거를 얻은 것이다. 역사기록을 剽掇하여 책을 만든 것이 아니라, 書生의 '紙上之談'과는 진실로 차이가 나는 것이다.[47]

4. 海防과 江南社會

1) 海防과 江南水利

鄭若曾의 『江南經畧』은 蘇州府・松江府・常州府・鎭江府 4부를 중심으로, 왜구의 침입에 대한 海防대책에 대해서 종합적으로 서술하고 있다. 그런데 『江南經畧』의 내용 구성을 살펴보면 특이한 점을 찾을 수 있다. 『江南經畧』이 단순히 왜구에 대한 방어대책만을 대상으로 한 것이 아니라, 당시 강남사회가 안고 있던 경제・사회적 문제들에 대해서도 서술하고 있는 것이다. 특히 '水利'와 '重賦' 문제는 『江南經畧』의 맨 마지막 부분에서 비중 있게 다루고 있다.[48] 이것은 이 두 문제가 강남의 사회적 안정과 직결되고 있다고 파악했기 때문이다.

---

47) 鄭若曾, 『鄭開陽雜著』, 「提要」.
48) 鄭若曾, 『江南經略』卷8下 「論江南水利1~2」, 「蘇松浮賦議」.

三吳지역은 澤國이다. 水利를 興修하지 않으면 수재와 한재가 모두 우
려할 만하다. 때문에 圖考에서 더욱 주의하여 상세히 설명하였다. 지방관에
임명되어 임무를 맡은 자는 이것을 소홀히 해서는 안 된다.[49]

강남의 水利문제는 독특
한 지형적 특징과 관련하여
발전해 왔다. 흥미로운 것
은 강남지역의 왜구에 대한
海防정책이 강남의 水利와
밀접한 관련을 가진다는 점
이다. 嘉靖倭寇 시기에 활
동하였던 鄭若曾은 江南지

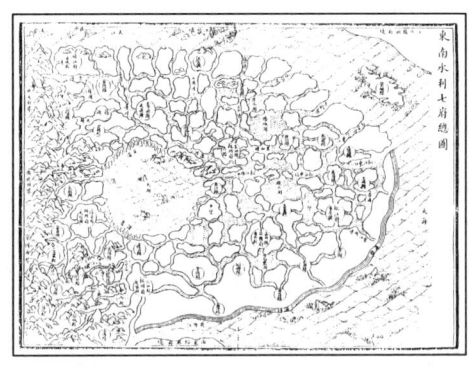

역의 두 중심지인 蘇州府와 松江府의 海防에 대한 차이에 대해서 이
미 살폈듯이 "松江府는 海塘은 있지만 海港은 없다. 그 설비는 陸兵
을 위주로 한다. 蘇州府는 海港은 있지만 海塘은 없다. 그 설비는 水
兵을 위주로 한다"[50]고 지적하고 있다. 즉 蘇州府와 松江府의 海防
은 海塘의 유무에 따라 차이를 보이고 있는 것이다. 왜구가 이 지역을
침탈할 때 松江府는 선박이 들어올 수 없기 때문에, 연안에 登陸하여
내부로 침투하였던 반면에 蘇州府는 직접 선박을 이끌고 내지로 침략
해 들어 왔던 것이다. 이에 따라 그 방어 방법에 있어서도 차이를 보
이는 것이다.

蘇州지역이 港浦를 통해서 들어오는 왜구를 막기 위해 防柵을 설치
하여 그 침입을 차단한 반면, 강남 개발과 더불어 농업생산의 안정을
위해 설치되었던 海塘은 왜구를 방어하는 성채로 그 기능이 확대, 轉
移되었던 것이다.

---

49) 鄭若曾, 『江南經略』 「江南經略凡例」.
50) 鄭若曾, 『鄭開陽雜著』 卷2 「蘇松海防論」.

海塘은 본래 農田의 이로움을 위해 설치되었다. 우리 明朝의 信國公(湯和)이 海防을 經畧하면서 險을 세워서 倭患을 방비하였다.[51]

옛사람이 이 海塘을 수축한 까닭은 鹽潮를 막기 위한 것으로 그것이 농사에 害가 되는 것을 두려워해서이다. 國初에 金城湯池로 이용하여 倭患을 대비하였다. 塹壕 밖에 衛所와 墩堡을 설치하여 왜구가 이르면 海岸의 갯벌부터 막아내어 뭍에 오르거나 정박하지 못하게 하였다.[52]

이처럼 明代에는 海塘에 衛所와 같은 군사시설이 건립되어 왜구의 침입을 막는 연해 방어진지 역할을 했던 것이다.

이에 반해 동북방면의 蘇州府와 常州府지역은 入海 港浦가 광범위하게 존재하여, 그 주요한 港浦에 군사를 배치하여 왜구가 배를 타고 내륙부로 들어오는 것을 방어하였다. 그러나 港浦에 설치한 防柵은 왜구의 침입을 방어하는 데는 어느 정도 효과적일지 모르지만, 당시 강남이 안고 있던 수리문제를 더욱 악화시켰다.

沿海의 州縣은 倭奴가 노략질을 겪고 나서 10집에 9집이 비었습니다. 또한 海防에 加編되고, 租稅와 徭役은 날로 과중되었습니다. 辛酉(嘉靖 40)년의 수재를 당하여 강남지역은 천 리가 모두 물에 잠겼으니, 백 년 사이에 이러한 재앙이 없었습니다. … 鄕民은 토지에서 이탈하고 … 흐르는 피가 고랑을 이루고, 아내와 자식을 맡기거나 팔기도 하고, 貴室에 命을 맡겼습니다. 가옥은 무너지고 훼손되어 잡초만이 온 들에 무성하니, 눈을 뜨고 볼 수 없습니다.[53].

嘉靖 40년은 왜구의 활동이 진정 되었던 시기인데도 海防에 대한 부담은 이와 같이 강남의 백성들을 압박했다. 이 보다 이른 嘉靖倭寇

---

51) 鄭若曾, 『鄭開陽雜著』卷2 「論海塘之設」.
52) 鄭若曾, 『江南經畧』卷1下 「海防論二」.
53) 歸有光, 『震川先生集』卷8 「遺王都御史書」.

시기의 정황은 더욱 위태롭다.

『震川先生集』권8 「上總制書」에 의하면 嘉靖 33년 왜구의 활동이 한창이던 때에 旱災가 연속적으로 발생하고 있었다. 왜구의 침탈에 더한 재해는 조세와 요역의 부담을 더욱 가중시켜 농민들의 불만을 야기했을 뿐만 아니라, 이들이 왜구의 편으로 돌아설 가능성마저 지니고 있었다.

> 돌이켜 보건대, 또한 額外의 징수가 더해집니다. 가령 海防을 대비하고, 軍餉을 조달하고, 城池를 수축하고, 軍器를 만들고, 戰船을 제작해야 하는 것입니다. 번잡한 役과 막중한 비용을 모두 백성에게서 취합니다. … 무릇 東南지역의 財賦는 천하의 반입니다. 백성은 窮해지고 재산은 고갈되어 하루 만에 다 써버립니다. 지금은 이러한 소요가 중첩되니 더욱 명을 감당할 수가 없습니다. 때문에 부자는 가난해지고 가난한 자는 죽게 됩니다. 죽지 않은 자라도 옷은 해지고 배를 주리고 苛斂誅求에 시달리게 되니 모두 "그 분수를 지켜서, 앓아 죽는 것이 어찌 도적을 쫓아서 삶을 구하는 것만 하겠는 가"라고들 합니다.54)

歸有光의 이 지적에 의하면, 강남지역은 왜구의 침입과 같은 외부적인 문제보다는 오히려 내부적인 수리문제가 더욱 근본적인 문제였다. 歸有光은 水災가 발생했을 때 兵道인 熊桴에게 보내는 글 중에서 倭寇의 난이 있기 전에는 강남지역의 경제에 가장 중요한 요건인 水利를 건의하여도 경비를 이유로 들어 주지 않다가 왜구가 발생하자 방어시설에 막중한 재정을 쏟아 붓는 것에 대해서 개탄하였다.55)

> 또한 東南의 財賦는 農田에서 나오고, 농전은 수리에 긴밀하게 연결되어 있습니다. … 지금 왜구가 왕래한다고 하여 湖水가 入海하는 水路에는 모두 堰·壩를 만들어서 굳건히 막으려고 합니다. 다만 왜구가 바다에서 멀

---

54) 歸有光, 『震川先生集』卷8 「上總制書」.
55) 歸有光, 『震川先生集』卷8 「奉熊分司水利集幷論今年水災事宜書」.

리 떨어져 깊이 침입할 때, 본디 선박에 그다지 의지하지 않는다는 것을 알
지 못한 것입니다. 淸流는 이미 막히고, 渾潮는 날로 퇴적되니 水利는 不
通하고 농전은 점차로 황폐해집니다. 外患이 비록 없어진다고 할지라도, 內
亂이 반드시 발생할 것입니다. 국가와 백성을 깊은 걱정하는 사람은 이와
같이 하나를 들어서 백 개를 버리는 일을 옳다고 해서는 안 될 것입니다.56)

이처럼 강남의 水利와 倭寇의 방어는 모순된 점을 지니고 있었다.
嘉靖倭寇 동안 왜구는 해안지방 뿐만 아니라 강남의 주요 하천을 타
고 내륙 깊숙이까지 노략질 하였다. 따라서 왜구의 침략을 막기 위해서
주요 하천을 제방으로 막아서 倭船의 진입을 막으려고 하는 것은 불가
항력적인 부분이 있다. 그러나 문제는 하천을 堰·壩로 막게 되면 물의
흐름이 방해를 받아 배수가 중요했던 강남의 수리 상에 중대한 문제가
발생했던 것이다. 따라서 왜구의 침입과 같은 '외환'은 막을 수 있지만,
'내환'을 막을 수 없어 '擧一而廢百'의 상황이 발생한다는 것이다. 강
남 동북방면의 주요 하천 중의 하나인 白茆港의 예를 보자.

어떤 사람들은 白茆港이 이미 淤塞되어 倭船이 침입하기 어려우니, 백
묘항은 개준하지 않아야 하고, 군대는 정리하여 없애야 한다고 하지만 그렇
지 않다. 강남의 북으로 흐르는 물은 모두 이 항구를 통해서 入海한다. 그
통하고 막힘에 따라 연해지역 동편에 사는 농부의 苦樂이 달려 있다. 연해
지역 東鄕 財賦의 넘치고 모자람이 달려 있다. 그러므로 반드시 開濬하여
통하게 해야 한다. 이것이 백성을 즐겁게 하는 것이니 곧 왜구에 대응하는
근본이다. 어떤 사람들은 또한 백묘항이 통하게 되면 왜구를 끌어 들여 걱
정을 끼치게 된다고 하지만 그렇지 않다. 백묘항이 통하게 하는 것이 이로
운 것이니 왜구가 침입할 수 있다면 우리 병사라고 다만 나갈 수 없겠는가?
무릇 수리가 興修되면 병사의 끼니가 족하고, 병사의 끼니가 족하면 일반
백성에게 賦役을 부가할 필요가 없이도 군수품은 항상 풍족할 것이다. 이것
이 兵農 모두에게 이로운 방법이다.57)

---

56) 歸有光, 『震川先生集』卷8 「上總制書」.

백묘항의 경우에서 보듯이 港浦를 開濬하면 水利는 통하지만 왜구의 침입을 당하기 쉽고, 그렇다고 淤塞된 港浦를 그대로 두면 왜구의 침입은 막을 수 있지만 수리가 不通하게 된다. 하천의 開濬과 淤塞과 관련하여 왜구에 대한 방어와 水利는 서로 모순되는데, 이 두 문제는 어떤 것도 경시할 수 없는 것이다. 그러나 왜구의 침입을 당하면서도 최종적으로 수리를 포기할 수는 없었던 것이다. 왜구의 침입은 외부적인 충격이지만, 水利가 不通하게 되면 농민의 생활의 안정성뿐만 아니라 軍餉·軍需의 안정적 공급도 도모할 수 없게 되는 것이다.

嘉靖 38년 당시 수리를 맡고 있던 翁大立은 강남지역에서 水利가 興修되지 못하는 원인의 첫 번째로 왜구의 문제를 지적하고 있다.

> 다만 왜구가 처음 쳐들어 올 때, 선박을 빼앗아 오는 것을 우려하여, 모두 港과 물길이 서로 만나는 곳에 목책을 박고 제방을 쌓아 그 충돌을 막았습니다. 무릇 물의 성질이 급하면 신속히 흘러서 막힌 곳을 뚫고, 완만하면 머물러 퇴적됩니다. 세월이 지나면 날로 막히고 퇴적되어 도랑과 길 사이가 높아져 언덕을 이루게 됩니다. 비록 기름진 농전이 있다고 할지라도 旱災에서 구할 수 없습니다. 이것이 수리가 不興하는 첫 번째 까닭입니다.[58]

왜구의 침략이 진정된 嘉靖 38년에도 왜구의 침략에 대비하여 하천에 목책을 박거나, 제방을 쌓아서 물길을 막게 된 것이 水利가 不興하는 첫 번째 원인으로 꼽히고 있는 것이다. 이처럼 嘉靖倭寇가 江南水利에 미친 영향을 경시할 수 없다. 『三吳水考』를 편찬한 吳江人 張內蘊은 이러한 정황은 다음과 같이 말하였다.

> 嘉靖 20년 이후 吳淞江은 날로 淤塞되어 吳의 水患은 다시 복구할 수

---

57) 鄭若曾, 『江南經略』卷3上 「濬白茆港議」.
58) 張國維, 『吳中水利全書』卷14 「翁大立請設治水部臣疏」.

없었다. 太湖가 범람하면 배수하고자 하여도 門이 없으니 低鄕의 田畝는 바야흐로 완전히 침수됨을 걱정한다. … 버려지는 田地가 萬萬畝에 이른다.59)

2) 禦倭論과 明末 守城論

嘉靖倭寇에 의해 철저히 유린당한 경험은 강남사람들의 기억에 강한 인상을 남겨놓았다.60) 松江府 華亭縣 출신의 范濂은 "倭亂 이후, 매년 鄕鎭에서는 2~3월 사이에 迎神賽會를 열었다"고 하여, 당시의 심성적 불안이 민간에서의 광적인 신앙활동으로 연결되고 있음을 지적하고 있다.61) 실제로 명말의 여러 기록들에서도 嘉靖倭寇에 대한 기억들이 반복되고 있음을 확인할 수 있다.62)

16세기 嘉靖倭寇의 쓰라린 경험을 간직한 강남지역은 그로부터 100여 년이 되기도 전에 새로운 위협에 부딪치게 된다. 그것은 화북지역을 횡행하던 농민반란이 강남에 새로운 공포를 초래했다는 점이다. 이런 상황에서 강남에 대한 방어가 중요한 문제로 대두되었다. 특히 이러한 필요성은 강남이 역사상 경험해보지 못한 대재해가 발생했던 '崇禎 14년의 奇荒' 동안 더욱 절실했다.63)

화북지역의 농민반란 소식은 두 가지 측면에서 공포를 초래했다. 첫째는 농민반란군이 직접 揚子江을 건너 江南으로 진출할 수도 있다는 점이었고, 둘째는 강남 내부에서 농민반란에 호응하여 난이 일어날지도 모른다는 것이었다. 예컨대 숭정 14년(1640), 극심한 재해 속에서 화북지역에서 농민반란이 새로운 전환기에 접어들었을 때, 강남에서는 이에

---

59) 周大韶·張內蘊, 『三吳水考』卷39 水議考 「松江府生員張內蘊水利議」.
60) 同治, 『上海縣志』卷1 風俗 "嘉靖癸丑 島夷內訌 閭閻凋瘵 習俗一變."
61) 范濂, 『雲間據目抄』卷2 風俗.
62) 曾羽王, 『乙酉筆記』.
63) 金文基, 「明末 江南의 氣候와 崇禎 14년의 奇荒」, 2005, 99~101쪽.

대한 공포와 더불어 계엄 상태에 들어가고 있다.64) 실제로 숭정 14년 4월, 강남에는 張獻忠을 비롯하여 유적의 무리들이 연합하여 揚子江을 넘어 강남을 공략하고, 도적의 무리가 이에 호응할 것이라는 풍문이 돌기도 했다.65) 농민반란군이 강남의 인접 지역에 진출했을 때 그 공포는 더욱 증폭되었다.66)

화북지역에서의 농민반란의 위협뿐만 아니라 당시 강남은 내부적으로도 치안에 심각한 문제를 안고 있었다. 명말 빈번한 재해로 인해 '打米'의 소요가 광범위하게 발생하고 있었다. 특히 '숭정 14년의 기황' 동안에는 극심한 기근으로 곳곳에서 약탈과 폭력이 자행되고 있었으며, 심한 경우에는 어린 아이뿐만 아니라 건장한 장정까지 유괴되어 인육으로 먹히는 장면이 연출되었지만 행정당국에서 이를 통제할 수 없는 상태였다.67)

또한 명말 강남에는 조직적으로 '盜賊'들이 횡행하여 치안을 근본적으로 위협하고 있었다. 당시 盜賊으로는 太湖를 근거지로 하는 湖賊, 長江을 오가며 약탈하는 江賊, 바다를 근거로 하는 海寇 혹은 洋寇, 鹽盜 등이 있었다. 이전에 이들의 약탈은 주로 沿江, 沿海지역을 벗어나지 못했다. 그러나 숭정 14년의 奇荒 동안에 이들은 기민들을 흡수하여 세력을 확대하는 한편 '登陸'하여 내지 깊숙이까지 들어와 백주대낮에 약탈을 자행하였다.68)

이처럼 당시 강남이 처한 현실은 심각한 것이었다. 때문에 강남의

---

64) 姚廷遴, 『歷年記』崇禎 14년.
65) 黃希憲, 『撫吳檄畧』卷4 「爲萬分緊急軍務事」(崇禎 14년 4월 15일 行蘇松道總鎭知會周參將), 卷6 「爲萬分緊急軍務事」(崇禎 14년 4월 15일 回操江揚).
66) 姚廷遴, 『歷年記』崇禎 15년.
67) 金文基, 앞의 논문, 2005, 90~94쪽, 97, 101.
68) 金文基, 앞의 논문, 2005, 100~102쪽. 당시 강남이 안고 있던 治安과 盜賊문제에 대해서는 『撫吳檄畧』卷4 援賊禦寇軍務 편 참조.

지식인 사이에서는 명조의 불길한 운명을 예감하고, 이에 대한 자신들의 역할을 찾으려는 시도가 있었다. 그 대표적인 것이 守城論의 대두이다. 守城論은 救荒論과 더불어 명말 강남의 지식인들에 보이는 중요한 하나의 특징이었다. 일례로 太倉의 陸世儀는 숭정 14년의 기황동안 확대되고 있던 농민반란과 도적의 위협으로부터 지역을 지키기 위한 守城에 대해서 체계적인 이론적 시도를 했을 뿐만 아니라, 직접 이를 시행하기도 했다.69)

한 가지 흥미로운 것은 명말 강남 지식인들이 제기한 守城論은 16세기 嘉靖倭寇 때의 경험이 중요하게 작용을 했다는 점이다. 16세기의 海防論에서는 倭寇를 방어하기 위한 海防·江防·湖防·守城 등이 제기되었고, 그 중에서 海防이 가장 중요한 문제였다. 明末에도 비록 海寇들이 횡행하고는 있었지만, 그 보다 더 큰 위협은 화북의 농민반란이 직접 揚子江을 건너 강남에 침입하는 것을 방어하는 것이 군사상 중요한 문제로 인식되었다. 또한 내부적으로는 太湖나 澱山湖에 근거한 湖賊들이 횡행하여 湖防이 새롭게 조명되었다.70) 明末의 守城論은 이런 분위기 속에서 출현하고 있다.

숭정 14년의 奇荒을 경험한 직후인 15년, 吳縣 知縣이었던 牛若麟은 崇禎『吳縣志』를 편찬할 때 守城의 중요성을 강조했다. 그는 嘉靖倭寇 때의 築城과 守城 문제를 상세히 다루었다. 특히 曹自守의 「閶西防禦論」을 소개하면서 그 말미에 다음같이 지적하고 있다.

閶門 서쪽에 築城을 하자는 논의는 '嘉靖倭驚' 때에 제창되었다. 강남

---

69) 陸世儀,『思辨錄輯要』卷17 治平類. 여기에서 陸世儀는 守城뿐만 아니라 兵法, 陣法, 火器 등에 대해서도 분석을 시도하고 있다. 陸世儀를 비롯한 明末 江南의 守城論의 구체적인 내용과 특징에 대해서는 다음 기회에 상세히 다룰 예정이다.

70) 崇禎『吳縣志』卷前, 圖의「太湖圖說」,「西洞庭圖說」,「東洞庭山圖說」,「石湖圖說」에서 공통적으로 嘉靖倭寇의 피해상황과 더불어 그 군사적 문제를 다루고 있다.

도처에 성벽이 쌓이고 보루가 건설 되었지만 이 논의만이 막혔다. 근래 戊寅(숭정11년)·己卯(숭정12년)의 해에 流寇가 이웃 지역을 뒤흔드니, 사전에 대비하여 신사와 군인이 다시 이 의견을 내었다.71)

吳縣城 閶門에서 楓橋에 이르는 곳은 蘇州에서도 가장 번성한 지역으로 嘉靖倭寇의 집중적인 약탈지역이었다.72) 이러한 閶門의 서쪽에 築城을 하자는 의론은 嘉靖倭寇 때에 제기되었지만 실행되지 못했다. 숭정 11년과 12년을 경과하면서 화북에서 농민반란의 위협이 점차로 현실화되자 강남의 신사와 군인들에 의해 築城論과 防禦論이 다시 제기되고 있는 것이다. 이처럼 명말 강남에서 제기되었던 守城論은 16세기 嘉靖倭寇의 禦倭論과 海防論에서 그 연결점을 찾을 수 있다. 이런 사실은 嘉靖倭寇 때의 禦倭論과 海防論이 明末 강남의 위기상황 속에서 다시 부각되고 있음을 보여준다.

5. 맺음말

16세기 중반의 嘉靖倭寇에 대해서는 이미 많은 연구가 축적되어 있다. 본고에서는 嘉靖倭寇를 계기로 江南에서 진행되었던 海防論에 주목하였다. 특히 본고에서는 嘉靖연간에 형성된 海防論이 강남사회에 미친 다양한 영향에 대해서 관심을 기울였다.

1552년에서 1558년 동안의 극렬했던 嘉靖倭寇의 주된 공격대상은 당시 중국 경제의 중심지였던 江南이었다. 倭寇는 방어체제의 허점을

---

71) 崇禎 『吳縣志』 卷前 圖, 曹自守 「閶西防禦論」. 牛若麟은 曹自守 외에도 鄭若曾, 劉鳳의 「閶西築城論」도 함께 소개하고 있다.
72) 명말 閶門의 築城論과 蘇州의 治安問題에 대해서는 李允碩, 「明 後期 蘇州의 治安問題」(서울대 東洋史學硏究室 편, 『近世 동아시아의 國家와 社會』, 지식산업사, 1998) 참조.

파악하고 내륙 깊숙이까지 공략하였고, 그 과정에서의 격렬한 공성전은 전쟁을 방불케 했다. 특히 嘉靖 34년(1555)의 53인 혹은 72인의 '流倭'가 중국 내륙을 유린하고 다닌 이야기는 당시 명조의 군사방어체제의 허약성을 그대로 노출시키고 있다. 이런 상황을 歸有光은 "국가의 大辱"이라고 평가하고 있다.

嘉靖倭寇를 거치면서 海防에 대한 중요성이 환기되었다. 거의 廢夷되었던 海防體制가 정비되어 군대의 편제가 개편되고 水軍이 배양되는 등 새로운 전환을 겪게 된다. 이 과정에서 海防에 대한 이론적, 학문적 접근이 이루어졌다. 그 중에서 鄭若曾은 가장 대표적인 인물이다. 그의 『籌海圖編』과 『江南經略』은 중국 및 강남의 해방에 대한 체계적인 이론적 접근을 시도하여 이후의 해방론에도 중대한 영향을 끼치고 있다.

鄭若曾의 강남 海防論에서 엄격한 의미의 海防은 크게 해양에서 방어하는 '禦海洋', 해안에서 방어하는 '固海岸'으로 나누어볼 수 있다. 이에 더하여 해양과 해안의 방어선이 붕괴되었을 때는 '守城論'이 기다리고 있다. 또한 강남의 자연적 특수성으로 인한 '湖防論'과 제2수도인 南京을 방어하는 '江防論'도 전체적인 鄭若曾의 海防論을 구성하는 중요한 특징이다.

江南의 海防문제 강남사회에도 중대한 영향을 끼치고 있다. 그 중에 하나가 水利문제이다. 예컨대 鹽潮의 피해를 막기 위해 강남 동남부에 수축된 海塘은 嘉靖倭寇 동안 하나의 성벽이자 중요한 군사시설로 활용되고 있다. 이에 반해 동북부의 港浦에는 防柵을 설치하여 왜구의 침입을 방어했는데, 이것이 강남의 水利문제를 악화시키고 있다. 이에 대해 歸有光은 강남이 안고 있는 수리문제의 해결이 더욱 근본적인 일임을 지적하고 있다. 이것은 해방문제가 강남의 내부적인 경제적 안정과 모순을 이루는 한 측면을 보여주고 있다.

흥미로운 사실 중의 하나는 16세기의 海防論과 守城論이 명말의 정치・사회적 불안과 더불어 강남에서 다시 주목받았다는 점이다. 특히 '숭정 14년의 奇荒'을 전후한 시기에 극심한 재해와 소요사태, 盜賊의 횡행, 치안의 부재 그리고 무엇보다 화북지역에서 새로운 전환점을 맞이한 농민반란군의 위협과 공포 속에서 강남에서는 守城論이 제기되었다. 당시 지식인들은 이러한 守城論을 몇 십 년 전의 嘉靖倭寇의 경험에서 찾고 있다. 이러한 사실은 16세기 중반 嘉靖倭寇의 海防論이 明末 강남의 사회적 불안과 연결되어 있음을 보여준다.

마지막으로 海洋과 島嶼에 대한 인식과 방어는 동아시아 세계를 이해하는 중요한 주제이다. 본고에서는 이 문제에 대한 구체적인 분석까지 나아가지 못했는데, 앞으로 이 문제는 지속적인 관심을 가지고 접근하고자 한다.

제2장
조선전기의 바다교류, 대마도

대마도의 지리와 역사

이 근 우

목 차

1. 머리말
2. 대마도의 지리
   1) 지리적 특성
   2) 『해동제국기』의 대마도
3. 대마도의 역사
   1) 고대
   2) 중세
   3) 경인년 이후의 왜구와 대마도
   4) 조선 초기의 대마도
   5) 삼포왜란의 원인
   6) 秀吉의 '征明嚮導'와 대마도의 '假道入明'
4. 대마도의 생업
   1) 농업   2) 어업
   3) 제염   4) 상업
   5) 嚴原   6) 鰐浦
5. 맺음말- 대마도는 조선 땅인가?

1. 머리말

대마도는 조선의 대일외교 속에서 가장 중요한 위치를 점하고 있었다. 조선이 일본이 맺은 조약도 사실은 대부분 대마도와 맺은 것이었고, 왜관에 거주하는 왜인들도 대부분 대마도인들이었다고 해도 과언이 아니다. 대마도인들은 조선의 관직을 수여받기도 하였고, 해마다 일정량의 미두(米豆)를 지급받기도 하였다. 왜관으로 제한되기는 하였지만 조선 땅에 거주할 수 있는 권한을 가지고 있었고, 또한 조선의 해안에서 조업할 권한도 가지고 있었다. 한편으로 조선의 정책에 불만을 토로하기도 하고, 변란을 일으키기도 하였다.

그렇지만 대마도가 조선의 시혜만을 기다리는 수동적인 존재로 과소평가해서는 안 된다. 열악한 환경 속에서도 일본과 조선, 유구, 중국을 오가며 자신들의 생존을 유지해온 강인한 역사를 가진 지역이다. 대마도주인 종씨(宗氏)는 13세기 중엽 경부터 대마도의 지배권을 확립하고 근대까지 600년간 대마도를 장악하고 있었다. 한때는 북부 九州까지 진출하기도 하였다.

1274년에는 33,000명의 여몽연합군의 공격에 종조국(宗助國) 이하 불과 80명의 기병으로 맞서 싸우다가 모두 전사하기도 하였으며, 1419년에는 이종무가 이끄는 18,000에 가까운 병력에 맞서 항전하였다.

한편으로 조선과 일본 사이에서 원활한 외교관계를 주선하는가 하면, 풍신수길(豊臣秀吉)의 조선 침략을 저지하려는 노력도 기울였다. 과연 대마도는 어떤 역사를 가진 곳일까? 우리는 대마도의 역사에 대하여 어느 정도로 정확히 알고 있는가? 이 글을 쓰는 이유다.

그러나 이 글은 독창적인 연구는 아니며 기존의 연구성과들을 모아 대마도의 전모를 간략하게 알아보려는 의도를 가지고 썼다.

2. 대마도의 지리

1) 지리적 특성

대마도는 남북 82km, 동서 18km, 면적 약 709㎢의 섬이다. 남북으로 길게 생긴 주섬과 100개를 넘는 작은 섬으로 이루어져 있으면 주섬의 중앙부에는 아소오만(淺茅灣)이 있다. 원래는 하나의 섬이었으나 1672년에 오오후나고에세토(大船越瀨戶)가 1900년에는 만관뢰호(萬關瀨戶)가 인공적으로 건설되면서 세 섬으로 나누어지게 되었다. 현재는 만제키세토(萬關瀨戶)의 북쪽을 카미지마(上島), 남쪽을 시모지마(下島)라고 부른다.

섬 전체가 산악지형으로 경작에 적합한 평지는 극히 적다. 특히 하도에 높은 산들이 많아 야타테야마(矢立山)는 해발 648.5m이다. 대마도는 극히 일부지역을 제외하고는 리아스식 해안이며, 그 길이는 915km에 이른다. 특히 아소오만(淺茅灣)은 리아스식 해안이 잘 발달해 있으며, 좋은 항구이기도 하다. 이 지역에는 해안 절벽이 100m에 이르는 곳도 있다.

대마도의 하천은 지형적인 영향으로 급류를 이루는 경우가 많으며 전체 길이는 짧고 유역면적도 적다. 또한 중앙을 종주하는 산맥이 동쪽으로 다소 치우쳐져 있기 때문에 상대적으로 긴 하천은 서쪽에 집중되어 있다. 카이도코로(飼所川, 12.7km), 사고(佐護川, 6.7km), 사스(佐須川, 6.6km), 슈우시(舟志川, 5.7km), 미네(三根川, 5.5km), 니타(仁田川, 5.3km)이 대표적인 강인데, 유역면적이 가장 넓은 강은 니타(仁田川)이다.

우리나라와는 49.5km, 일본 큐슈(九州)와는 132km 떨어져 있어서 일기도(壹岐島)를 제외한다면, 대마도는 한반도에 훨씬 가까운 섬이다.

2) 『海東諸國紀』의 대마도

『해동제국기』는 1472년에 편찬된 책으로 室町時代까지 일본의 역사와 각지의 情勢, 그리고 교빙왕래와 사신의 접대절목, 교린의 개요 등을 정리하고 있다. 그 중에서도 海東諸國總圖, 日本本國總圖, 西海道九州圖, 壹岐島圖, 對馬島圖, 琉邱國圖 및 조선의 三浦圖와 같은 지도를 첨부하였다. 그 중에서도 가장 자세한 지도는 바로 對馬島圖와 壹岐島圖인데, 대마도도의 경우는 당시까지 나온 대마도 지도 중에서 가장 상세한 것이라고 평가하지 않을 수 없다. 이 對馬島圖를 통하여 대마도의 지리적 상황을 살펴보고자 한다.

中村榮孝가 『해동제국기』의 대마도 지명을 비정한 연구성과를 바탕으로 일단 표를 작성하고, 다시 이를 바탕으로 대마도 지도 위에 비정된 지명을 번호로 표시해 보았다[1]. 대마도 지도는 1879년에 제작된 『大日本全圖』를 사용하였다[2]. 그리고 다시 『해동제국기』의 대마도 지도에도 지명 배열 순서를 나타내 보았다.

일련번호를 부여한 결과를 보면 대마도의 동쪽 해안에서는 지명들이 북쪽에서 남쪽으로 차례대로 나타나지만, 서쪽 해안과 아소오만 지역에서는 순서대로 나타난다고 하기 어렵다. 그래서 中村榮孝는 "1에서 41까지는 우측 위에서 아래로 하단에서 섬 바깥쪽으로 분포한 지명이고, 다시 좌측 바깥쪽 위로 올라가서 42 세이포부터는 아래로 56 가라수포까지 기입하고 있다. 그런데 이러한 기재는 41 두두포에서 서해안으로 나와 북상해야 할 곳에서 중단하고 역으로 북에서 남하하는 형국이다.

---

1) 숫자는 『海東諸國紀』의 기재순서에 따라 매긴 일련번호이다. 번호는 『해동제국기』의 지명 위치로 비정되는 곳을 근사치로 나타내고 있다. 바탕이 된 지도에 해당 지명이 없는 경우에도 그 자리에 번호를 매겨 두었다.

2) 『大日本全圖』는 蘆田文庫ホームページ의 "蘆田文庫目錄・畵像檢索システム을 사용하여 입수하였음을 밝혀둔다. www.lib.meiji.ac.jp/perl/ashida 이하에서 인용한 지도들은 특별히 따로 밝히지 않은 것은 모두 이 사이트의 화상 정보를 사용한 것이다.

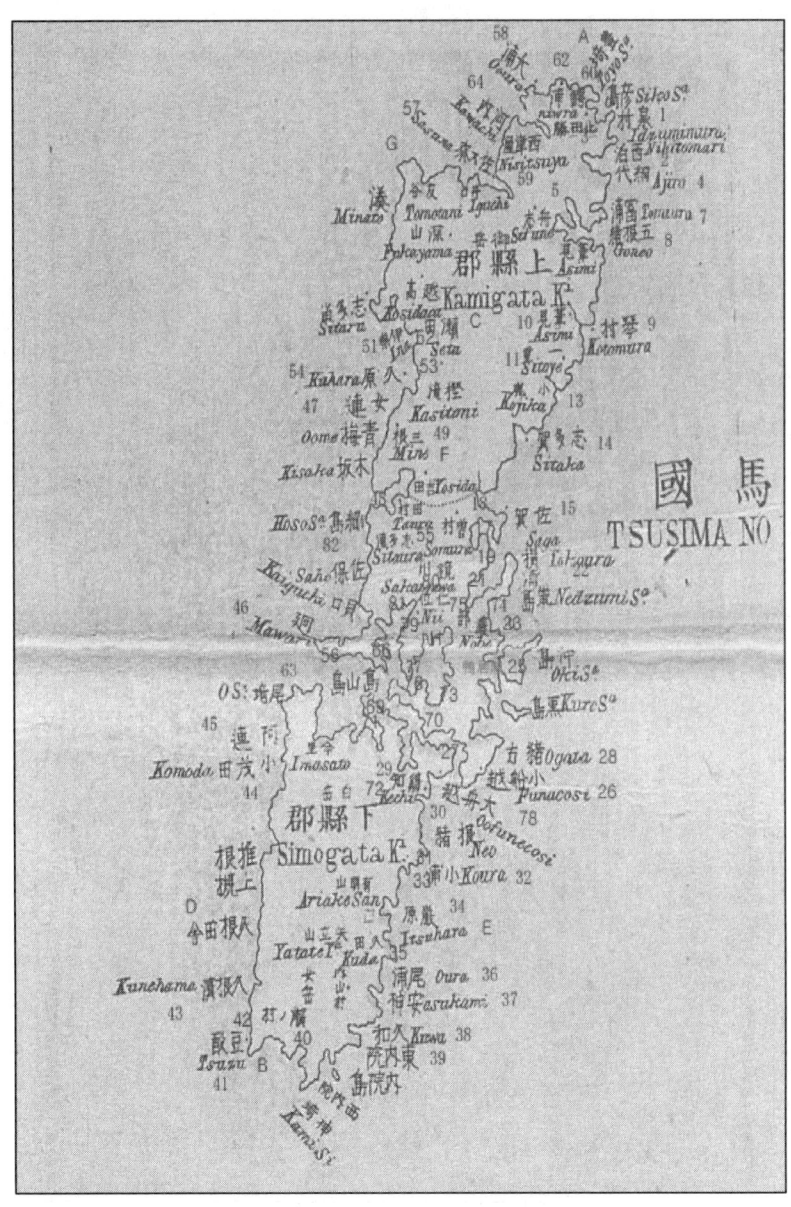

『해동제국기』 대마도 지명 비정

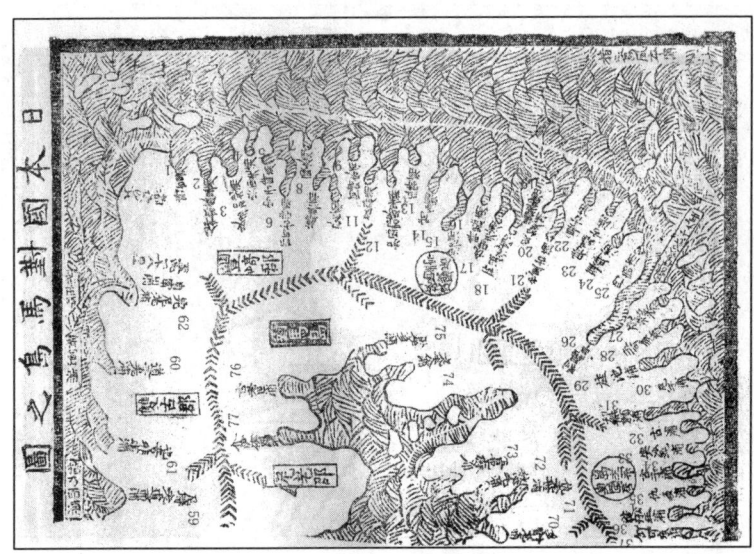

『해동제국기』의 대마도 지도와 지명 배열순서1

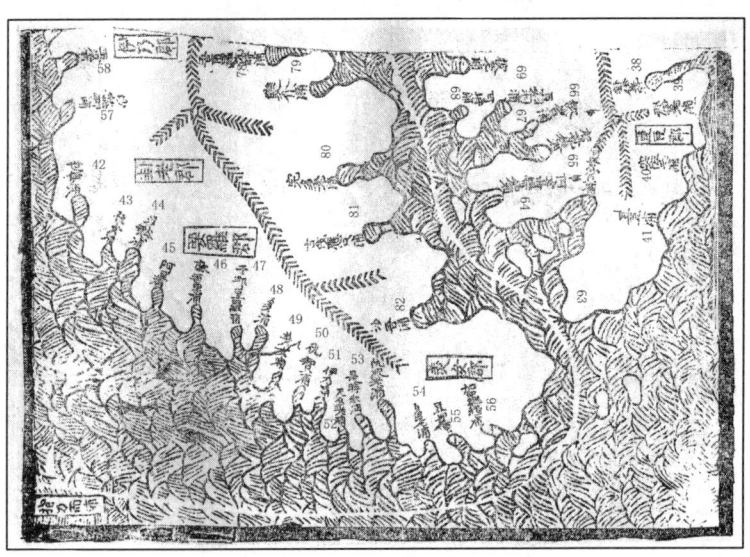

『해동제국기』의 대마도 지도와 지명 배열순서2

게다가 도중에서 서해안을 오르내리고 있어 단순히 나열적으로 기록한 곳도 있다. 이는 위치관계에 대한 부정확한 지식에 기초하여 몇 가지의 단편적인 자료를 연결하였거나 애매한 견문을 받아들여 탁상에서 만들어낸 결과 생긴 착오일 것이다. (중략) 이를 통해서 알 수 있는 것은 대마도의 동해안에 대해서는 상당히 정확한 지식과 자료가 있었으나, 서해안에 대해서는 극히 부정확하고 빈약하였던 것 같다. 아소오만 내에 대해서도 생각보다는 명확하지 않았던 것 같다"고 하여 『해동제국기』의 대마도 지도 및 촌락에 관한 기록이 부정확한 것처럼 평가하고 있다.[3]

그렇지만 『해동제국기』의 지도가 다소 왜곡된 형태이거나 지명을 기록한 순서가 일관성이 부족하다고 해서, 그 자료의 가치를 과소평가할 수는 없다. 실제로 일본의 고지도에서 대마도의 지도나 지명을 그나마 『해동제국기』의 수준에 근접하게 표현할 수 있게 된 것은 이 글에서 사용한 明治時代의 『大日本全圖』의 단계이다.

1854년에 제작된 『大日本海陸全圖』에서도 대마도의 촌락 이름은 와니, 후카에, 토요우라, 니시도마리, 오오마스, 오오후나고시, 오우라, 府中에 불과하다. 1867년에 제작된 大日本國沿海略圖에서도 역시 니시도마리, 와니우라, 오오우라, 사스나, 오네오 등 10개가 조금 넘을 뿐이다. 17세기 후반인 元祿 연간의 지도로 보이는 『大日本總圖』 경우에는 대충 윤곽만 그리고 내부 지명도 府中만 기록하고 있다. 이처럼 元祿 연간에 지도에 묘사된 대마도는 섬의 윤곽조차 제대로 그리지 못하였을 뿐 아니라, 지명도 府中 정도를 표시하고 있을 뿐이다. 18세기의 지도가 다소 지명이 늘어나기는 하지만, 대마도를 자세히 나타낸 지도는 없다.

이러한 점에서 볼 때, 『해동제국기』에서 조사된 대마도의 지명과 지도는 15세기 당시로서는 놀라울 정도로 정확한 내용이라고 하지 않을

---

3) 中村榮孝. 앞의 책. 429~430쪽.

수 없다.

뿐만 아니라, 『해동제국기』의 대마도 지명 배열 순서 자체도 일정한 원칙이 있는 것으로 보인다. 기본 원칙은 대마도의 동쪽 해안의 포구를 북에서 남으로 기재하고, 마찬가지로 서쪽 해안의 포구도 북에서 남으로 기재하는 것이다. 그리고 북쪽 해안과 아소오만 내부를 따로 기재하고 있는 것으로 보아야 할 것이다. 북쪽 해안은 『해동제국기』의 대마도 지도에서 볼 수 있는 바와 같이 부산포와 내이포로 연결되는 포구들이 위치한 곳이다. 그 중에서도 와니우라와 사스나가 대표적인 포구이다. 그러므로 58 사스나부터 59 오오, 59 니시노쯔야, 60 토요, 61 야비쯔, 62 와니, 64 카와찌까지는 모두 현재의 上縣町에 속한다.

한편 65 카리야도부터 마지막인 82까지는 아소오만 내부를 기록한 것으로 보아야 할 것이다. 이 지역은 리아스식 해안이 발달한 곳으로 왜구의 거점이기도 하였기 때문에 특별히 주목한 곳이었을 것이다. 아소오만 내부는 만입구에서 오른쪽에서 시계반대방향으로 포구를 기록하고 있다. 따라서 中村이 鄕崎로 비정한 63 카오사키의 위치가 문제가 되고, 鄕崎를 尾崎 쪽으로 비정했기 때문에 『해동제국기』의 기록이 더욱 혼란스러운 것처럼 보인다. 그러나 62와 64의 위치가 분명하므로 이 주변에서 카오사키를 찾아야 할 것으로 생각된다. 문제는 『해동제국기』 대마도 지도에는 63에 해당하는 카오사키가 누락되어 있다는 점이다. 위치상으로는 鬼崎(오니자키 혹은 코오사키)가 유력하다고 할 수 있으나, 음운상으로 고증하기는 어렵다. 中村의 카오사키가 神崎를 가리킬 가능성이 있다고 한 것과 연관시켜 볼 수 있을지 모르겠다[4].

『해동제국기』의 대마도 지도가 이러한 원칙을 가지고 있었다고 한다면

---

4) 中村榮孝, 앞의 책. 422쪽.

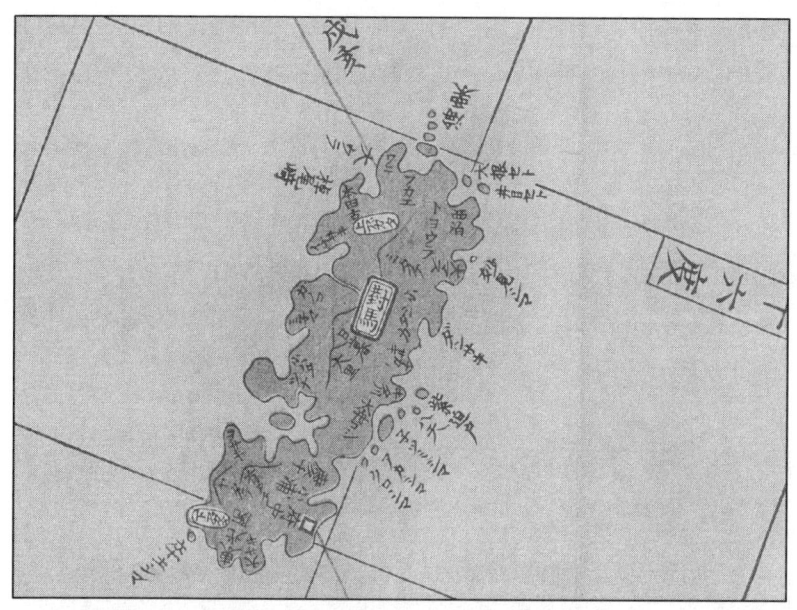

『大日本海陸全圖』의 대마도

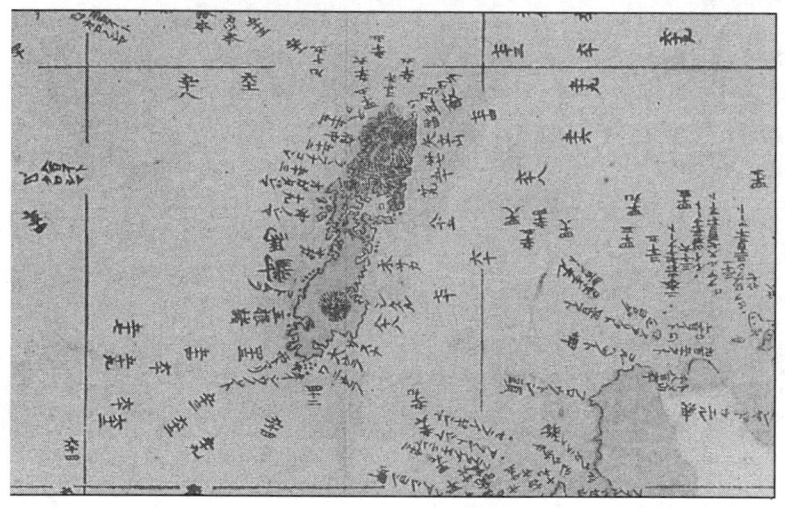

『大日本國沿海略圖』의 대마도

이러한 원칙에 어긋나는 것은 46 마와리, 47 우나즈라, 48 타, 49 미네이다. 이들 4개 지명은 대마도 서쪽 해안을 남쪽으로 북쪽으로 올라가면서 배열되어 있는 것이다.

 그렇지만 전체적으로 볼 때 당시의 지도 제작의 수준을 생각한다면 상당히 정확한 기재라고 하지 않을 수 없다. 이처럼 대마도 지도가 82개에 이르는 포구 등의 이름을 상세하게 기록하고 또 각 포구의 戶數까지 기록한 것은 조선이 왜국의 거점에 대해서 군사적인 목적도 가지고 지도를 제작하였기 때문일 것이다.[5]

『大日本總圖』 대마도 부분

---

5) 이찬, 「『해동제국기』의 일본 및 유구국 지도」, 『문화역사지리』4. 1992.

	『海東諸國紀』	地名	官職 등	船(척)	穀(섬)	호수
A토요사키	豊崎郡[6]	豊崎郡	守護代官			
B쯔쯔	豆豆郡	豆酘郡				
C이나	伊乃郡	伊奈郡		4	15	
D쿠네?[7]	卦老郡	佐須郡	都代官			
E요라	要羅郡	與良郡				
F미네	美女郡	三根郡				
G사고	雙古郡	佐護郡				
H니이	尼老郡	仁位郡	護軍[8]	7	20	
1시코리	時古里浦	志古里[9]				20
2니시도마리	尼神都麻里浦	西泊[10]				100
3히타카찌	皮多加池浦	比田勝				50
4아지로	安而老浦	網代	司直			20
5슈우시	守于時浦	船志[11]				15
6나가코시	郞加古時浦	南護志[12]				30
7토미	頭未浦	豊ヶ浦?				10
8고네우	蘊要浦	五根緖[13]				100
9킨	緊浦	琴				40
10아시미	阿時未浦	葦見				100
11히토	皮都浦	一重				20
12하이도마리	和因都麻里浦	南風泊				20
13오시카	五時浦	小鹿				20
14시다카	時多浦	志多賀[14]				350
15사카	沙加浦	佐賀	護軍[15]	1	20	500
16시나	時羅浦	品江[16]				10
17쿠시	仇時老浦	櫛				30
18소	所溫老浦	曾[17]				100
19오오찌로모	溫知老毛浦	大千尋藻[18]				60
20코찌로모	昆知老浦	小千尋藻				40
21야리	也里古浦	鑓川				30
22요코	要古浦	橫浦				20
23시라코	時羅古浦	白子浦[19]				20
24요시	要時浦	蘆浦				10

25카모제	可門諸浦	鴨居瀨				30
26후나고시	訓羅串	小船越	上護軍[20]		25	100
27쿠스보	仇愁音夫浦	久須保				20
28오가타	吾可多浦	緒方				20
29케찌	桂地浦	鷄知村[21]				400
30네오	尼于浦	根緒				10
31나무로	那無賴浦	南室浦[22]				30
32코	古浦	小浦[23]				10
33아즈	安沙毛浦	安須瀨[24]				0
34코우	古于浦	嚴原[25]	島主[26]	57	215	100
35쿠다	仇多浦	久田村	造船[27]			30
36오	(造船)五浦	尾浦[28]				10
37아가미	仰可未浦	安神浦				10
38쿠와	卦伊老浦	久和浦				20
39나이	那伊老浦	內院浦				20
40아자모[29]	安佐毛浦	淺藻浦[30]				50
41쯔쯔	豆豆浦	豆酘浦	管事[31]	3	10	300
42세	世伊浦	瀨浦				20
43쿠네	仇女浦	久根[32]				50
44사스	沙愁浦[33]	小茂田[34]	代官[35]	2	15	300
45아레	阿里浦	阿連浦				100
46마와리	麻吾里浦	廻[36]				20
47우나즈라	于那豆羅浦	女連[37]				50
48타	多浦	田浦				100
49미네	美女浦	三根[38]				650
50쿠지기	仇知只浦	朽木[39]				150
51이나	伊乃浦	伊奈[40]				100
52니타	尼多老浦	仁田				300
53시시미	是時未浦	鹿見				20
54쿠바라	仇波老浦	久原				20
55쯔나	豆羅浦	綱浦[41]				100
56카라스	加羅愁浦	唐洲村				50
57사스나	沙愁那浦	佐須奈[42]	代官			400

58오우	吾溫浦	大浦[43]	護軍[44]			100
59니시노쯔야	尼時老道伊浦	西津屋				70
60토요	道于老浦	豊浦[45]				40
61야비쯔	也音非道浦	矢櫃[46]				0
62와니	臥尼老浦	鰐浦				10
63가우사키	可吾沙只浦	鄕崎[47]				0
64오오쯔라카와찌	阿吾頭羅可知浦	大連河內				100
65카리야도	可里也徒浦	假宿				200
66미즈사키	敏沙只浦	水崎				200
67쯔찌요리	頭知同浦	土寄[48]	中樞[49]			200
68카시	可時浦	加志村[50]	護軍[51]		10	150
69히루	皮老浦	畫ヶ浦				40
70타케노	多計老浦	竹の浦				80
71쿠로세	仇老世浦	黑瀨村	護軍[52]		10	140
72스모	愁毛浦	洲藻				400
73오야마	吾也麻浦	大山[53]				500
74노부	老夫浦	濃部				200
75와이타	臥伊多浦	和板[54]				100
76코노세	古老世浦	海鼠瀨浦[55]				50
77카이후나	介伊俟那浦	貝鮒[56]	護軍[57]			200
78오후나코시	吾甫羅仇時浦	大船越[58]				50
79사가	雙介浦	嵯峨[59]				50
80와타	完多老浦	和多浦?				100
81우무기	古茂應只浦	卯麥				200
82사오	沙吾浦	佐保[60]				100
				74	340	8,585

6) 일명 都伊沙只郡.

7) 쾌노(로)라고 읽었을 때는 이에 해당하는 郡이 없다. 이 郡에 속한 촌이 今里, 阿連, 小茂田, 下原 樫根 椎根 上槻 久根 瀨의 9촌이므로 결국 佐須郡에 해당한다고 할 수 있다. 그렇다면 쾌노는 쿠네(久根)에서 왔을 가능성이 있다.(中村榮孝,「朝鮮初期의 文獻記錄에 見える日本의 地名」,『日鮮關係史の研究』上. 409~410쪽. 아래 지명 비정은 모두 이 책에 따랐다.

8) 護軍 多羅而羅(賊首), 쌀 콩 10석.
9) 豊崎町 泉의 고명이 『島誌』에 志古里로 나와 있다.(中村英孝, 앞의 글. p.412.)
10) 豊崎町. 현재의 지명은 위와 동일한 경우에는 달리 표시하지 않았다.
11) 琴村.
12) 比田勝의 북쪽에 남호지가 있다.
13) 琴村.
14) 峰村
15) 護軍 六郞灑文(10섬, 圖書), 護軍 阿馬豆(10섬, 圖書, 賊首 宮內四郞의 아들), 司正 都羅馬都, 司正 都羅而老, 奉盛幸(1척, 圖書).
16) 峰村 大字 佐賀.
17) 소-노우라. 仁位村
18) 仁位村.
19) 船越村.
20) 上護軍 平茂持(15섬), 護軍 皮古時羅(圖書, 10섬), 副司果 平伊也知.
21) 鷄知町.
22) 嚴原町.
23) 古布羅라고도 표기. 1471년에 宗貞國이 발급한 安堵狀에 'こうらのかま'라고 보여 이곳에 제염이 이루어졌음을 알 수 있다.
24) 이 만 안에 曲(마가리), 小(코), 南室(나무로)라는 3 포구가 있다.
25) 고대에 國府가 설치되었던 곳으로, 『海東諸國記』에서 고우포라고 한 것은 國府 즉 'こふ'를 나타낸 것이다. 戰國時代에 이르러 府中이라 불렸다.
26) 島主 宗貞國(50척, 200섬), 宗貞秀(7척, 15섬), 宗國幸 - 三浦 관리.
27) 현전 『海東諸國記』에서 '造船五浦'가 포구명인 것처럼 기록되어 있는 것은 잘못이다. 『해동제국기』의 대마도 지명표기는 모두 일본어의 음을 한자로 표현하는 방식이고 '造'나 '船'이 일본어 음을 표기한 한자로 쓰이지 않았다. 즉 '造船'은 '배를 만든다'라는 뜻으로, 지명과는 관계가 없다. 그렇다면 '造船'은 五浦라는 지명의 冠稱이 아니라 그 앞의 仇多浦 三十餘戸 造船으로 연결되는 것으로 보아야 옳다. 즉 신숙주는 대마도의 어디에서 배를 만드는지에 관심을 가졌던 것이다.
28) 久田村.
29) 현재는 '아자모'로 발음.
30) 豆酘村.
31) 九州侍所管事 平朝臣 宗彦八郞茂世(3척, 10섬).
32) 佐須村.

33) 佐須郡, 佐須鄕으로 불리는 지역. 元祿期에는 今里, 阿連 小茂田 下原 樫根 椎根 上槻, 久根 瀨의 9촌이 속해 있었다.
34) 小茂田港이 위치한 곳으로 흐르는 강이 佐須川이다. 이곳은 여몽연합군이 상륙하여 宗助國과 교전을 벌린 포구이기도 하다.
35) 佐護郡代官 國久(天神山 해적 관할), 宗彦九郞貞秀(圖書), 上護軍 宗盛吉(圖書, 15섬)
36) 奴加岳村.
37) 仁田村.
38) 峰村.
39) 吉田.
40) 仁田村.
41) 奴加岳村.
42) 佐須奈村.
43) 豊崎町.
44) 護軍 皮古汝文(圖書) - 三浦倭人 관리. 司正 所溫皮破知.
45) 豊崎町.
46) 豊崎町 大字 鰐浦.
47) 鷄知町 大字 今里字鄕로 비정하고 있으나, 다른 지명들과 동떨어져 있어서 의문이 남는다.
48) 淺藻灣 입구의 尾崎, 土崎 일대로 이종무의 정벌군이 처음 상륙한 장소이다.
49) 中樞 平茂續(賊首 早田의 아들), 護軍 中尾吾郞.
50) 鷄知町.
51) 護軍 井可文愁戒(圖書, 賊首 井大郞의 아들). 그 아버지는 적도 즉 왜구의 괴수 정대랑이었다. 정대랑이 기해동정 때 공을 있다고 하여 도서를 받았고, 해마다 쌀과 콩을 합하여 10섬을 주기로 하였으며, 1462년에 아버지의 관직을 세습하였다고 한다. 즉 가시포는 왜구의 거점 중 하나였던 것이다.
52) 護軍 皮古仇羅.(圖書, 10섬). 海賊 首領 護軍 藤武家.
53) 船越村.
54) 仁位村.
55) 船越村.
56) 仁位村.
57) 護軍 時難價毛.
58) 船越村. 이종무가 책을 쌓고 왜인들의 왕래를 막고 장기 주둔하고자 한 장소이다.
59) 仁位村.

3. 대마도의 역사

1) 고대

대마도에는 고고학적인 정보가 적은 편이지만, 豆酘에서는 彌生時代의 유적이 확인되며 이어지는 古墳時代에도 본격적인 고분의 형식을 갖춘 豆酘의 穗床山古墳群, 佐須의 矢午山古墳群 등이 출현한다. 鷄知에는 길이 40m의 前方後方墳인 出居塚古墳이 있어서 대마도에는 이미 일본열도 본토와 관련이 있는 지방호족이 존재하였음을 알 수 있는데,『일본서기』에 나타나는 對馬下縣直과 관련이 있을 것이다.

대마도에 관한 최초의 기록은 『삼국지』 『위지』 동이전, 倭人條이며, 對馬國으로 기록되어 있다. 대마국은 邪馬臺國에 속해 있으며, 다른 왜인의 나라에도 보이는 卑狗(히코)라는 大官과 卑奴母離(히나모리)라는 副官이 있어서 다스렸다고 한다. 호수는 1000여 호이며, 사람들은 해산물을 채집하거나 남북으로 교역을 하여 생활하였다고 한다[61].

무엇보다도 『위지』가 대마도가 邪馬臺國에 속해 있었고, 또한 대마도부터 왜인의 영역으로 간주하고 있다는 점에 주목할 필요가 있다.

712년에 편찬된 『古事記』에도 이자나기와 이자나미 두 신이 최초로 만든 8개 섬 중 하나로 기록되어 있다. 8개의 섬은 대마도와 이웃한 壹岐島를 비롯하여 本州, 九州, 四國, 佐渡島, 淡路島, 隱岐島이다. 즉 이들 섬을 日本의 고유한 영역으로 파악하고 있는 것이다.

실제로 古墳時代 초기의 前方後圓墳인 出居塚古墳이 있는가 하면, 출토된 유물도 일본열도의 전형적인 출토품이라고 할 수 있는 有莖柳葉式 화살촉이 발견되었다.

---

60) 奴加岳村.
61) 『三國志』 魏書 東夷傳 倭人條 "始度一海千余里,　至対馬国　其大官日卑狗, 副日卑奴母離　所居絕島, 方可四百余里, 土地山險　多深林　道路如禽鹿径 有千余戶, 無良田.　食海物自活,　乘船南北市糴"

대마도가 기록에 빈번하게 등장하는 시기는 역시 7세기이다. 663년에 왜는 백제를 구원하기 위해서 27,000명의 군사를 파견하였으나 白江口 전투에서 크게 패하게 되었다. 이에 왜는 신라와 당이 침공해 올 것에 대비하여 664년에 대마도에 防人(사키모리)를 두었고 8곳에 봉화도 설치하였다. 667년에는 아소오만 남쪽 해안에 金田城을 쌓았다. 또한 674년에 國府 현재의 嚴原(이즈하라)를 두고 또한 많은 神社를 설치하기도 하였다. 역시 이 해에 對馬國司守 忍海造大國이 대마에서 산출된 銀을 바쳤다. 對馬國守 忍海造大國은 대마도인이 아니라 중앙에서 파견된 관리이다. 이미 7세기 후반에는 왜의 조정에서 대마도에 지방관을 파견하고 있었던 것이다.

대마도는 고대에 두 개의 섬을 각각 上縣, 下縣으로 나누어 편제하였다. 그리고 하현의 與良郡에 國府가 설치되었고, 741년에는 國分寺도 설치되었다. 이처럼 대마도에 국부와 국분사가 설치된 것은 이미 이때부터 왜국 후의 일본국의 지방으로 파악되었고, 지방지배를 위한 官廳(國衙)과 官寺(국분사)같은 장치들도 마련되었음을 보여주는 것이다. 대마도는 국방상의 요충지였기 때문에 일본열도 서부지역의 국방과 외교를 담당하는 대재부의 관할 하에 있었다. 방인이 배치되고 산성이 축조된 것 역시 대마도의 국방상의 위치를 짐작케 해준다.

701년에는 대마도에서 산출되었다는 금을 바쳤으며, 이 일로 인하여 일본 최초의 공식적인 연호인 大寶라는 연호를 제정하였다.

한편『延喜式』신명장에 의하면 대마도에는 大社 6사, 小社 23사가 기록되어 있다.『연희식』신명장에 기록되어 있는 신사는 式內社라고 하며 정부로부터 신사의 운영과 제사에 필요한 경비를 지급받는다. 그런데 그런 신사가 九州 지역 전체에 107개가 있는데 그 중 대마도에 29개가 있었다는 것은 특기할 만하다.

2) 중세

 平安時代 후기부터 무사들이 등장하고 지방의 지배의 실권이 점차 무사들의 수중에 들어가게 된다. 대마도에서는 阿比留(아히루)氏가 이 지역의 실권을 장악한 재지무사로 등장한다.

 12세기에 들면서 宗氏의 시조인 惟宗(코레무네)氏가 대마도에 들어 왔다. 惟宗氏는 원래 大宰府의 관인이었는데, 筑前의 宗像郡에서 대마도로 온 것이다. 1196년에 대마도의 在廳官人 중에 惟宗氏의 이름이 나타난다. 대마의 守護·地頭였던 少貳(武藤氏)의 代官으로서 점차 대마도의 실권을 장악하고 무사화하였다. 그 이전에는 阿比留氏가 세력을 가지고 있었는데, 당시 국교를 맺고 있지 않았던 고려와 교역을 행하였다. 이를 중지하도록 大宰府가 명하였으나 따르지 않으므로 1246년에 대재부의 명령으로 惟宗重尙(코레무네 시게히사)가 鷄知(미진도정)를 중심으로 강력한 세력을 가지고 있던 阿比留在廳(平太郞)을 공격하여 대마의 지배권을 확립하였다.

 대마도에서는 鎌倉時代 말기부터 고대율령제의 鄕 단위를 郡이라고 하고, 島主의 일족 및 중신을 郡司(혹은 郡主)로 임명하였다. 여라군은 대마도주의 직할지였기 때문에 桂地郡, 玉調鄕, 加志鄕, 豆酘鄕 등을 병합한 큰 군으로 성장하였다.

 南北朝時代에 宗盛國이 少貳氏의 守護代가 되어 室町幕府로부터 대마국의 시배를 인정받았다. 少貳氏가 大內氏의 공격을 받게 되자, 宗貞盛은 九州로 출병하여 大內氏와 싸웠으나, 少貳氏가 멸망하자 대마로 돌아왔다.

 少貳氏가 守護에서 해임되고 새로운 鎭西探題 체제가 성립되자 今川氏가 對馬守護가 되었다. 今川氏가 探題에서 해임되자 宗澄茂가 守護代에서 守護로 승격되었다.

室町時代에는 豆酘, 佐須, 與良, 仁位(니이), 三根(미네)[62], 伊奈, 佐護(사고), 豊崎의 8군체제가 확립되어 있었다. 宗貞國은 1468년(應仁 2년)에 도주가 되었는데 佐賀(峰町)으로부터 國府로 거처를 옮겼다. 江戸時代에 들어서 이곳에는 인구 15000 명의 도시가 형성되었다.

町의 행정을 맡은 町奉行所에는 2인의 奉行과 2인의 佐役, 4인의 肝煎(키모이리)이 있었고, 각 정에는 町乙名과 頭領이 있었다.

戰國時代에는 豊臣秀吉의 九州 정벌 때 항복하여 대마의 지배권을 인정받았다. 秀吉이 죽은 후 1600년의 關ヶ原 싸움에서 宗義智는 秀吉 측인 西軍에 가담하여 德川家康의 伏見城 공격에 참가하였고 大津城 공격 및 關ヶ原 본전투에는 家臣이 대리로 참전하였다. 그러나 악화된 조선과의 국교 회복을 바란 德川家康이 宗氏의 죄를 묻지 않고, 대마도의 지배권을 인정해주었다. 그래서 宗義智가 對馬府中藩의 초대 藩主가 되었다. 그는 1609년 己酉條約을 체결하여 조선과의 국교를 다시 맺게 되었다. 이 공적으로 그는 막부로부터 독립된 기관으로서 조선과 무역을 행할 수 있는 특권을 부여받았다. 1699년에 8郡을 2郡 8鄕으로 고치고 2郡은 고대의 上縣 下縣 2군을 부활하였다.

鎌倉時代 이래 室町時代의 대마도 守護는 다음과 같다.

鎌倉幕府
1185年~? - 河内義長
1230年~? - 少弐資能
1323年~? - 少弐貞経

室町幕府
1344年 - 少弐賴尚

---
62) 美女浦. 650호.

1378年 -　　　　　宗澄茂

1392年~1398年 -　宗頼茂

1400年~1403年 -　宗貞茂63)

1414年~1452年 -　宗貞盛64)

1468年 -　　　　　宗成職

1468年~1492年 -　宗貞国65)

1492年~1508年 -　宗材盛

1510年~1520年 -　宗義盛

1520年~1521年 -　宗盛長

1542年~1554年 -　宗晴康

1555年~1560年 -　宗義調66)

江戶時代

초대번주(對馬府中藩, 嚴原藩) 宗義智67)

---

63) 소오 사다시게(?~1418). 宗尚茂의 아들로 1398년 일족인 宗頼茂로부터 家督을 탈취하여 當主가 되었다. 이듬해부터 조선과 통교하기 시작하였다.

64) 소오 사다모리(1385~1452). 宗貞茂의 아들로 아명은 都都熊丸이고, 宗彦六, 宗右馬라고도 불렸다. 1418년에 아버지가 죽자 그 뒤를 계승하였다. 1419년 朝鮮의 공격을 받았으나, 이후 조선과의 관계 회복에 힘썼다. 1441년에는 대마도인들이 조선 근해에서 어업을 할 수 있도록 하는 권리를 얻었고(孤草島釣魚禁約), 그 이후에는 이른바 嘉吉條約을 맺어, 조선과의 외교 교역을 독점하였다. 그러나 조선과의 교역에 눈독을 들이고 있던 大內氏와 대립하였으나 패하였다.

65) 소오 사다쿠니(1422~1494). 아명은 彦七이며, 1468년 형인 宗成職이 죽자 家督을 계승하였다. 조선과의 통교를 활발히 하였으며, 少貳氏를 도와 大內氏와 싸워 北九州까지 세력을 확대하였으나, 결국 소이씨가 패하면서 貞國이 九州의 筑前에 가지고 있던 所領도 빼앗겼다.

66) 소오 요시시게(1532~1588). 宗晴康의 아들이며 1553년 아버지로부터 가독을 계승하였다. 1557년 조선과 丁未條約을 맺고 무역을 확대하였으며, 이로써 宗氏가 무역이익을 통해서 번영하게 되었다. 1587년 豊臣秀吉의 九州 정벌이 시작되자, 義智와 함께 秀吉의 군대를 도왔다. 또한 秀吉의 명으로 조선과의 교섭을 행하였는데, 수길은 義調에게 1년 이내에 조선 국왕이 상락하도록 요구하였다. 義調는 가신 柚谷康廣를 파견하여 교섭에 나섰으며 秀吉의 조선 침공을 막기 위하여 노력하였으나 1588년 교섭 도중에 사망하였다.

67) 소오 요시토시(1568~1615). 宗將盛의 아들로 1579년 宗義調의 양자가 되어 가독을 계승

3) 경인년 이후의 왜구와 대마도

『고려사』의 忠定王 2년 경인(1350)년에는 "왜가 고성 죽림 거제를 노략질하였다. 합포 千戶 崔禪, 都領 梁琯 등이 싸워 깨트렸다. 머리를 자른 것이 300이었다. 왜구의 침략이 이로부터 시작되었다"고 기록하고 있다. 유명한 경인년의 왜구이다. 이 해 4월에는 다시 왜선 백여 척이 順天府를 노략질하고 남원 구례 영광 장흥을 약탈하였다고 한다. 역시 5월에는 66척이 순천부를 노략질하였고, 심지어는 400여 척의 배가 침략한 적도 있었다. 충정왕부터 공민왕 우왕대까지 왜구들이 극성을 부렸으며, 고려가 멸망한 한 원인이 되었다고 해도 과언이 아니다.

1350년 이후에 왜구가 이렇게 극성을 부린 것은 일본열도 내부의 사정과 밀접한 연관이 있다. 이 시기는 일본에서 南北朝 內亂期라고 불리는 시대이다. 일본열도 전역에서 남조와 북조로 편이 갈린 무사들의 항쟁이 거듭되고 있었다. 대마도의 宗氏는 북부 九州 지역을 중심으로 세력을 떨치고 있던 少貳氏를 主家로 삼고 있었다. 명목상으로는 少貳氏가 대마도의 地頭였고, 宗氏는 少貳氏의 지두직을 대행하는 地頭大였던 것이다. 그런데 1349년, 室町幕府의 將軍 足利尊氏(아시카가 타카우지)의 서자인 足利直冬(아시카가 타다후유)가 九州에 들어옴으로써 少貳氏의 지배권이 위협받게 되었다. 1350년 드디어 足利直冬는 少貳氏의 근거지를 공격하기 시작하였다. 이러한 전투를 수행하는 과정에서 少貳氏는 병량미를 확보하기 위하여 대마도의 宗氏를 이용하여 고려를 약탈하기 시작한 것이다.

경인년 이후의 왜구는 단순히 어업이나 교역에 종사하는 왜인들이

하였다. 그후 秀吉의 명령으로 小西行長, 島井宗室 등과 함께 조선과의 교섭에 나섰다. 그는 조선과의 무역을 독점하고 있었기 때문에 秀吉의 조선 침략을 막기 위하여 노력하였다. 그러나 조선과의 교섭이 실패하고 1592년에는 장인인 小西行長의 군에 속하여 참전하였으나, 行長의 密命을 받아 평화교섭에 힘썼다.

아니라, 남북조의 내란에 참여하고 있던 무사들이었다. 그렇기 때문에 왜구의 전술은 당시 무사들의 전술과 다르지 않았다. 경인년 왜구는 배에 말을 싣고 기병전을 펼치기도 하고, 전세가 불리하면 산으로 들어가 농성하는 전법을 사용하기도 하였다. 이성계가 왜구를 토벌한 황산대첩도 남원이라는 내륙에서 벌어진 전투라는 점을 생각하면, 해변을 노략질하는 왜구와는 근본적으로 다른 전투 집단이었음을 알 수 있다.

또한 그들의 행태도 이전의 왜구와 달랐다. 우선 약탈을 한 뒤에도 곧바로 철수하지 않고, 곡식을 베어 양식으로 삼는가 하면, 소와 말을 약탈하고 또 고려의 관청을 공격해 방화하기도 하였다. 이러한 행태는 이른바 일본에서 惡黨이라고 불리는 하급무사들의 행태와 동일하다.[68]

4) 조선 초기의 대마도

1419년에 대마도에 정벌에 나섰던 조선은 이후 대마도를 한편으로는 회유하기 시작하였다. 그래서 宗貞盛(都都熊瓦, 都都熊丸)에게 信印을 수여하고 무역상의 특권을 부여하였다. 1443년에는 계해약조를 체결하고 대마도주에게 歲遣船 50척과 特送船을 파견하는 권리와 歲賜米豆 200석을 주기로 하였다. 한편 웅천의 내이포, 부산의 부산포, 울산의 염포에 왜관이라 부르는 개항장을 두고 왜인들이 이곳에서만 교역을 하고 또 거주할 수 있도록 하였다. 삼포에 거주하는 恒居倭는 1500명에 이르렀고, 그 중에서 내이포(薺浦)가 가장 규모가 컸다.

이처럼 조선과 대마도가 평화적인 교섭단계에 들어서자, 조선 전기에 일본에 파견한 使行 65회 중 33회가 대마도에 파견한 사행이었을 정도로 조선의 대일 외교에 있어서 대마도는 중요한 의미를 지니게 되었다[69]. 이 시기에 대마도에서는 대마도주, 도주 일족, 仁位中村氏, 賊首

---

68) 이영, 『전근대한일관계사』, 방송대출판부. 1999. 227-233쪽.

早田家, 守職倭人 및 기타 왜인들이 조선을 찾아왔다. 이처럼 대마도의 통교 관계가 활발해진 것은 태종 초기에 왜구를 금압하는 동시에 왜구에 대한 회유책이 효과를 거둔 결과라고 할 수 있을 것이다. 태종 9년 경부터 왜구의 출몰 회수는 현저하게 감소하고 그 대신 평화적인 통교자라고 할 수 있는 使送倭人, 興利倭人, 向化倭人이 빈출한다.

이어서 세종대부터 세조대를 거치면서 왜인과의 통교에 관한 여러 규정을 정비하고, 접대에 관한 규정 등도 구체적으로 마련되었다. 그러나 성종 말년 이후 임진왜란까지는 1510년의 삼포왜란을 비롯하여, 임신약조, 사량왜변, 정미약조 등에서 알 수 있듯이, 왜인과의 갈등이 증폭된 시기라고 할 수 있다.

조선전기에 조선과 대마도의 교섭한 회수는 2300회를 넘어선다. 그 중에서는 다시 대마도주와의 교섭이 1000회가 넘는다.

5) 삼포왜란의 원인

1400년대 말부터 水賊이라고 불리는 海賊이 출몰하기 시작하면서 三浦의 왜인들을 의심하였다. 1508년 겨울 薺浦에서 가까운 加德島에서 해적사건이 일어났는데, 이때 해적들이 조선어에 능하였기 때문에 삼포의 왜인이 일으킨 것으로 간주하였다. 다음해 봄에 전라도에서 발생한 해적사건도 삼포왜인의 소행으로 여겼다. 그러자 내이포의 왜인 수십 인이 關限을 넘어 이에 항의하였다. 이때 釜山僉使로 부임한 李友曾이 가차 없이 국법을 적용하여 항거왜인을 단속하자, 항거왜인들은 대마도주 宗義盛에게 호소하였고, 義盛은 변장에게 항의하는 서계를 보냈다. 이러한 분위기 속에서 1509년 봄 2월 3일에 거제도에서 4명의 왜인을 海賊으로 처형하였는데, 이들은 사실은 고기를 잡기 위해

---
69) 한문종, 「조선 전기의 대마도 敬差官」, 『전북사학』 15. 1992.

孤草島로 향하던 내이포의 恒居倭人들이었다. 이에 삼포왜인들은 격분하여 4월 4일에 대마도에서 온 원군과 함께 대규모 폭동을 일으켰다. 이들은 부산포 내이포의 僉使營을 공격하여 부산포 첨사 이우증을 죽이고 내이포 첨사 金世鈞를 포로로 잡고, 내이포의 배후에 있는 웅천성을 포위하였다. 그러나 이때 류순정이 지휘하는 조선군은 이들과 싸워 295명의 왜인들을 죽였으며, 왜인들을 대마도로 철수하였다. 그 결과 삼포에는 왜인들이 거주할 수 없게 되었다.

이후 조선은 대마도와 將軍의 노력에 화답하여 壬申約條를 맺었다. 이 조약은 종래의 癸亥約條에 비해서 대마도 왜인에 돌아가는 혜택을 크게 줄인 것이었다. 세견선의 수도 25척으로 줄이고, 歲賜米豆도 절반으로 줄였으며, 삼포에서 왜인이 거주하는 것을 허락하지 않았다. 이렇게 대마도의 특권이 줄어들자, 대마도는 대마 이외의 각지에서 조선으로 통행하던 사람(受圖書人, 受職人)의 통행권을 입수하고 실제로는 대마도인이 그 명의인으로 통행하는 데 성공하였다. 이렇게 해서 16세기에는 조선에 통행할 수 있는 각종 특권이 대마도에 집중되었고, 왜관무역도 종씨 일족을 비롯한 대마도인에게 독점되는 결과를 낳았다.

6) 秀吉의 '征明嚮導'와 대마도의 '假道入明'

이렇게 대마도가 조선의 교역을 독점하면서 우호적인 관계를 유지하고 있는 상황에 커다란 격랑이 일었다. 바로 豊臣秀吉의 등장이다. 1586년 6월에 九州로 출병하는 길에 秀吉은 대마도주 宗義調에게 서한을 보내 九州 출병에 이어 준비가 되는대로 高麗[70] 출병에 나설 것이므로 충성을 다하여 從軍할 것을 통보하였다. 1587년 5월 초 대마도주가 보낸 사자 柳川調信이 島津氏를 정벌하기 위해서 薩摩에 머물

---

70) 일본 사료에서는 朝鮮을 高麗라고 부른 사례가 적지 않다.

고 있던 秀吉을 찾아와서 조선을 바로 정벌하는 대신 공물이나 인질을 보내도록 하는 방안을 제안하였다.

대마도로서는 일차적으로 조선과 일본 간의 전쟁을 회피하고자 하였던 것이다. 조선과의 전쟁은 바로 조선과 대마도의 무역 관계의 단절을 뜻하기 때문이다. 임신약조(1512), 계해약조(1547) 등을 통해 가뜩이나 불리한 무역조건 속에서 있었던 대마도는 조선과의 관계가 단절되는 상황을 용인할 수는 없었다.

그러나 秀吉은 이를 받아들이지 않고 자신을 찾아온 宗義調와 宗義智에게 대신 조선 국왕이 직접 京都에 入朝하도록 명하고 만약 參洛하지 않은 경우에는 조선에 출병하겠다고 하였다. 宗義調는 조선 국왕을 參洛시키는 조건으로 조선 출병을 유예해 줄 것을 청하였고, 秀吉은 이를 수락하였으나 다만 參洛이 지연될 경우 즉시 출병하겠다고 하였다.

이에 宗義調는 가신 柚谷康廣을 일본국왕사로 가칭하여 조선에 파견하고, 秀吉의 요구를 그대로 전달하지 않고 새로운 왕이 된 秀吉의 일본통일을 축하하는 통신사를 파견해 줄 것을 요청하였다.

秀吉은 조선국왕의 親朝를 명하였지만 오랜 교류를 통해서 조선의 사정에 밝았던 대마도는 조선국왕이 일본 천황이나 秀吉에게 入朝하여 臣從의 예를 취할 리가 없다는 것을 잘 알고 있었기 때문에 종전과 같이 통신사를 파견하되 그 명분을 秀吉의 천하통일로 하려고 했던 것이다. 그렇지만 조선은 일본측의 외교문서가 오만하고 또 秀吉이 足利氏의 지위를 찬탈하였음을 이유로 통신사 파견을 완곡하게 거절하였다.

1589년 3월 秀吉은 宗義智에게 조선국왕의 참락이 지체되고 있음을 질책하고 宗義智가 직접 가서 교섭해서 그 해 안에 참락이 이루어지도록 하라고 명하였다. 그래서 다시 6월에 景轍玄蘇를 정사, 義智가

부사인 일본국왕사를 구성하여 조선에 통신사 파견을 요청하였다. 이에 대해서 두 차례의 통신사 파견 요구를 거절하기 어렵다고 본 선조는 1587년에 전라도의 損竹島 등에 왜구가 쳐들어와서 납치해 간 조선인들을 송환하고, 이 사건의 주모자들을 체포하여 보낼 것을 요구하였다.

조선측의 통보를 받은 宗義智는 불과 몇 개월만에 주모자인 沙火同과 다수의 조선인 포로들을 쇄환하는 데 성공하였다. 義智는 조선에 머물면서 小西行長 등 일본 쪽의 모든 인맥을 동원한 것으로 보인다. 다음해 2월에 宗義智는 沙火同과 조선인 116명을 쇄환하였다[71].

이처럼 대마도는 우선 秀吉에게 군사적인 출병을 자제토록 하였고, 두 번째로 조선국왕의 참락이라는 요구에 대해서 조선측에 국왕의 참락을 이야기하지 않고 통신사를 파견해 줄 것을 요청하였다. 또한 조선측의 요구에 따라 조선인의 쇄환에 총력을 기울여 통신사가 파견될 수 있도록 하였다.

대마도의 노력은 여기에 그치지 않았다. 조선 통신사가 지참한 조선국왕의 국서도 일부의 내용을 개찬하여 秀吉이 국서의 내용을 용인할 수 있도록 만든 것으로 보인다[72]. 이어서 秀吉이 요구한 '征明嚮導'를 대마도는 '假道入明'으로 바꾸어 '내년에 (秀吉이) 길을 빌어 상국(明)을 침범할 것이다', '중국이 오랫동안 일본을 거절하여 조공을 바치지 못했다. 秀吉이 이 때문에 분하고 부끄러운 마음이 쌓여 전쟁을 일으키려 한다. 만약 조선이 먼저 (명에) 알려 조공할 수 있도록 길을 열어준다면 조선은 반드시 무사할 것이다'라고 하여 秀吉이 明을 치려는 계획에 조선이 협조해 줄 것을 우회적으로 알리고 있다[73].

물론 대마도의 이러한 노력은 결국 수포로 돌아가고 秀吉은 조선정

---

71) 윤유숙, 「임진왜란 발발전 한일교섭의 실태」, 일본어문학회 국제학술대회 발표논문. 2006.
72) 田代和生 米谷均, 「宗家舊藏<圖書>と木印」, 『朝鮮學報』 156. 1995.
73) 윤유숙, 앞의 논문. 884~885쪽.

벌에 나서게 되지만, 그 단계에 이르기까지 대마도가 전쟁 억지를 위해서 최대한 노력을 경주하였다는 사실을 간과할 수 없다. 秀吉의 생각과 조선의 입장을 함께 이해하고 있는 상황에서 양자 간의 의견 차이를 조율하기 위해서 宗義智가 장기간 조선에서 체류하고 있었던 점도 높이 평가할 만하다. 당시의 정황으로 미루어 대마도는 최선을 다했다고 할 수 있으나, 조선은 秀吉의 의도를 정확히 파악하지 못하였다고 할 수 있다.

4. 대마도의 생업

1719년(숙종 45년) 申維翰은 통신사행의 제술관으로서 일본에 파견되어 『海遊錄』이라고 저술을 남겼다. 이 책에서 그는 대마도를 평하기를, "토지는 척박해서 생산되는 물품이 100가지도 되지 않는다. 산에는 밭이 없고 들에는 도랑이 없고, 터 안에는 채소밭이 없다. 오로지 고기를 잡고 해초를 캐서 팔아 생계를 유지하는데, 북으로는 일본의 오오사카와 나라로 통하고, 동으로는 나가사키에서 장사를 하니, 바다 가운데의 시장과 같다."고 하였다.

이보다 앞서 1442년(세종 24)에 신숙주도 통신사의 서장관으로 가서 대마도에서 계해약조를 체결하고 돌아왔는데, 그 후 1471년에 『海東諸國紀』를 저술하였다. 이 책에서 그는 "군(郡)은 8개이고, 사람들은 모두 바닷가 포구에서 산다. 대마도의 포구는 82개나 된다. 남북은 3일이면 다 볼 수 있고, 동서로는 하루나 반나절이면 족하다. 바다와 접한 사면은 모두 돌산이고 땅은 척박하다. 백성은 가난해서 소금을 굽거나 물고기를 잡아서 해산물을 팔아서 살고 있다"고 하였다.

대마도의 이러한 상황은 『해동제국기』의 壹岐島에 대한 기록과 비교해 보면 더욱 분명해진다. 일기도는 대마도와 가장 가까운 섬이다. 그런데 신숙주는 일기도에 대해서는 논이 620정(町) 6단(段)이며 육지에 있는 마을이 13개이고, 해변 포구 마을이 14개로 기록하였다. 뿐만 아니라 논과 밭이 반반인데, 토질은 오곡의 경작에 적합하다고 하였다. 이에 대해서 대마도의 경우는 논에 대한 기록이 없을 뿐만 아니라, 사람이 사는 곳은 모두 바닷가의 포구만 기록하였다. 즉 육지에서 농사만 지어 생활하는 사람들이 없었음을 보여준다.

　대마도의 사정을 기록한 최초의 문헌은 저명한 『삼국지』 위서 동이전이다. 이 책에서는 "대마국은 구야한국에서 비로소 바다를 건너 천여 리를 가면 대마국에 이른다. 그 대관(大官)을 비구(卑狗)라고 하고 부관을 비노모리(卑奴母離)라고 한다. 고립된 섬으로 사방 400여리이고, 토지는 산이 험하고 많으며 숲이 깊고, 도로는 짐승이나 사슴이 다니는 길과 같다. 천여 호(戶)가 있으나 좋은 밭이 없어, 해산물을 먹으며 산다. 또한 배를 타고 남북으로 물자를 교역한다"고 하였다.

　대마도는 섬 대부분이 해발고도 400m 내외의 험준한 산악지형이며, 전 면적의 80%가 울창한 원시림으로 구성되어 있다. 밀도 높게 분포하는 내륙의 산지들은 그 경사가 심하고 해안의 산지들도 바다를 향하여 깎아지른 듯한 절벽을 이루고 있다. 산지 경사가 가파르고 계곡이 깊어 농업적인 토지이용은 매우 불리할 수밖에 없다. 따라서 농경지는 총면적의 3~4%에 불과하며, 전작지가 대부분이다. 전작지는 주로 해안지대의 일부 계곡에 조성되어 계단식 밭이라는 독특한 경관을 이루고 있다. 또한 최근까지 화전경작이 널리 행해졌다고 한다. 산세가 험준한 대마도의 지형 특성은 천연의 산림이 울창하게 자리 잡을 수 있게 한 조건이었는데, 이러한 특성에 기인하여 숯을 만드는 일이나 표고버섯을 재배하는 일들이 오래전부터 섬의 주업으로 자리 잡아 왔다.

대마도는 현재 섬 전체의 88%가 산지이며, 논은 600ha, 밭은 200ha 이다. 그래서 생산되는 곡물량의 전체 도민의 2개월 분 식량에 불과하여 대부분의 주민은 바다와 산을 활용하는 형편이다[74]. 농업에 불리할 수밖에 없는 섬의 지형환경은 오래 전부터 지금에 이르기까지 대마도 주민들이 생업의 기본을 바다에 의지하게끔 만들었다. 대마도에는 아소 오만 이외에도 크고 작은 만들이 섬 전체의 곳곳에 형성되어 있는데, 이러한 만들에는 대부분 포구가 조성되어 주민들은 대부분 어업 중심의 경제활동에 종사하고 있다.

1) 농업

농업은 논 밭 그리고 화전의 형태로 이루어졌다. 신숙주가 '사면이 모두 돌산이고 토지는 척박하며 백성들은 가난하다'고 하였듯이 비옥한 논과 밭을 만들기는 어려웠다. 밭의 경우도 조방적인 형태의 밭이며 화전도 일구었다. 화전을 '코바(こば)'라고 하는데 화전에 적합한 임야를 가리킨다. 대마도에서는 木庭, 일반적으로는 木場이라고 쓴다. 대마도에는 자연림이 밀생하는 지역이 많기 때문에 화전에 오히려 적합한 조건을 갖추고 있었다. 화전에서는 주로 보리 조 메밀을 경작하였다. 이처럼 산출되는 농산물이 부족하기 때문에 야생 과일이나 풀뿌리, 해산물 등으로 음식물로 충당하였다[75].

이처럼 좋은 논밭이 없었기 때문에 대마도인들은 단순히 쌀과 콩과 같은 식량을 확보하는 단계를 넘어서 좋은 논밭을 구하고 또 그곳을 일구어 농사짓는 일에 특별한 집착을 했을지도 모른다. 실제로 대마도 인의 절대다수인 삼포의 왜인들은 주변의 섬으로 나가 논밭을 일구기

---

74) 노성환, 「對馬島の領土意識からみた韓日關係」, 『일본학보』 8, 1980.
75) 『嚴原町誌』, 1997, 575~576쪽.

도 하였다.

2) 어업

대마도의 어업은 磯漁와 沖漁로 구분된다. 磯漁는 갯벌에서 조개류나 해조류를 채집하거나 얕은 물에서 낚시, 작살, 어망으로 물고기를 잡는 것이다. 沖漁는 바다로 배를 타고 나가서 역시 낚시나 작살로 물고기를 잡는 것이다. 배를 타고 바다로 나가 고기를 잡는 것 중에서 가장 멀리까지 가는 것이 조선의 해안으로 가는 것이고, 작살로 잡는 것 중에서 가장 큰 포획물은 고래였다. 조선의 연안으로 조업하러 나가는 배는 漁夫船 혹은 大船(おふせん)이라고 하였고, 출어 때는 일정한 세금(公事, くうし)을 거두었다. 유명한 孤草島 釣魚이다.

한편 대마도의 어업 중에서 주목을 끄는 것은 대마도 근해의 捕鯨이다. 길이 9m에서 18m에 이르는 고래를 淺海灣 주변의 濃部(のぶ), 和多浦(わたのうら), 竹浦(たけのうら), 그리고 동쪽 바다의 鴨瀨(かもせ)에서 잡았던 것을 보인다.

조선시대 전기(일본에서는 室町時代)에는 대마도의 어민들이 조선 남해의 어업권을 얻어 고초도 등으로 출어하게 된다. 그렇지만 조선시대 후기(江戸時代)에 이르면 에도막부의 농본주의에 의거하여 대마도민은 대부분 농민으로 간주되고 뭍에서 수확량도 적은 농사를 짓게 되었다. 어업은 자급자족을 위해서 농사일의 틈에 행하는 정도였다[76].

3) 제염

소금을 굽는 일도 대마도의 주요한 생업이었다. 소금은 생활필수품이자 음식을 조리하거나 생선이나 야채를 보존하는 데도 빼놓을 수 없는

---

76) 상동. 577~578쪽.

물품이다. 그래서 대마도의 풍부한 산림자원을 이용하여 소금을 굽고 이를 교역하였다. 소금을 만드는 법은 煮鹽이라고 하여 예로부터 장작으로 소금가마(鹽竈)에 불을 때서 물기를 증발시키는 방법이었다. 대마도 마을 중에는 소금굽는 일로부터 마을이 시작되었다고 하는 곳도 있으며, 그런 마을에는 鹽竈神社가 있는 경우도 있다. 소금을 구워 생계를 유지하면서 한편으로 자연의 혜택에 감사하는 신앙체계를 가지고 있었던 것이다. 현재에도 마을신으로 鹽竈神社를 모시는 곳이 있으며, 이들 신사 중에는 乙宮神社로 개명한 것도 적지 않다고 한다.

文明 3년의 문서에 따르면 洲藻(つくも), 箕方(みかた), 上槻(こうつき), 久根(くね), 內院(ない), 久和(くわ), 安神(あかみ), 久田(くた), 南室(なむら), 尾浦(おうら), 小浦(こうら) 등의 소금가마를 확인할 수 있다. 이러한 소금가마는 대마도 도주인 宗氏가 자신들의 유력한 가신들에게 나누어주고 그 이익을 갖도록 하였다.[77]

4) 상업

대마도의 가장 중요한 생업은 상업이라고 할 수 있을 정도로 고대부터 상업이 성하였다. 고려나 조선과의 외교관계도 넓은 의미에서는 상업의 연장이라고 할 수 있다[78]. 대마도 상업의 양상은 고려나 조선과 통교하면서 진상하는 물품이 보여준다고 해도 과언이 아니다.

대마도인들은 11세기 중반부터 『고려사』에 자주 모습을 드러낸다. 예를 들어 1049년(문종 3)에 "일본 대마도의 관리들이 우리나라 표류인 등을 압송하여 김해에 이르렀다. 그들은 예물에게 例物을 내렸다"는 기록이 보인다. 이처럼 대마도인은 표류민의 송환이나 토물을 바친다는 명

---

77) 상동. 576~577쪽.
78) 김병하, 「이조전기의 대일무역의 성격」, 『아세아연구』 32. 1968.

목으로 고려를 찾아왔으며, 眞珠 水銀 寶刀 牛馬를 바치기도 하였다.

조선에 들어서는 대마도의 진상품은 동철, 주석, 물소뿔(흑각, 수우각)79), 백반(명반), 후추(호초), 蘇木(丹木)80), 주홍, 거울, 병풍, 그릇 등이었다. 후추, 소목, 물소뿔과 같은 것은 일본열도에서도 생산되지 않는 것이므로 류구나 중국과 교역한 물품을 다시 조선에 가져온 것이라고 보아야 할 것이다. 다른 물품은 일본열도에서 생산된 고급품들이라고 할 수 있다.

조선에서 입수한 물품 중에서 호피, 표피, 매 등은 대마도가 京都에 바치는 진상품으로 쓰였고, 綿紬(견직물)는 주로 京都의 상류층들의 기호품으로 교역된 것으로 보인다. 거기에 대해서 쌀이나 콩은 대마도의 식량으로 사용되었다.

조선후기에는 대마도가 가져오는 看品은 鑞銅(주석), 丹木이 중심이고, 奉進物은 후추, 명반, 단목과 같은 나가사키 무역품이 중심이었다. 이에 대해서 조선에서 지급되는 별폭이나 구청품의 내용은 주로 매, 인삼, 藥種物이었다. 1662년 求請品을 보면 매, 인삼, 붓, 먹, 花席, 기름종이, 갓종이(笠紙), 다리미(火熨), 꿀, 기름, 녹두, 호두, 연밥(薏苡), 잣, 대추, 말린밤, 작은칼, 부채, 체, 개암, 벼루 등 다양한 품목이 들어있다. 한편 사무역품으로는 조선의 인삼과 명주에 대해서 대마도의 은과 鑞銅이 중심이었다.

특히 銀의 교역은 동아시아에 전체에 큰 영향을 끼쳤다고 할 수 있으며, 유황과 물소뿔의 경우는 조선의 군사물자였다고 할 수 있다. 물소뿔은 활을 만드는 데 빼놓을 수 없는 소재였고, 유황은 화약을 제조하는데 사용되었는데, 당시에는 일본에서 많은 양의 유황이 생산되었다.

---

79) 동남아시아에서 서식하는 물소의 뿔. 조선의 활을 만드는 재료로 쓰였다.
80) 동남아시아에서 나는 적색 염료로 쓰이는 원목.

5) 嚴原

대마도의 남단에 위치하고 있으며 여량, 國府, 府中이라고 불리던 곳으로 전성기에는 이 지역에만 15,000명의 사람들이 살았다고 한다. 國府라는 지명은 고대부터 대마도가 왜국의 영역이었음을 보여주는 중요한 지표라고 할 수 있을 것이다. 이 곳의 바닷가에는 '야라이'라고 부르는 방파제가 있으며 그 안은 공용 선박의 정박지였는데, 조선의 사신이 일본을 왕래할 때도 배가 이 곳에 정박하였다고 한다. 그러나 현재는 매립되어 원래의 모습을 찾을 수 없다.

한편 조선사신의 응대에 관여한 것으로 생각되는 西山寺(以酊庵)이라는 사찰이 있다. 이 절의 주지는 京都의 五山 승려가 교대제로 근무하였는데, 학식이 높은 승려가 선발되었다고 한다. 이 절 아래에는 객관이 있으며 역시 조선 사신이 왕래할 때 머물던 곳으로 使者屋이라고 불렸다.

1884년(明治 17)에 편찬된 『上下縣郡村誌』에 의하면 이즈하라의 호수는 2650호이고 인구는 남자 4442인, 여자 3835인, 합계 8277인이라고 하였다. 또한 이곳에는 136척의 和船이 있으며 물산으로는 醬油 321석, 種子油 18석, 동백기름 2석, 전복 88관, 오징어 35000근, 방어(鰤, ぶり) 21200마리, 상어지느러미 7000근, 건조미역 40004근, 낚시바늘 53700개, 밀랍 6500근, 양초 455근, 생사 370근, 종이(半紙) 550속 등이 생산된다고 하였다. 그 중에서 醬油 즉 간장 52석을 조선에 수출한다고 하였다. 이 물산은 대마도 내에서 소비되는 양이 아니라 유통되는 물품의 양을 의미하는 것으로 생각된다.

또한 생업으로는 상업이 2444호, 공업이 103호, 어업이 219호, 잡업이 1870호라고 되어 있는데, 이 지역 절반 이상의 사람이 상업에 종사하였음을 알 수 있다.[81]

6) 鰐浦

반대로 대마도의 북단에 위치하고 있는 鰐浦(와니우라)의 사례를 통해서 근대대마도 어촌의 현황을 살펴보도록 하자. 와니우라는 부산을 출발한 통신사 일행이 최초로 기착하는 곳이기도 하다.

와니우라의 주민은 전통적으로 신분제에 따라 士族과 平民으로 구분되고, 촌락공동체의 공유재산권에 따라 本戶와 寄留로 구분된다. 사족에는 다시 구사족과 신사족이 있는데 구사족은 중세 이래로 이 마을에 살던 給人으로 산림을 점유 또는 개간하거나 무인도를 점유하여 해조류의 채취권을 독점하거나 바다에 어장을 설치함으로써 鄕士의 지위를 굳힌 토착민의 신분계층이고, 신사족은 江戶時代부터 明治 초기에 걸쳐 對馬藩이 재정난에 처했을 때 헌금으로 사족의 지위를 산 신분계층이다.

이에 대해서 사족으로 인정받지는 못하였으나 明治時代 이후 촌락공동체의 산림과 토지 자원 및 바다의 수자원을 공유하고, 공동노동 공동생산에 참여하고 균등분배의 권리를 행사할 수 있는 신분계층이 평민이다.

이와 같이 전통적인 촌락공동체의 산림과 토지자원 및 수산자원을 공유하고 재산권을 행사할 수 있는 신구사족과 평민을 통틀어 本戶라고 하고, 그러한 촌락의 공동재산 혜택을 거의 받을 수 없는 계층을 寄留라고 한다.

寄留는 촌 내에서 분가한 本戶의 2, 3男, 본호의 여자와 혼인한 본호의 2, 3남, 본호의 여자와 혼인한 대마도 내 다른 마을 또는 대마도 외 출신자, 본호와 전혀 혈연관계나 혼인관계를 갖지 않은 대마도 이외 출신의 어부 또는 다른 촌에서 온 전입자들이다.

---

81) 『嚴原町誌』 247~248쪽.

이러한 본호와 기류의 구분은 낮은 농업생산력과 어패류 해조류를 기초로 하는 생업구조로 말미암아 한정된 자원에 접근할 수 있는 기회 또는 권리를 제한하기 위한 기제로 생긴 것이라고 할 수 있다.

이 지역은 지형상 논은 없고 산지를 개간한 밭과 화전을 이용하여, 보리 메밀 조 등을 재배한다. 그러나 수확량이 적기 때문에 주변의 바다에서 얻을 수 있는 어패류로 식량을 보전하고 또한 모자반과 같은 경우는 곡물 생산을 위한 비료로 쓰기도 하였다.

이 지역에서 어획되는 어류로는 방어, 히라스, 도미, 돌돔, 전갱이, 옥돔, 가다랭이, 밴자리, 날치, 고등어, 복어, 정어리, 오징어, 한치, 문어, 새우, 넙치 등이 있다. 패류로는 전복, 소라, 해삼, 오분자기, 굴, 성게 등이며, 해조류는 미역, 녹미채, 천초(우뭇가사리), 청각, 파래, 감해태 등이다. 이러한 품목들은 우리나라 연안에서 잡히는 어패류가 크게 다르지 않다[82].

5. 맺음말을 대신하여 – 대마도는 조선 땅이었는가?

712년에 편찬된『고사기』에는 "천지가 처음으로 열린 아주 오랜 옛날, 이자나기와 이자나미라는 두 신이 있었다. 그들은 천신의 명을 받아서 일본을 만들기 위해 지상에 내려온 신이었다. 그러나 지상에는 땅은 없고 물만 가득 차 있었다. 그래서 그들은 결혼을 하여 8개의 땅을 낳았는데, 이것이 일본이라고 한다. 그 8개의 땅 중에 하나가 대마도이다. 즉 이자나미가 진도(津島)를 낳았으며, 그 섬을 아메노사데요리히메(天誌狹手依比賣)라고도 한다"고 하였다. 이처럼 대마도는 일본이라는 국토를 낳은 이자나미가 직접 낳은 땅이자 신이기도 하다. 결국 8세기

---

[82] 한상복,「일본 대마도 어촌 와니우라의 사회조직과 변화」,『한국문화인류학』24, 1992.

초에 이미 일본국은 대마도를 자국의 일부로 간주하고 있었던 것이다.

『일본서기』에서도 대마도의 존재를 확인할 수 있다. 역시 이자나기와 이자나미 두 신이 결합하여 8개의 땅을 낳았는데, 이 때문에 일본을 '대팔주국(大八洲國)'이라고 한다고 하고, 대마와 일기 그리고 작은 섬들은 바다의 물거품이 엉겨서 태어난 것이라고 하였다. 『일본서기』에서도 대마도가 일본국의 일부라는 인식이 분명히 드러나 있다[83].

이에 대해서 『삼국사기』에서는 대마도에 대해서 "왜인들이 대마도에 진영을 두고 무기와 군량을 비축하고 우리들을 습격하려고 한다고 한다. 그들이 움직이기 전에 정병을 보내어 그 무기고를 부수고자 한다"고 하였다. 즉 대마도는 왜인이 거주하는 지역으로 인식하고 있는 것이다.

대마도의 영속 관계를 보다 구체적으로 보여주는 사료로는 백제 구원전(백강구 전투, 혹은 백촌강 전투)에서 신라와 당의 연합군에게 패배한 왜국은 신라와 당을 보복 공격에 대비하고자 하여 여러 곳에 백제의 장군과 기술자를 동원하여 백제식 산성을 쌓았다. 이때 성을 쌓은 장소로는 대마도, 대재부, 길비 등의 지역이었다. 대마도에 쌓은 성이 바로 金田城이다. 신라와 당의 공격을 막기 위해 방어의 전초기지로 사용한 곳이 대마도인 것이다. 이는 대마도를 왜국의 영역으로 간주하였다는 직접적인 증거라고 할 수 있을 것이다.

그 이후에도 대마도에 대한 신라인의 공격을 일본에서 인지하고 있음을 알 수 있다. 811년에 20여 척의 신라 배들이 대마도의 佐須浦(현재의 嚴原町 小茂田)에 상륙하였고, 또 813년에는 五島列島까지 진출하여 주민 100여 명을 살상한 사건이 일어났다. 일본은 이 사건에 커다란 충격을 받고 壹岐島의 防人을 330명으로 늘이고 활 쏘는 기술을 지도하는 관인을 일기도에 파견하였다.

한편 866년에도 신라인들은 일본인까지 동원하여 대마도를 점령하는

---

83) 노성환, 앞의 논문. 84~85쪽.

계획을 꾸몄다. 이에 대해서 역시 일본은 870년에 대마도로 船師 50인 등을 파견하여 대비하였다. 이처럼 대마도는 『고사기』나 『일본서기』와 같은 신화에서도 일본의 일부로 간주되고 있으며, 『위서』 왜인전에서도 대마도부터 왜국의 영역으로 간주하고 있다. 그 이후에도 대마도가 신라나 고려, 조선의 영토로 실효적으로 지배된 적이 없다.

　또한 일부에서는 대마도의 양속성을 주장하면서, 대마도가 일본과 조선 양쪽에 속해 있었다고 하지만, 그 양속성은 결코 등질적인 것이라고 할 수 없다. 무엇보다도 고대부터 일본의 중앙에서 지방관을 파견하였고, 그 역사적인 변동이 일본 역사의 흐름 속에서 진행되었다. 일본에 무사가 발생하자 대마도에서 무사세력이 등장하였으며, 남북조의 내란이나 전국시대의 동란 속에서 대마도는 늘 일본 본토의 영향을 받고 있었다.

　대마도인들의 왜구의 선봉에 선 것도 사실은 宗氏의 少貳氏의 동향과 관련이 있다. 少貳氏가 남북조내란기에 九州에서 足利直冬(아시카가 타다후유)와 대립하게 되자, 전쟁에 필요한 군량미를 고려에 와서 확보하는 과정에서 발생한 것이 바로 1350년 이후의 왜구이다.

　비록 그들이 조선의 관직을 받기는 하였지만, 그것은 조선이 대마도인들을 회유하기 위한 방편이었을 뿐이다. 대마도인들이 조선의 과거시험에 응시하지는 않았던데 대하여 에도시대에는 對馬府中藩으로 幕藩體制에 편입되어 10만석 大名이 되었다. 관직이라는 측면에서 보면 조선과 일본의 관직을 모두 받고 있는 것은 사실이지만, 조선의 관직은 대마도 일부의 사람이 명예직처럼 가지고 있는 것이었다면, 일본의 관직은 대마도를 실질적으로 운영하는 장치로 기능하고 있었다.

　대마도는 이미 『삼국지』, 『위서』의 단계에서 왜인들의 영역으로 간주되었고, 왜나 일본도 한 차례도 대마도가 신라, 고려, 조선의 영역이라고 생각한 적이 없었다.

　이처럼 대마도가 일본의 영역이나 영토라는 증거들은 수없이 많지만, 한반도에 속해 있었다고 하는 것은 극히 예외적인 사료에 나타날 뿐이다. 그 예외적인 사료를 가지고 무수히 존재하는 사료를 부정하는 극단적인 해석은 결코 대마도에 대한 객관적인 인식이라고 할 수 없다.

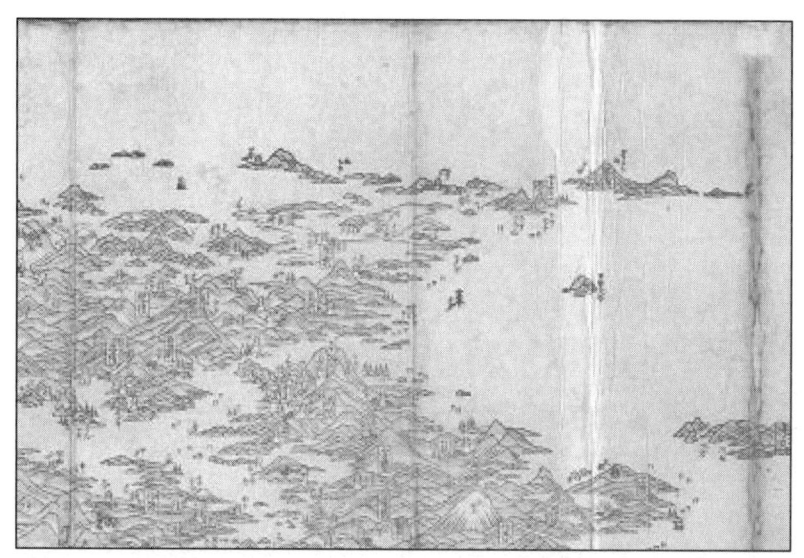

『日本鳥瞰圖』의 대마도 부분(1840년 제작)

『日本名所の繪』의 대마도(제작 연대 미상. 江戶時代 후기)

『日本海山潮陸圖』의 대마도(1691년 제작)

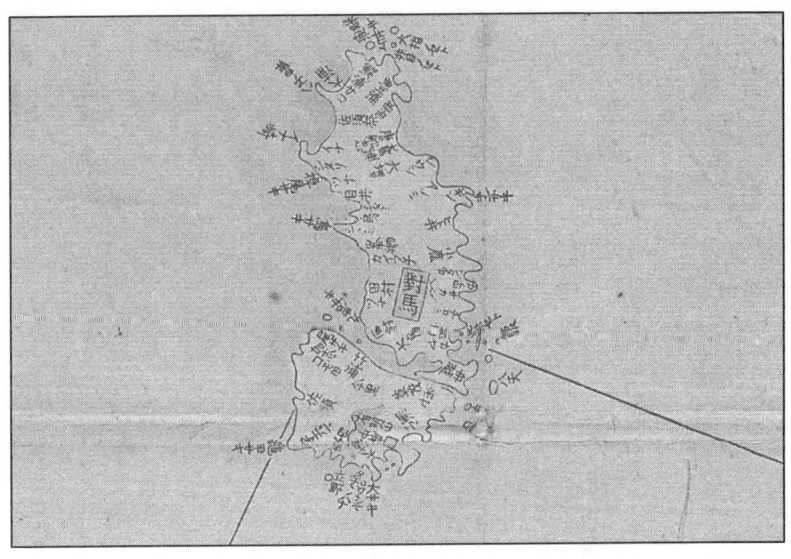

『新刻日本輿地路程全圖』의 대마도(1779년 제작)

조선전기 대마도인 어염업과 교역양상

심 민 정

```
┌─ 목 차 ─────────────────────────┐
│  1. 머리말                          │
│  2. 대마인의 어염업 활동              │
│    1) 도내 어염업                   │
│    2) 조선에서의 어염업              │
│  3. 대마인의 어염교역                │
│    1) 대마도의 흥리왜인              │
│    2) 조선과의 어염교역              │
│  4. 맺음말                          │
└────────────────────────────────┘
```

1. 머리말

조선 시대는 전기부터 일본인들과의 왕래가 잦았다. 이것은 활발한 교역의 형태가 아니라, 고려시대부터 전개되어온 왜구 금압 정책과 더 밀접한 관련이 있었다. 조선 전기에는 잦은 왜구의 침입과 관련하여 침입 입구인 해안 주변에는 일반민의 거주가 잘 이뤄지지 않았고, 해양의 여러 섬들 또한 빈 공간으로 남겨졌다.

이런 상황 때문에 조선 조정에서도 왜인들에 대한 규제책이나 회유책 등에 대해서는 논의가 많은 반면, 생산 활동이나 생산 영역 등 왜인과 조선인과의 생활면에 대한 논의는 소략하다. 특히 그 중에서도 조선시대에 도외시되어왔던 어민이나 해민 등 해양생활과 관련된 연구는 더욱 미흡한 실정이다. 이것은 당시 조선이 유교를 정통이념으로 하고 있던 유교 국가였기 때문에 어민이나 어촌 등을 천시했던 풍조도 들 수 있을 것이고, 국가의 영역을 토지에 한정하여 보려는 시각도 작용한 것 같다. 실제로 조선시대에는 수영하는 것을 천시하는 풍조 때문에 배를 타는 어민조차도 수영을 못하는 사람들이 많았다. 이런 점들은 당시 조선이 어촌 및 어민, 해양에 대해 얼마나 소홀했는지를 잘 보여준다고 할 수 있을 것이다.

하지만 해양이 아니라 육지로 들어오면 상황은 달라진다. 해안도 엄연히 육지가 시작되는 부분이다. 이 곳에서는 일단 백성의 생활이 가능하고, 생계를 조금만 도모해주면 세금을 거두어 국가재정에 충당할 수도 있다. 하지만 고려 말부터 조선 초기에 이르기까지 해안지역은 왜구들의 침입경로로 이용되어 백성들의 정착생활은 불가능하였고, 바다로 나아가 어떤 자원을 획득하는 것조차 힘겨운 상황이었다. 여기에 해안 정착의 물꼬를 트이게 해 준 것이 왜구의 핵심세력이었던 대마도인과의 관계개선일 것이다. 여러 차례의 교섭 끝에 조선은 대마도인에게 조선 내에 생활터전을 마련해 주고, 물품 등을 교역하게 해준 대신, 조선의 영역을 해안을 포함한 해역으로까지 늘릴 수 있었고, 어민생활의 안정을 도모할 수 있었다. 그렇다면 국내 어염인의 생활은 짐작이 가능하다 하더라도, 조선을 통해 새로운 생활터전과 생계도모 기회를 얻게 된 대마도인들의 생활은 어떻게 짐작해볼 수 있을까?

일단 조선전기 대마도인의 생활을 짐작해보기 위해서는 어느 정도의 검증된 사료가 필요한데, 일본 내에서도 이 시기의 자료가 충분치 않아 ≪조선왕조실록(朝鮮王朝實錄)≫과 ≪해동제국기(海東諸國記)≫ 등에 의존하고 있다는 점을 우선 밝혀둔다. 그래서 본고에서도 주제로 잡은 대마도인의 어염업 활동이나 교역의 모습을 ≪조선왕조실록≫과 ≪해동제국기≫ 등의 사료를 꼼꼼히 살펴보는 것에서 출발하였다. 조선 초기는 대마도에서도 그다지 문서가 많이 남아있지 않아 당시 상황을 세밀히 살펴볼 수 없기 때문이다. 그 결과 조선전기 대마도인의 어염업 실태나 교역의 양상을 흡족하게 살피지는 못하였다. 다소 미흡한 부분이 있기는 하지만, 이제껏 소홀히 다뤄져 왔던 어염업 관련 사실에 주목한 것에 의의를 두고자 한다. 대마도인의 어염업 활동은 삼포왜란 이전 시기를 중심으로 하여 주로 대마도 근해를 간략히 보았고, 또한 조선과의 관련성을 무시할 수 없기 때문에 포소왜관 근해 활동과 고초도조어(孤草島釣魚)를 중심으로 살폈다. 교역 부분은 대마도 내의 교역이 아닌 조선과 관련한 교역을 중심으로 보았기 때문에, 포소왜관(浦所倭館) 교역 및 화원현(花園縣)에서의 교역을 살펴보게 될 것이다.

2. 대마인의 어염업 활동

1) 도내 어염업

대마도(對馬島)는 주변이 바다로 둘러싸인 섬이기 때문에 당연히 그들의 생업은 바다를 통한 생산 활동에 치중할 수밖에 없었을 것이다. 바다를 통해 얻을 수 있는 것은 어업이나 해채(海菜)를 통한 어물·해산물이 있을 것이고, 바닷물을 이용하여 생산하는 소금도 거기에 포함될 것이다. 하지만 채취한 소금이나 어물·해산물만으로는 생계도모가 어렵다. 그들에게도 주식은 곡물이었으므로 먹거리를 해결하려면 뭔가 다른 생산 방법을 찾아야 했다. 물론 섬 내에서 경작을 통하여 곡물을 생산하는 방법도 그 중의 하나일 것이다. 하지만 대마도는 땅이 척박하여 농사에 어려움이 있었으므로 그들의 주 생산원인 어염을 생업으로 하고, 그것을 교역하는 방식으로 생계를 해결할 수밖에 없었다.

대마도의 이러한 상황은 ≪해동제국기≫에 제시되어 있는데, '사면이 모두 돌산이고, 토지가 척박하여 백성이 가난하다. 소금을 굽고 물고기를 잡아 판매하여 생업으로 삼는다.'[1]라고 하여 그들의 주요 활동이 소금생산, 포어(捕魚), 매매(賣買) 활동임을 알 수 있다.

대마도에서는 일찍부터 소금생산이 이루어졌는데, 그 형태는 소금가마에 불을 때서 생산하는 자염(煮鹽)의 방식이었다. 관련 유적은 미생시대(彌生時代)부터 많은 유적이 있고, 중세에도 염조신사(鹽竈神社)가 있었는데, 근세가 되면서 을궁신사(乙宮神社)로 고쳐지게 되었다. 현재 각지에 있는 을궁신사(乙宮神社)는 원래의 염조신사(鹽竈神社)로 추정되는 곳이 많다고 한다. 이는 소금가마에서 바닷물을 끓여서 소금을 제조하는 사람이 빌었던 신사로 중세의 대마도에서는 이 염분(鹽焚)이 주요 산업의 하나였다.[2]

소금가마와 관련된 것으로는 대마도 종씨(宗氏)가 소금가마를 분급·할당한 기록이 있다.[3] 아래의 지도가 그 위치를 표시한 것인데, 해안가에 소금가마가 고르게 널리 분포하고 있는 것을 알 수 있다. 이것으로

---

1) ≪해동제국기≫, <日本國記>, 對馬島.
2) 嚴原町誌編輯委員會, ≪嚴原町誌≫, 嚴原町 발행, 1998, 576쪽.
3) 이는 文明3년 윤 8월 15일 부, 宗貞國으로부터 宗中務少輔에게 보낸 安堵書으로 염조가 있는 지역을 표시한 것인데, 염조가 있는 지역은 다음과 같다. 'つくものかま(洲藻), ミかたのかま(箕方), こうつきのかま(上槻), くねのかま(久根), ないのかま(內院), くわのかま(久和), あかみのかま(安神), くたのかま(久田), なむらのかま(南室), おうらのかま(尾浦), こうらのかま(小浦)'.

보면, 각 포마다 소금가마가 있는데, 그것은 종씨 유력 가신의 지행(知行)으로 할당된 것을 보여준다. 소금은 일상 필수품일 뿐만 아니라 교역품으로써 생산되고, 대마의 주요한 수출산업이었던 것이다. 그 소금가마가 유력 가신의 지행(知行)으로 관리되고 있으며, 거기에서는 많은 하인(げにん: 노비)이 사역되고 있었다.

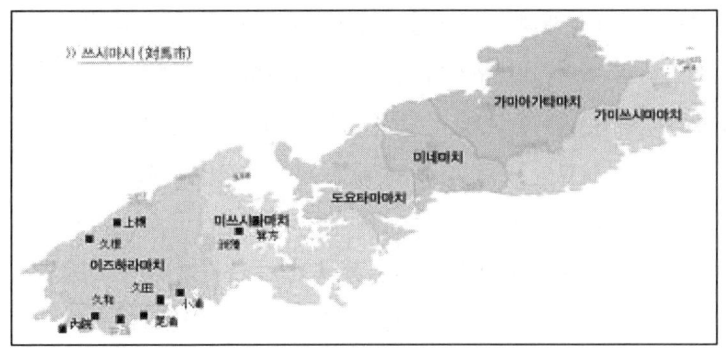

■ 소금가마 분급지

대마도 종씨(宗氏) 소금가마 분급지[4]

실제로 이들에 의해 어떤 방식으로 소금이 생산되었는지 자세히 알 수 없지만, 자염(煮鹽)이라는 형태로 미루어 볼 때 바닷물을 끌어 땔나무로 불을 때어서 소금을 생산했음을 짐작할 수 있다. ≪한국수산지≫[5]에 의하면, 일본의 소금생산방식은 계속 자염의 형태를 띠다가 러일전쟁기를 전후로 하여 천일제염업이 들어왔다고 하니 그 이전까지는 땔나무로 불을 때어서 소금을 만들었을 것이다. 그렇다면 당시 자염으로 인한 땔나무의 소모는 엄청났으리라 짐작된다. 이것은 ≪위지(魏志)≫ <왜인전(倭人傳)>에서 대마도와 관련된 기록으로 보이는 부분

---

4) 대마도부산사무소 홈페이지에서 대마도 전도 인용
5) ≪한국수산지≫, 조선총독부.

이 '깊은 숲이 많고, …좋은 밭이 없다.'라고 되어 있는 반면, ≪해동제국기≫에서는 '사면이 모두 돌산이고, …'라고 하고 있어, 소금 생산을 위해 땔나무를 남획하다 보니 산이 남벌되어 암석이 노출되었음[6]을 짐작할 수 있다. 대마도인들은 이렇게 생산된 소금을 조선 내로 수출하여 매매를 통해 생계를 도모했던 것이다.

그렇다면 소금 생산 외에 어업을 통한 생산활동은 어떻게 확인할 수 있을까? 대마도 내에서의 어업에 관한 사료는 좀처럼 찾기가 힘들다. 물론 근세로 들어서면 문서의 양이 꽤 증가하여 어업의 형태 및 어업기술이나 어업조합 등 많은 부분을 알 수 있지만, 앞서도 말했듯이 조선 초기에는 자료의 부족이 큰 한계로 남겨져 있기 때문이다. 조선 전기의 대마도와 꼭 들어맞는 자료는 아니지만, 연산군 7년(1501년)에 제주도 내섬시 종장회가 일본에 표류하여 일기도(一岐島)에 머물면서 겪은 아래의 글에서 해산물의 형태를 조금이나마 파악할 수 있다.

> 고기잡이로는 해변에 사는 왜인들이 고등어·방어·도미·대구·청어·상어 등의 날것을 소금에 절이고, 해삼·홍어·조기·숭어 등을 철을 따라 잡아서 도주(島主)의 집에 바쳤습니다.[7]

일기도의 근해는 대마도의 근해와 연결되어 있어, 잡히는 어종은 대마도와 비슷할 것이라 생각된다. 즉 해삼 · 홍어 · 조기 · 숭어는 철에 따라 잡고, 고등어 · 방어 · 도미 · 대구 · 청어 · 상어 등은 잡아서 소금에 절여 보관한다. 잡히는 어종은 대체로 조선 남해안의 어종과 유사하다.

≪엄원정지(嚴原町誌)≫에서는 중세 대마도 어업에 대해 두 가지로

---

6) 嚴原町誌編輯委員會, 앞의 책, 575~577쪽.
7) ≪연산군일기≫7년, 1월 30일 기묘.

구분하고 있는데, 연해어업와 근해어업이 있다. 연해어업은 육지 앞의 해안에서 조개류와 해조류를 채집하고, 얕은 곳에서 물고기를 잡는 것으로, 여기에는 낚시와 작살, 어망 등을 이용한다. 근해어업에도 낚시와 작살을 사용하는데, 낚시 중 최대 규모의 것으로는 포경(捕鯨)이 있었다. 고래는 조선의 동해안과 대마도 해역 사이에서 많이 존재하고 있었고, 많이 잡혔던 것으로, 대륙에 수출도 했던 것임을 감안한다면 교역품으로 간주해도 좋을 것이다. 그래서 일본에서 고래는 과세대상에 포함되는 어종이었다.

고래는 아니지만 대마도 응영(應永) 11년(1405년) 포소 마을에서 돌고래 잡는 것과 관련된 문서가 있다.8) '돌고래'는 큰 것은 고래와 같은데, 고래와는 달리 과세의 대상은 아니었다. 대마도인들은 돌고래를 얕은 바다의 만 안으로 몰아넣어서 작살로 찔러서 잡았으며, 이런 돌고래 작살은 근대까지 사용되었다고 한다. 반면 조선에서는 초기까지 돌고래라는 명칭이 알려져 있지 않았던 것 같다. 태종 5년 기사를 보면, '큰 고기 여섯 마리가 바다에서 조수를 타고 양천포로 들어왔다. 포(浦) 옆의 백성들이 잡으니, 그 소리가 소[牛]가 우는 것 같았다. 비늘이 없고, 색깔은 까맣고, 입은 눈가에 있고, 코는 목 위에 있었다.'9)라는 기사가 있다. 이 내용으로 미루어 보면 돌고래의 모습을 설명하고 있는 듯한 생각이 드는데, 아마도 이 당시 조선에서는 돌고래의 모습이나 명칭이 생소했던 것 같다. 그도 그럴 것이 여말선초의 왜구와 관련한 상황에서 조선인들이 어업을 위해 바다로 나가는 일은 불가능했기 때문일 것이다.

대마도인들은 연근해 어업 및 염업 활동을 통해 자신들의 생계를 도모했다. 물론 직접적으로는 이런 생산물들이 대마도인 자체 생활에 사용되었지만, 실제로는 교역에 의해 조선에서 쓰여지는 경우도 많았다.

---

8) 嚴原町誌編輯委員會, 앞의 책, 577~578쪽.
9) ≪태종실록≫5년, 11월 20일 임자.

특히 조선 전기에는 대마도인과의 교역에서 다른 교역품보다 어염교역이 가장 많이 이루어지고 있었다.

2) 조선에서의 어염업

(1) 포소왜관 근해어염업

대마도의 어염활동은 섬이라는 지리조건 때문에 대마도 부근에서 많이 이루어졌지만, 도내에 거주하는 도민들 외에 조선으로 건너와 포소왜관에 거주하는 이들도 있었고, 고초도에서의 조어(釣魚)도 허가되었기 때문에 조선 연근해에서의 어업도 활발했다.

우선 포소왜관에서의 어염활동을 밝히기 위해서는 포소왜관의 형태나 특성에 대해서 먼저 알 필요가 있다. 왜관의 기원에 대해서는 아직도 학자에 따라 이설이 존재한다. 소전성오(小田省吾)와 장순순은 ≪순암집(順庵集)≫의 <왜관시말(倭舘始末)>을 근거로 고려시대 김해 지역의 무역관을 왜관의 시초로 보고 있다.[10] 반면 김의환과 이현종은 1407년(태종 7년)에 비로소 부산포, 제포, 서울에 왜관이 설치되어 그 기원을 이루었다고 하고 있다.[11] 또한 나종우는 대체적으로 태종 7년의 왜관 설치 건의에 따라 태종 9년에 왜관이 처음 독립적으로 건치되었고, 태종 14년부터 왜관의 기능이 활발해졌다고 보아 태종 9년(1409)을 왜관의 설치시작으로 보고 있다.[12]

이상의 문제들은 왜리(倭里)와 왜관(倭官)의 성격을 구분하여 살펴보아야 할 문제로, 여기에서는 태종7년에 왜인들을 분치한 시점부터 왜관

---

10) 小田省吾, <李氏朝鮮時代における倭舘の變遷>, ≪朝鮮支那文化の研究≫, 1929; 장순순, <조선전기 왜관의 성립과 조·일 외교의 특질>, ≪한일관계사연구≫15, 2000.

11) 김의환, <釜山倭舘의 변천과 日本專管居留地>, ≪朝鮮近代對日關係史研究≫, 1979; 이현종, ≪朝鮮前期對日交涉史研究≫, 한국연구원, 1964.

12) 나종우, <조선초기의 대일본통제책에 대한 고찰>, ≪如山柳炳德博士華甲紀念韓國哲學宗敎思想史≫, 1990.

으로서의 기능을 인정하기로 한다. 어쨌든 조선시대로 들어오면서 향화왜인(向化倭人)이나 흥리왜인(興利倭人)을 포소에 나누어 두는 기사는 더러 보인다. 태종 7년에 향화를 자원하여 해변의 각 고을에 나누어 둔 왜인과 흥리 왜인이 왕래하는 것을 금지하기 위한 조처로 왜인을 육지의 먼 곳에 옮겨두도록 하는 조처가 취해지는데,[13] 이보다 더 이전에 왜인들이 포소 근처에 머무르며 왕래했던 것으로 추측된다.

이후 태종 18년에는 경상도 수군절도사의 첩에 의해서 부산포와 내이포 이외에 좌도의 염포와 우도의 가배량에도 왜관을 설치하고 거류왜인을 쇄출해서 나누어 두도록 청하기도 했다[14] 이런 여러 과정을 거쳐 포소 근처에 분치된 왜인과 육지로 들어간 왜인들의 인원수는 세종 원년에는 727명에 이른다.[15] 하지만 이들이 조선 각지에 분치되었던 것 만큼이나 중요한 것이 왜인들의 생활일 것이다. 대체로 왜인들은 조선 정부에 청해서 토지를 경작하기도 하고, 어염생산, 상업에 종사하고 있었다.

특히 포소왜관에서의 생활은 주변이 바다와 접하고 있기 때문에 어염생산이 생업활동의 큰 부분이었다. 대마도인들이 섬사람이라는 것을 생각한다면, 이들이 포소왜관에 머물면서 바다를 통한 생산 활동에 종사하는 것은 당연한 일이었을 것이다. 또한 세종 원년에 대마도 정벌이 있기 전까지도 해변은 왜구의 침입에 대한 두려움이 남아 있어 조선인들의 거류가 뜸했었고, 왜구의 대부분을 구성하고 있던 대마도인들을 회유하려는 조선 정부의 노력 때문에 포소왜관에서 거주하던 왜인들의 어염업은 규제대상이 아니었다. 즉 흥리활동이 이전까지 별 규제를 받지 않았다는 것은 흥리 물품이던 어염의 생산도 별다른 규제가 없었음

---

13) ≪太宗實錄≫7년 7월 27일 무인.
14) ≪太宗實錄≫18년 3월 2일 임자.
15) ≪세종실록≫원년 6월 4일 정축. '각 포에 분치한 왜인 및 商賈 왜인은 경상도 355명, 충청도 203명, 강원도 33명, 잡아서 쇄환할 때 사망한 자 136명, 합계 727명이었다.'고 기록하고 있다.

을 의미하는 것이다.

　대마도 정벌 후에도 한동안 대마도에서 조선으로 거주하러 오는 이들은 조선에서 대책을 취해 주었다. 세종5년 대마도인 변삼보라(邊三甫羅)와 만시라(萬時羅)가 조선에서의 거주를 희망해 허락해 준 것이나,16) 세종 8년에는 대마도인 시라삼보라(時羅三甫羅)·사이문구로(沙伊文仇老) 등 남녀 14명을 내이포에 거주하도록 허락해 준 기사가 있다. 이들에게는 물고기를 잡고 술을 팔아 생업을 영위하도록 허락하고 있어,17) 대마도인들이 주로 어업을 생계로 삼고 있었고, 기타 다른 물품을 생산하여 흥리로 생활을 영위해 나갔음을 짐작할 수 있다.

　하지만 조선에서 포소왜관의 거주자들에게 자유로운 어업활동을 용인해주던 것은 이후 철저하게 포소왜관 연근해로 한정되게 된다. 이것은 세종 9년 기사에서 드러나는데, 대마도 좌위문대랑이 예조에 올린 서신의 내용 중에, '물건을 매매하고 고기를 잡는 것은 다만 내이포·부산포 두 곳만 허가하시니, 이곳 토인의 생계가 어렵게 되오니, 모두 고성의 구라량까지 아울러 허가하시어 안심하고 매매하여 백성의 기대에 부응하도록 하시기 바라옵니다.'18)라고 하여 허가를 청하였으나 왕은 답을 미루었다. 그러다가 세종 12년에 대마도주 종정성이 가배량·구라량·두모포·서생포의 포어 및 좌위문오랑의 송환을 요청했으나 허락하지 않았다.19) 즉 포소왜관 주변에서의 어업활동만을 허락하고 있는 것이다. 최초의 포어(捕魚) 제한구역에 대한 사항은 언급되지 않으나, 앞의 두 내용으로 미루어 볼 때 대마인의 포어는 흥리 활동과 함께 제한되고 있는 것으로 생각된다. 이것은 아래의 삼포금약(三浦禁約) 내용을 보더라도 알 수 있다.

---

16) 《세종실록》 5년 2월 21일 임신.
17) 《세종실록》 8년 정월 3일 무술.
18) 《세종실록》 9년 3월 27일 을묘.
19) 《세종실록》 12년 11월 2일 기해.

대마도의 사람이 처음에 삼포(三浦)-웅천의 내이포, 동래의 부산포, 울산의 염포-에 와서 우거하여 교역과 고기잡이를 청하였다. 그들의 거주와 통행은 모두 정해진 자리가 있어 이것을 어길 수 없으며 일을 마치면 돌아가게 되어 있었으나, 이것을 빙자하여 거류함이 점차 번성해졌다. (중략) 병술년(세조12, 1466)에 순찰사 박원형이 궤향(饋餉)으로 인구를 비밀히 계산하니, 내이포는 3백호에 남녀 1천 2백여 명이 있었다. 구약(舊約)에서는 상업하는 자가 항시 거주하는 인가에 몰래 주접(住接)하는 자, 상업을 빙자하고 막사를 짓는 자, 무역하고 난 뒤에도 고의로 머무르는 자는 모두 엄중히 금지하였다.[20]

즉 위의 금약 내용에서는 삼포에서의 거주를 제한하고 있음을 알 수 있다. 특히 교역과 고기잡이를 함께 거론하여 내용으로 삼고 있는데, 여기서도 포소왜인의 주 생활은 고기잡이와 교역임을 알 수 있다. 이러한 정책은 계속 이어져 대마도인의 어업활동은 명확하게 부산포·내이포·염포의 삼포 내로 제한되고 있다. 한때는 대마인의 청에 의해서 개운포를 허락해 준 적도 있으나,[21] 곧 폐지되고 이후 다시 고성이나 구량포를 어업 장소로 청해왔을 때에도 조선에서는 허락해주지 않았다.[22] 이렇게 포어나 거주, 교역활동은 삼포를 중심으로 점차 정착되어 갔던 것이다.

그렇다면 이렇게 삼포를 중심으로 진행된 대마인의 어업활동은 어떠한 절차를 거쳐서 행해졌는지 의문이 생긴다. 성종 21년에 다음과 같은 기사가 보인다.

삼포왜인(三浦倭人)으로 고기를 낚으려고 하는 자가 있을 때에는 도주(島主)가 노인(路引)을 발급하고, 우리 나라에서도 활을 잘 쏘는 선군(船軍)을 가려서 이름을 '사관(射官)'이라 하여 함께 왜선(倭船)에 있게 하니, (하략)[23]

---

20) 신숙주, 《해동제국기》, 三浦禁約.
21) 《세종실록》 17년 10월 17일 을묘.
22) 《세종실록》 20년 10월 18일 기사.

위의 내용으로 본다면, 포소왜인이 어업활동을 하기 위해서는 대마도주의 문인을 발급받아야 함을 알 수 있다. 하지만 대마도주인 종정성이 항시 포소왜인에게 문인을 발급해 줄 수 없었으므로, 당시 포소왜관에서 대마인들을 관리하던 종씨의 대관(代官)이 문인발급을 담당했을 것이라 생각된다. 이런 문인제도의 시작이 언제인지는 확실하게 알 수 없지만, 태종 13년(1413) 왜인 동시라(童時羅)가 사사로이 흑산도에 미역을 따러 갔다가 태형 50대의 형에 취해지고, 이후 노인(路引)을 받아 사사로이 바다로 가는 자를 금지한다는 명을 내리고 있는 것[24]으로 보아 이 시기 이전부터 왜인에 대한 노인제도가 있었던 것으로 보인다. 노인의 구체적인 형태를 추정하기는 힘들지만, 대체로 해채(海菜)활동을 한다는 확인과 한정된 날짜 등을 기록했던 것 같다.[25] 이런 제도 속에서 포소왜관의 항거왜인들은 어업·해채 활동을 하고, 이를 매매하여 생계를 유지했던 것이다.

또한 위의 사료에서도 잠깐 언급되었듯이 왜인들이 어업을 위해 배를 타고 나갈 때에는 조선인 선군(船軍) 한명과 왜인 한명을 교체하여 해상으로 나가는 선군동승제가 있었다. 위의 시기보다 이른 세종 17년 기사에서도 선군과 왜인이 서로 바꾸어 타는 것을 언급하고 있는데,[26] 언제부터 시작되었는지는 정확히 알 수 없다. 조어 왜선의 경우, 대략 한 척당 6~10인이 배를 탔던 것으로 보이는데, 이들 중 한사람은 선군과 배를 바꾸어 타면서 조어 활동에 어느 정도의 제약을 감수해야

---

23) 《성종실록》 21년 10월 29일 정축.

24) 《태종실록》 13년, 7월 28일 계사.

25) 《세종실록》 20년 1월 13일 무술. "경상도 내이포(乃而浦)에 정박(碇泊)한 왜선은 옥포 이북 해중포곶(海中浦串)에서 생선을 잡고 미역을 따도록 하는데, 날짜를 정해서 문서를 주고 옥포 만호(玉浦萬戶)를 시켜 한정된 날짜를 상고하고, 이에 따라 돌려보내도록 하여 양산 이남은 생선을 잡거나 미역을 따는 일을 금지할 것이니, 감사와 도절제사에게 타당한가 않은가를 함께 논의하여 보고하도록 청합니다."

26) 《세종실록》 17년 10월 17일 을묘.

했던 것이다.

항거왜인들은 어업활동 뿐만 아니라 거주지 근처에서 소금생산 활동도 했던 것으로 생각된다. 이것은 왜인들이 주로 매매한 물품이 어물과 소금이라는 것에서 짐작할 수 있다. 하지만 실제 어디에서 얼마만큼의 소금을 생산했는지를 자세히 알기는 어렵고, 다음의 사료로 소금 생산 활동이 있었음을 추측할 따름이다.

> (가) 예조에서 경상도 관찰사의 계본에 의거하여 말하기를,
> "본도 부산포의 사염장은 왜인과 더불어 뒤섞어서 판매를 하여, 혹 흔단이 생길까 두려우니, 청컨대 철거하게 하소서"
> 하니, 그대로 따랐다.[27]

> (나) 병조에서 아뢰기를,
> "경상도 바닷가의 각 고을의 소나무는 병선(兵船)을 만드는 데에 가장 긴요한데, 수령들이 게을러서 금벌(禁伐)을 아니하여 사람들이 많이 베어 갑니다. 이로 인하여 소나무가 적어서 배를 만들기가 어려우니, 장래가 우려됩니다. 청컨대 그 도(道) 관찰사와 수군절도사(水軍節度使)로 하여금 엄금하여 베지 못하게 하고, 또 삼포(三浦)에 사는 백성들 가운데 몰래 소나무를 베어서 왜인(倭人)에게 파는 자를 아울러 엄금하게 하소서."
> 하니, 그대로 따랐다.[28]

(가)에서는 부산포에서 일반 사염인과 왜인이 뒤섞여 장사를 하고 있으며, 폐단이 생길까 두려워서 철거를 명한 내용이다. 이런 내용으로 보아 당시 사염장(私鹽場)에서 왜인과 혼재되어서 소금을 판매했음을 알 수 있다. 또한 (나)에서도 알 수 있듯이 삼포에 사는 일반 백성들이 몰래 소나무를 베어 왜인에게 파는 사례도 공공연히 일어났음을 암시하고 있다. 소나무는 사료에서처럼 배를 만들기도 하지만, 소금을 구울

---

[27] 《성종실록》 6년 1월 6일 병진.
[28] 《성종실록》 5년 9월 3일 을묘.

때 땔감으로도 사용된다. 아마도 삼포에 거주하는 대마인들은 조선에서 금송정책이 행해지기 전까지 해변 근처에서 나는 나무를 베기도 했고, 금벌이 행해졌을 때에도 몰래 나무를 매매했던 것으로 보이며, 이것은 그들이 소금을 생산하는 데에도 사용했을 것이라 생각된다.

물론 직접 소금을 굽는다는 사료는 없지만, 항거왜인의 매매 품목이 어염이라는 것은 그들이 어업활동 뿐 아니라 소금생산을 하고 있었음을 보여주는 것이 아닐까? 실재로 이 나무로 소금생산을 하지는 않았다 하더라도 선박을 주조하여 바다로 나가 어업활동을 하면서 외딴 섬 등에서 소금을 굽는 일도 있었을 것이라 생각된다.[29] 이들은 대마도에서 소금 생산을 하던 자들이라서 생산 기술면에서도 어느 정도 실력이 있었을 것이다. 소금을 1년 내내 구울 수는 없으므로, 농한기나 물고기가 많이 잡히지 않는 때에는 소금 생산으로 생계를 유지했다고 보아도 무리는 없을 것이다.

2) 고초도 조어

≪해동제국기≫에서 언급했듯이 대마도는 토지가 척박하여 농사를 지을 땅이 적합하지 않았다. 그래서 그들의 생산활동은 어염업이나 무역, 해적 활동에 치중될 수밖에 없었다. 일단 조선에서 대마인들에게 삼포지역에서의 항거 및 어업활동, 매매활동을 승인했지만, 대마 본도에서는 더 넓은 해산물 생산지가 필요했다. 그들이 요구한 곳은 고초도였는데, 그 위치에 대한 설[30]은 아직도 분분하다. 고초도를 하나의 섬으로 보느냐 두 개의 섬으로 보느냐에 대해서도 사료 및 여러 설이 일

---

29) 고려 말에는 왜구들이 나무를 베어 선박을 주조하여 외딴 섬에서 소금을 생산했다는 기사가 있다.
30) '長節子, ≪中世 國境海域の倭と朝鮮≫, 吉川弘文館, 2002, 40~51쪽.'에 보면, 고초도의 위치 비정에 대한 여러 설이 정리되어 있다.

치하지 않으므로, 본고에서는 편의상 '고초도'라는 단일 명칭으로 통일하도록 하겠다.

어쨌든 대마인이 요구한 고초도는 어느 지역으로 비정되든 육지에서 거리가 제법 떨어진 전라도 남해의 절도(絶島)로, 어종이 매우 풍부한 곳이다. 이 지역을 개방하느냐의 여부와 관련하여 세종대 조정에서도 논의가 많이 진행되었으나, 결국 왜구 회유책의 문제와도 결부되어 어장을 개방하는 대신 어업활동을 하는 자로부터 세금을 받기로 결정했다.[31] 그 구체적인 내용은 다음과 같다.

> 대마도 사람으로서 고기잡이 하는 자는 도주(島主)의 도서(圖書)와 삼착문인(文引)을 받아서 지세포에 도착하여 문인을 제출하면, 만호가 문인을 다시 만들어 준다. 고초도의 정해진 곳 외에는 아무데나 함부로 다니지 못하게 하며, 고기잡이를 마치면 지세포에 돌아와서, 만호에게 문인을 되돌려 주고, 세어(稅魚)를 바친다. 만호는 도주의 문인에 회비하여 인(印)을 찍어 되돌려 줌으로써 서로 증거로 삼는다. 만약 문인이 없거나, 풍랑을 이기지 못했다 핑계하거나, 몰래 무기를 가지거나, 변방의 여러 섬에 횡행한 자는 적으로 논죄한다.[32]

고초도 조어자는 대마도주로부터 삼착문인을 가지고 와서 지세포에 문인을 제출하고 나서야 조어활동을 할 수 있었다. 그리고 고기잡이를 한 후에도 다시 지세포로 가서 어세를 내고 문인을 돌려받고 난 뒤에야 다시 대마도로 돌아갈 수 있었다. 고초도로 출어하는 배는 매년 40~50척 혹은 70~80척 정도라고 하는데[33], 한 척당 8~9명 정도가 탔던 것 같다.[34] 처음에 문인을 발급할 때에는 어떤 사항을 기록하였

---

31) 《세종실록》 23년 11월 22일 을묘.
32) 신숙주, 《해동제국기》, 釣魚禁約.
33) 《세종실록》 22년 5월 29일 경오.
34) 《세종실록》 31년 4월 6일 을묘 조에 8명이 탄 배 한 척이 지세포에서 문인을 받아갔다

는지 모르지만, 성종 5년이 되면 고초도에 조어하는 왜인에게 발급하는 문인에 지세포에서 교부한 문인과 납세(納稅), 회비(回批), 고기잡이하는 배의 숫자, 사람의 이름 등을 모두 자세히 기록하여 계달하고, 만일 도주(島主)의 문인을 교부하고 돌려받지 아니한 것이 있거든 그 문인을 아울러 올려보내게 하고 있다.35) 즉 성종 이후 삼포교역이 중단되면서 조어에 대한 규제도 강해지는 것이 아닌가 생각된다.

고초도에서 조어한 왜선은 선척의 대·중·소를 구분하여 지세포에 세금을 바쳤다. 당시 선척의 대소를 정하는 표준은, 대선은 길이 42척 이상 폭 18척 9 이상, 중선은 길이 32척 6 이상 폭 13척 6 이상, 소선은 길이 18척 9 이상 폭 6척 9 이상이었다.36) 이들에게는 처음에 대선 500마리, 중선 400마리, 소선 300마리의 어세가 주어졌으나, 세종 24년에 감해져서 대선은 300마리, 중선 250마리, 소선 200마리가 되었다.37) 그 후에 다시 성종 대에 대선 200마리, 중선 150마리, 소선 100마리로 감해 주었다.38) 이렇게 어세가 점차 감소되어간 사실은, 당시 조선이 왜구 근절에 일차적 목적을 두고 있었기 때문에 왜인으로부터 받은 어세로 국가의 재정에 충당하겠다는 생각은 부수적인 목적에 지나지 않는다고 하겠다. 이런 사실은 고초도 조어로 받은 어세를 어디에 사용했는가 하는 점에서도 드러난다.

> 의정부에서 호조의 정문에 의거하여 아뢰기를,
> "고초도(孤草島)에서 고기잡이하는 일본 어선의 세(稅)로 바친 고기는 감사(監司)의 처리에 따라서 사객(使客)을 대접하는 비용으로 쓰고, 그 나머지

고 하고 있고, ≪세조실록≫7년 7월 28일 병인 조에는 9명이라 하고 있다.
35) ≪성종실록≫ 5년 9월 23일 을해.
36) ≪경국대전≫, 工典, 船車.
37) ≪세종실록≫ 24년 6월 17일 병오.
38) ≪성종실록≫ 24년 윤 5월 8일 신축 조에 ≪경국대전≫에서의 어세를 밝히고 있다.

는 쌀과 베를 사서 국가의 소용에 쓰도록 하소서."
하니, 그대로 따랐다.39)

세금으로 바쳐진 생선은 대체로 사신을 접대하는데 쓰여지며, 나머지는 국가의 소용에 쓰이는 것이다. 하지만 일본에서 조선으로 오는 사신의 수가 엄청났고, 그 접대도 여러 군데에서 행해진 것을 생각한다면, 그다지 남은 어세도 없었을 것 같다. 즉 왜인들로부터 벌어들인 세금은 왜인들에게 충당된 것이었고, 그것으로 국가의 사업을 할 만큼의 여유는 되지 않았던 것이다.
이렇게 합법적인 어로 활동이 정해졌음에도 불구하고, 해중(海中)에서는 불법적인 조어가 많이 행해졌다. 아래의 사료는 이러한 점을 잘 보여준다고 할 수 있다.

> 신이 곤양·사천·고성(固城)에 이르러 제주(濟州)에서 와 사는 두무악(頭無岳) 등 남녀를 불러 모아놓고 술을 먹이고 국령(國令)을 유시(諭示)하며, 또 수로(水路)를 자세히 물으니, 각각 소견을 아뢰는데, 뭇사람의 말이 하나 같았습니다. 대마도(對馬島)에서 남해 미조항까지 그 사이에 크고 작은 섬이 벌여 있어 서로 연하였는데, 난도(卵島)·내매미도(內毎彌島)·외매미도(外毎彌島)·어리가건도(於里加件島)·내비산도(內非山島)·비진도(非眞島)·용초도(龍草島)·오사리도(吾士里島)·연대도(延臺島)·내부지도(內夫知島)·외부지도(外夫知島)·연화도(蓮花島)·우도(牛島)·적화리도(赤火里島)·내초리도(內草里島)·외초리도(外草里島)·임도(林島)·나읍다지도(羅邑多只島)·욕지도(欲知島)·마도(馬島)·내갈리도(內葛里島)·외갈리도(外葛里島)·대로대도(大勞大島)·소로대도(小勞大島)·내거차리도(內巨次里島)·외거차리도(外巨次里島)·둔미도(芚彌島)를 지나 남해 미조항에 이르고, 서쪽으로는 내리(內里) 돌산(突山)까지 30여 리이며, 동쪽으로 삼천진까지 15여 리인데, 왜적의 드나드는 것이 항상 이 길을 경유하면서 풍파가 일면 언덕에 의지하고, 바람이 고요하면 출발하고 이렇게 돌고 돌아 미조항에 이르면 동(洞) 안

---

39) 《세종실록》 30년 2월 15일 신미.

에는 바람이 없고 해산물이 많이 있으므로, 머물면서 물을 길은 뒤에 서쪽으로 내례(內禮) 돌산(突山)에 들어가 있다가 때를 타고 몰래 나타나는데, 이 관문을 지나지 아니하면 전라도 경계에 쉽게 들어가지 못한다고 합니다.[40]

위의 글은 대마도에서 남해까지 거치는 해로를 보여주는 것인데, 이 해로를 따라 다니며 왜인들이 비합법적으로 어로 및 해채를 하고 있음을 알 수 있다. 또한 인적이 뜸한 절도에서는 소금을 굽기도 한 듯하다. 태종대에 사람이 살지 않는 섬에서 연기가 피어올라 보고한 사건이 있었는데, 왜인들은 조선에 빈 섬이 많은 것을 알고 횡행하다가 몰래 빈 섬으로 들어가 물고기 잡이 및 소금 생산을 계속한 것으로 보인다. 물론 이 소금은 매매를 위한 것이기도 하겠지만, 어물을 보관하는 데에도 필요하기 때문에 배를 타고 이동하면서 생선의 부패를 막기 위해 절이는 용도로 사용하기도 했을 것이다.

3. 대마인의 어염 교역

1) 대마도의 흥리왜인

조선 전기 왜인과의 무역에 관계된 자들로 흥리왜(興利倭)와 사송왜(使送倭)가 있다. 이들의 주된 업무는 명확하게 구분되지만, 실제로 무역에 종사한다는 점에서는 구분이 모호할 수 있다. 본 장에서는 이러한 구분을 우선 명확히 해 두고 넘어가고자 한다.

흥리왜와 사송왜에 관련된 연구는 주로 일본 학자들 사이에서 이루어졌는데, 출발점이 되는 주된 내용은, 조선초기에는 흥리선이나 흥리왜에 관한 기사가 제법 존재하지만, 세종대 초기를 기점으로 흥리왜나

---

40) 《성종실록》 17년 11월 22일 계해.

홍리선에 관련된 기사는 사라지고 그 자리를 사송왜나 사송선이 대체한다는 것이다. 이런 사실에 대해 대부분의 일본 학자들은 홍리선이 모두 사송선화 되었다고 하였다.[41] 즉 대마도주의 서계에 의한 사송선 통제 제도에 의해서 홍리선이 제한을 받아서, 홍리선도 서계를 받으면서 사송선화 되었고, 특히 삼포왜란 이후로 통제 강화가 더욱 심해져 홍리선은 사송선으로 대체되었다는 것이다.

물론 ≪조선왕조실록≫의 기록상 홍리선이란 칭호가 사라지고 있는 것은 사실이지만, 대마도 내에서는 이후에도 사송선과 홍리선의 구분이 명확히 존재하고 있었다. 향록(享祿) 8년(1536) 대마도에서 천부경 구입을 위해 금품을 거두는 과정에서 삼포왜인·사송선·홍리선에게 모두 분주하게 뛰어다니도록 지시한 내용이 있는데, 이것을 보면 세종 초기에 소멸되었다고 취급된 홍리왜선은 종래의 설과는 달리 그 후에도 의연하게 존속하고 있는 것이다.[42] 이런 점에서 대마도인의 어염교역 양상을 살펴보기에 앞서 그 교역을 담당한 홍리왜의 명확한 구분은 필요불가결한 것이라 생각된다.

홍리왜는 본연의 업무가 홍리(興利), 즉 교역에 있었다. 교역의 형태는 공무역·사무역·밀무역 등 여러 형태가 될 수 있겠지만, 홍래왜들은 주로 사무역이나 밀무역에 한정되어 있었다고 볼 수 있다. 반면 사송왜는 본연의 업무가 사신 업무의 형태를 띠고 있었고, 부수적으로 무역 업무를 하기도 했는데, 이들은 공무역을 주로 하고, 사무역과 밀무역을 병행하기도 했다. 그렇다면 사송왜와 홍리왜의 사무역이나 밀무역은 어떤 면에서 차이를 가지는지 의문이 생길 것이다.

우선 사송왜는 사신의 업무를 주로 한다는 점에서 왜인을 접대하는

---

[41] 中村榮孝, 田中健夫, 有光友學, 村井章介 등은 홍리선이 사송선에 비해 처우가 불리해졌으므로, 사송선화 되어갔다고 밝히고 있다.

[42] 長節子, ≪中世 國境海域の倭と朝鮮≫, 吉川弘文館, 2002, 340~341쪽.

곳이었던 동평관(東平館)으로 가서 접대를 받는 경우가 많았다. 또한 교역의 원칙상 교역물품의 종류나 물품 가격을 정하기 위해서는 동평관까지 올라가서 미리 허락을 받고 나서야 교역을 할 수 있었으므로[43] 그들에게는 공무역적인 성격이 강하다고 할 수 있다. 그리고 사송왜가 취급하는 물건은 무역의 성격과도 관련이 있는데, 동(銅)·납·철·단목·향목·호초 등 사사로이 교역하는 것을 금하는 물품들이 많다.

하지만 흥리왜는 사송왜와는 처우나 취급 물품에서 확연하게 차이가 난다. 우선 흥리왜는 사신 업무가 아닌 무역 업무만을 가지고 조선에 왔기 때문에, 동평관으로 올라가는 일도 없었고, 사신의 접대를 받는 일은 더더욱 없었다. 그렇기 때문에 이들의 교역 형태는 포소왜관 내에 제한된 사무역 혹은 밀무역의 형태를 띨 수밖에 없었다. 또한 이들의 교역 물품은 사송왜의 물품과는 달리 소금이나 어물(魚物) 등으로 제한되었다. 뒤에서 자세히 밝히겠지만, 흥리왜들은 개인 비용을 들여가면서 상경하여 어염을 매매할 필요가 없었다. 물론 흥리왜에게 별다른 통제가 없었던 태종대 초두 이전에는 흥리왜가 육지 깊숙한 곳까지 이동하는 경우도 있었다.[44] 하지만 흥리왜선에게 거수(渠首)의 행장(行狀)을 가져오게 하고, 정해진 곳에서 무역하게 하는 등의 조치가 취지면서 포소왜관 근처에서의 무역만 하는 것으로 제한되었다.

한편 흥리왜는 어염 교역뿐만 아니라 해적 활동도 겸했던 것 같다. 태종 17년 중국인 예관음보(倪觀音保)가 왜인의 흥리선을 얻어 타고 진주의 경계에 이르렀는데, 그에게 흥리왜의 사정에 대해 상세하게 묻

---

43) ≪세종실록≫ 24년 11월 19일 병자 조에 의하면, '공처무역을 이미 마치고 난 뒤에야 사무역을 할 수 있고, … 京中 각 관사의 포화를 미리 먼저 내려 보내어 삼포 가까운 고을에 들어 놓고, 그 고을의 수령이 공무역의 물가를 상정한 수량에 의거하여 헤아려 무역하고, …'라고 하고 있다.

44) ≪태종실록≫ 7년 7월 이후로 흥리왜선은 각 섬의 渠首 행장을 가져와 정박하게 하고, 해변 각 군에 나누어 거처하는 향화왜인은 육지 먼 곳의 흥리왜인과의 왕래를 금지하게 하였는데, 이 시기 이전에는 흥리 왜인이 육지로까지 이동해 들어갔던 것으로 보인다.

는 장면이 나온다. 우선 왜인의 배는 한 배에는 어염(魚鹽)을 실었고, 한 배에는 당목면(唐木綿)을 실었는데 조(租)와 쌀을 바꾸는 것이라 했다.45) 즉 이는 흥리왜선이 조선에 와서 자신들의 어염을 조선의 쌀로 교환해 갔음을 알려주는 것이다. 그렇다면 당목면은 왜 싣고 있었는지 의문이 생기지 않을 수 없다. 그 뒷내용에 관음보는 '왜놈들은 모두 병기(兵器)를 간직하였다가 만약 배가 없는 곳에 이르면 침탈(侵奪)하고 병기가 있는 곳에 이르면 흥리(興利)하고자 원합니다.'라고 하고 있어, 병기를 가지고 중국의 당목면을 탈취한 것이 아닌가 생각된다. 그것이 아니더라도 흥리왜는 어염교역 뿐 아니라 해상에서의 침탈 활동도 하고 있는 것으로, 포어·흥리·해적 등의 역할을 겸하고 있었던 것으로 생각된다. 하지만 그 주된 역할은 어염교역이었다.

즉 당시 교역을 담당했던 대마인 중에 흥리왜는 대마도주의 행장을 받아 정해진 기간동안 정해진 장소에서 머무르면서 어염교역을 주로 했던 상왜(商倭)로 정의내릴 수 있을 것이다. 다음 절에서는 이 흥리왜인이 교역하였던 어염교역의 활동 양상을 중심으로 살펴볼 것이다.

2) 조선과의 어염교역

대마도인은 비록 왜인이기는 하지만 거리상으로 본다면, 대마도는 일본보다 조선과의 거리가 더 가깝다. 그래서 일본 본토보다 조선과의 관계를 형성하기에 유리한 위치를 점하고 있다고 해도 과언이 아닐 것이다. 또한 대마도는 토지가 척박하여 어염생산 활동을 하고, 그것을 판매하여 생계를 도모함은 앞에서 이미 서술하였다. 그렇다면 그들의 어염 판매는 어떤 경로를 통해서 이루어지는 것일까? 결론은 흥리왜인들의 교역을 통하여 이루어진다는 것이다. 하지만 교역의 자세한 양상을

---

45) 《태종실록》 17년 윤 5월 9일 갑자.

알기 위해서는 먼저 흥리왜인들에 대한 교역규제책을 시기별로 구분해 볼 필요가 있다.

첫 번째 시기는 조선 개국 후 흥리왜인의 이동이나 활동이 자유로웠던 시기이다. 조선 개국 후 바로 왜구가 사라지고 모든 문제가 해결된 것은 아니었다. 그래서 조선 초에는 왜구를 금하기 위한 일련의 정책들이 취해졌는데, 그 정책 중 하나가 대마인에 대한 회유책이었다. 이 시기에는 왜인들이 조선에 와서 거주하는 지역이나 교역하는 지역을 제한하지 않았다. 즉 조선 개국 후 초기에는 왜인들에 대한 강압책보다 회유책을 사용하여 왜인들의 생활을 안정시키는 동시에 조선인들의 생활도 안정시킨 것이다. 결과 태종7년에 부산포와 제포로 흥리왜선의 정박지를 제한하기 전까지 왜인들의 생활은 어느 정도 자유로웠고, 흥리왜인 또한 규제를 받지 않고 자유롭게 교역할 수 있었다.

두 번째는 왜관설치 후 흥리왜인에 대한 정책이 변하여, 설치된 포소왜관에서만 교역을 허락하게 되는 시기이다. 앞서 살펴보았듯이 포소왜관은 태종7년의 건의에 의해서 설치되었다. 처음에는 부산포와 내이포 두 곳에만 왜관이 설치되었는데, 이렇게 설치된 왜관을 중심으로 항거왜인의 거류지를 제한하였으며, 동시에 흥리왜인의 교역장소도 제한하였다. 이러한 모습은 왜관설치 이후 처해진 조처에서 확인할 수 있는데, 특히 항거왜인들의 거주지를 육지 깊은 곳에 배속시키는 경우[46]가 그러하다. 이런 사실은 항거(恒居)하는 왜인들이 흥리하는 왜인들과 접촉하여 이전의 왜구활동과 같은 사단이 생기지 않을까 염려하여 취한 조치라 할 수 있다.

어쨌든 왜관 설치 이후부터 흥리왜선은 행장을 받아와서 부산포와 내이포에 정박하도록 하고 있다.

---

46) 《태종실록》 9년 12월 28일 을축.

의정부(議政府)에서 아뢰었다.

"흥리 왜선(興利倭船)이 연속하여 나와서 경상도에 이르는데, 일시에 혹은 수 십 척이 됩니다. 무역하는 사람이 없기 때문에 걸핏하면 유련(留連)하게 하고, 혹은 흩어져 민호(民戶)에 들어가서 강제로 매매하여 소동을 일으킵니다. 금후로는 정한 곳에 와서 정박한 왜선에게는 연해(沿海)의 각 고을 창고에서 묵은 쌀·콩으로 시가(時價)에 따라 무역하여, 그 왜선으로 하여금 즉시 본도(本島)에 돌아가게 한 뒤에, 무역한 어염(魚鹽)을 관선(官船)에 싣고 낙동강(洛東江)을 거쳐 상도(上道)에 정박하여, 각 고을의 자원하는 인민(人民)에게 쌀과 베[布]를 가리지 말고 하고 화매(和賣)하여 창고에 넣도록 하소서."

임금이 그대로 따랐다.47)

위의 사료에서는 흥리왜선의 매매에 따른 규제책을 말하고 있는데, 흥리왜가 무역하는 물품을 강매하기도 하고, 오랫동안 머물면서 소동이 생기니 빨리 교역해 주어 본도인 대마도로 돌아가게 조치한 내용이다. 이를 통해 왜관 설치 전에는 없던 규제책이 생기고 있는 것을 알 수 있다.

또한 위의 내용을 통해서 흥리왜인이 교역하는 물품이 무엇인지, 교역하는 방식은 어떠한지도 함께 알 수 있다. 본문에서 분명히 교역하는 물품을 '어염(魚鹽)'이라고 하고 있고, 흥리왜에게는 창고에 있는 '묵은 쌀과 콩'으로 시가에 따라 바꾸어 주었다고 하고 있다. 즉 이로써 흥리왜와 조선의 교역 물품은 '어염 대 곡물'인 것이 밝혀졌다. 또한 왜인에게서 사들인 어염은 관선이 낙동강을 거쳐 위로 올라가 정박하여 조선 인민들에게 쌀이나 베를 받고 지급하여 창고에 보관하였다. 이후에 관과 민간의 교역에 동전을 사용하게 한 적도 있었지만, 백성들이 동전을 좋아하지 않아 결국은 다시 쌀과 베로 교역하도록 바뀌었다.48)

흥리왜인의 교역장소를 포소왜관으로 제한하는 조치는 이후에도 계

---

47) ≪태종실록≫ 7년 7월 27일 무인.
48) ≪세종실록≫ 11년 9월 23일 병인.

속 이어졌으며, 세종대에 삼포가 개장된 이후에도 교역의 장소는 철저하게 포소왜관으로 제한되었다. 이것은 세종대의 삼포금약에서도 잘 나타난다.[49] 또한 세종 12년에는 상왜 및 항거왜 모두 관하에 비치해, 흥판·포어자 모두 행장을 지급하게 했으며, 세종 17년 대마도주가 삼포 외에 가배량·구라량·개운포 등지에서의 포어 및 교역을 청했으나 거부하였다.[50] 성종 2년에는 삼포 내에서 규제가 약해지자 삼포 이외의 지역에서 사사로이 무역하는 것을 철저히 금하는 조치도 단행했다.[51]

이런 규제 속에서 행해진 교역의 형태도 당연히 앞의 사료처럼 관이 개입된 형태였을 것이다. 하지만 관이 개입하지 않고 민간 자체에서도 교역이 이루어졌다. 그 형태는 관이 개입한 교역처럼 구체적으로 드러나 있지는 않지만, 주로 어염을 교역하고 심지어는 술과 고기도 사사로이 주고받았다.[52] 예종 원년에 삼포에서의 사무역이 문제시 되어 잠시 삼포 무역이 중단된 적이 있었지만, 이때에도 피물(皮物)이나 식물(食物)은 왜인 여자를 통하여 교역하게 한 것[53]으로 보아 어염 교역은 계속 이루어지고 있었던 것으로 보인다.

마지막으로 성종대 무렵이 되면 포소에서의 무역이 폐지되고, 관이 적극적으로 개입하는 형태의 무역이 나타났는데, 그것이 바로 화원현(花園縣)에서의 무역이다. 화원현은 왜인과의 무역을 위하여 성종대에 설치된 왜물고(倭物庫)[54]이다. 당시 삼포에서의 교역도 폐단이 생기면

---

49) 《세종실록》 8년 1월 18일 계축.
50) 《세종실록》 17년 10월 17일.
51) 《성종실록》 2년 5월 3일 을해.
52) 《세조실록》 원년 7월 22일 을미.
53) 《예종실록》 원년 3월 9일 계사.
54) 왜물고는 세조 때부터 만들어졌다고 하지만, 실제로 활용된 것은 성종 때이다.

서 예종대 삼포무역이 폐지되자, 성종은 사송왜를 중심으로 무역을 전개하여 왜인들을 확실하게 통제하려 한 듯하다. 그래서 포소로부터 왜인들의 물건을 화원현에 옮겨 저장해 두고, 왜인들은 동평관으로 올라가 무역의 허가나 물품 가격을 정해 받으면, 동평관에서 가격을 지급하는 것이었다.55) 이렇듯 처음에는 동평관을 중심으로 무역을 하였지만, 성종 16년에는 화원현에 창고를 설치해서 삼포 왜인의 물품을 갖다놓고 백성들이 대가를 사섬시에 바치면, 각 해당 관에서 대가를 주고 교역하게 하는 방식을 취했다.

화원현은 왜인들이 한양으로 가는 중간쯤에 위치하였고, 삼포에서 낙동강을 따라 배를 이용할 수 있었기 때문에 무역품의 수송이 용이하였다. 당시 삼포에서 이동에 걸리는 거리도 자세하게 제시되어 있는데, 삼포에서 동원 나루까지의 거리가 부산(釜山)에서는 1식(息)쯤 이고, 제포(薺浦)에서는 3식(息)이고, 염포(鹽浦)에서는 4, 5식(息)이 되며, 왔다 갔다 하는 동안에 으레 4, 5일이 걸린다고 하여56) 교역을 위한 왕래가 어느 정도 정착되어 있었음을 짐작할 수 있다.

이 시기의 무역 물품은 사송왜가 늘 교역을 청해오던 동·납·철·소목 등의 물품이 주를 이루었지만, 흥리왜의 어염도 포함되었으리라 생각된다. 화원현의 창고에 왜인들의 물품이 많이 쌓이고, 피물(皮物)·식물(食物) 등은 부패한 것이 많다는 점에서 보더라도 어염 같은 식물(食物)이 포함되어 있었으리라 생각된다. 즉 삼포무역이 폐지된 상태에서 교역할 수 있는 곳은 화원현이 유일했던 것이다.

화원현에 왜물고가 생기면서 왜인들과의 교역에 대한 규제가 강화되고 사송왜를 중심으로 한 교역물품이 정착되면서 흥리왜인을 통한 교역은 점차 줄어갔다. 이것은 물론 흥리왜인에 대한 규제책이 점차 강화

---

55) 《성종실록》 4년 8월 17일 병자.
56) 《성종실록》 16년 2월 15일 정묘.

되면서 생긴 결과로도 볼 수 있지만, 어염에 대한 조선의 수요가 줄었기 때문이라고도 생각할 수 있을 것이다. 조선 초기 왜구의 활동으로 해안에서 필요한 어염을 얻지 못하는 사태가 발생하면서 어쩔 수 없이 흥리왜인을 통해 어염을 교역하여 얻을 수밖에 없었다. 하지만 항거왜인과 흥리왜인의 활동지역을 포소왜관 내로 제한하면서 그 나머지 조선의 여러 해안에서는 마음껏 어염생산 활동을 하게 되었고, 그만큼 어염의 자체 충당이 이루어질 수 있었다. 그래서 성종대가 되면 굳이 흥리왜인을 통해 어염을 얻을 필요가 없어지게 된 것이다. 이후 화원현을 통한 왜인과의 거래에서 어염거래가 사라져가게 된 것이나, 흥리왜인이 소멸되게 된 것도 이러한 시각에서 생각해 볼 수 있을 것이다.

4. 맺음말

이제껏 조선 전기 대마도인의 어염 생산 활동과 판매 양상을 살펴보았다. 제목은 조선 전기라고 하였지만, 실제로는 어염교역이 거의 사라져 버린 삼포왜변 이후의 내용은 다루지 않았으므로 엄밀히 말하자면 조선 초기의 내용이라고 할 수 있다.

고려 말부터 조선 건국기까지 잦은 왜구의 침공으로 황폐화된 조선은 왜구의 핵심세력이라 할 수 있는 대마도인들에게 회유책의 일환으로 식량과 생활을 보장해 주었다. 대마인들도 도내(島內)에서 쌓은 소금생산 기술 및 어업 기술을 조선에서 활용하여, 생산된 어염을 교역하는 방식으로 생계를 도모했다. 결과 대마인들이 조선의 각 포소왜관에서 안정되게 정착할 즈음에는 왜구의 침입 횟수가 줄었으니, 이런 정책이 절반 이상은 성공을 거두었다고 할 수 있다.

포소왜관 근처에서 항상 거주하는 항거왜인 및 무역을 하러 대마도에서 오는 흥리왜인은 이런 상황을 충분히 활용하여 활발한 어염생산 및 교역 활동을 전개했다. 처음에는 왜인들의 정착이나 교역에 별다른 규제가 없었으나, 어느 정도 안정되면서 조선에서는 왜인들에 대한 통제책을 쓰기 시작했다. 즉 삼포 이외에서는 조어행위나 무역 행위를 하지 못하게 하였고, 이전에는 바다를 마음대로 횡행했던 왜인에게 고초도라는 한정된 조어장소를 내어주면서 조어 활동에도 제약을 가하였다. 이것은 후에 삼포에서의 교역도 금지하는 방향으로 나아갔고, 교역 장소를 잃은 왜인들은 조선 정부의 관리 하에 화원현으로까지 교역장소를 옮기게 되는 결과를 낳았다.

　이런 여러 규제책을 거치는 동안 대마도인들의 어염교역은 점차 줄어들게 되었다. 그만큼 조선내에서 자체 충당할 수 있는 어염생산이 이루어졌고, 결국 흥리왜인을 통해 어염을 획득하지 않아도 될 만큼의 자체 해결이 가능해지게 된 것이다. 이런 현상은 삼포왜변 이후에도 계속 이어져 대마도인을 중심으로 한 어염 교역은 축소되어 점차 사라지는 방향으로 나아가게 된다.

　조선 전기에 대마도와의 교역품이라고 하면, 자료가 많이 남아있는 공무역 품목이나 무역 금지 품목이었던 밀무역 등을 떠올리게 된다. 이것은 그동안 이런 물품과 관련된 연구만이 주를 이루었던 탓이기도 하다. 하지만 본고에서는 조선 전기에 그다지 중요시하지 않았던 대마인의 어염이라는 주제에 눈을 돌려 미흡하나마 논지를 전개했다. 물론 조선 초기의 사료는 《조선왕조실록》이나 《해동제국기》에 한정되어 있어 충분한 사료활용이 어려웠고, 그에 따른 논지 전개의 어려움도 있었다. 하지만 농본주의의 조선사회에서 해양으로 눈을 돌려 이제껏 자주 바라보지 못했던 부분을 인식하게 된 것에 큰 의의를 두며 맺음하고자 한다.

일본근세 어촌사회의 성립과 변모
- 대마도를 중심으로 -

박 화 진

목 차
1. 머리말
2. 근세일본의 어업 정책
   1) 근세어촌사회의 성립
   2) 근세어업기술의 확대
3. 대마도 어촌의 성립·변모
   1) 대마도 지리적 개관
   2) 대마도 어촌의 성립
   3) 대마도 어업의 변화
4. 맺음말

---

1. 머리말

1990년대이래, 지역학 및 지역역사에 대한 연구관심이 특히 고조되고 있다. 종전의 서구·근대·식민지·남성·엘리트 중심적 세계관이 오늘날 다양한 측면에서 새로운 도전을 받아, 주변적·초신비적·에로틱·일상다반사적 측면에서 바라보고자 하는 경향으로 바뀌게 되었다.[1] 그리하여 동아시아를 비롯한 역사연구에서도 주변 또는 변경이라 불리던 지역에 대해 지역 그 자체 및 사회·민족·문화에 대한 관심이 두드러지게 되었다. 예를 들면 종전의 <중국>대륙에 치중되던 중국사 연구경향에서 <중국>의 범위가 바뀌어 티베트, 몽고, 신강을 비롯하여 중국서남지역 및 중국동북지역을 대상으로 한 연구테마의 급증으로 나타났으며, 일본의 역사연구도 일본 주변지역에 대한 관심이 고조되어 민족으로서 아이누, 지역으로서의 오키나와, 경계지역으로서의 대마도(対馬島) 및 제주도의 역할 등에 주목하게 되었다.

이러한 지역세계에 대한 접근방법 중에 바다로 연계된 지역에 대한 관심이 대두하여 종전의 중앙·육지 중심 역사관에 대한 비판으로써 지방·해양 중심 역사적 시각이 등장하고 있다. 평소 필자는 한일 양국교류사적인 측면에서 대한해협을 둘러싼 부산과 대마도 양 지역에 대해 많은 관심을 기울여온 바 있다. 대마도는 부산에서 육안으로도 확인 가능한 지극히 가까운 거리에 놓여있으며 자연·해양 환경을 비롯하여 사회·문화적 측면 등에 있어 친근감과 유사성을 찾아볼 수 있기 때문이다.

이에 본고에서는 지역론적 측면에서 일본 국경의 섬 대마도를 중심으로 어촌·어업의 성립 및 변모에 대해 살펴보고자 한다. 이는 조류를 타고 고대이래로 빈번하게 전개되어 왔던 바다를 통한 한일 양국간 교류의 실상에 대해 접근하는 기초 작업의 하나이자, 근대이후 일본의 제국주의적 침입이 바로 바다를 통한 어업 침탈에서부터 비롯되었다고 하는 양상에 접근하는 데에 도움이 될 것이라고 생각하였기 때문이다. 다만 본고에서는 대마도 어업·어촌이 성립되는 근세시대를 기점으로 현대에 이르는 성립과 변모에 대하여 분석·검토를 시도하고자 한다. 분석에 앞서 일본 어업 및 어촌에 대한 연구동향의 개괄을 살펴보기로

---

1) 小谷汪之,「世界史像の行方」『歷史學における方法的轉換』(동경:靑木書店, 2002), 8쪽.

하자. 일본 어업 및 어촌에 대한 연구 동향에 대해 살펴보면, 크게 1960년대를 분기점으로 나누어 생각할 수 있다. 즉, 해방이전까지의 어업연구가 해양문제와 관련된 부속적 문제로서 제도사적 관점이 주류를 이루어 아직 어촌 및 그 지역적 차원에서의 연구는 매우 부족하였다.[2]

그러나 해방이후 다소 활기를 띄기 시작하여, 1960년대 이후부터 본격적인 연구들이 나타나기 시작하는데, 특히 어업권 및 어촌사 측면의 많은 연구들을 들 수 있다.[3] 그것은 해방이후 전개된 일본 어업제도 개혁과 더불어 수산청의 위임을 받은 '常民文化硏究所'의 어촌사료에 대한 수집·조사활동 및 방대한 사료 필사작업 등에 의한, 어업사연구의 기반이 만들어졌기 때문이다. 이에 1970년대의 활발하게 각 지방자치단체에서 전개되었던 縣市町村 단위의 史書 및 지방자치 사료간행과 더불어 어업관련사료가 간행되었다. 아라이 에이지(荒居英次)씨는 '기존의 어업사는 단순한 部門史에 지나지 않는다'라 비판하며 어촌을 근세봉건사회 전체적 구조와의 관련 하에서 연구할 것을 강조하고 있다. 특히 관동지역 어촌을 중심으로 각 개별어촌의 생산구조·어비(魚

---

[2] 1950년대는 주로 어업 기술사경제사제도권적 측면에서의 연구가 주류를 이루어 대표적으로 야마구치 가즈오(山口和雄)·시부자와 게이죠(渋沢敬三)·우하라 마타기치(羽原又吉)·하라 데루죠(原暉三)의 연구들을 들 수 있다. 야마구치씨는 해방 전까지, 千葉縣 九十九里浜 지역의 地曳網 어업을 비롯하여 越中 灘浦 지역 台網 어업 등, 일본근세시대의 주요어업기술에 대한 분석을 통하여 어업경영의 성립·발전·쇠퇴 양상에 대해서 규명하였다. 한편 일본 어업사의 개척자라고 일컫는 수 있는 우하라씨의 연구는 방대한 어촌사료를 이용하여 고대에서부터 근대에 이르기까지 광범위한 범위에 걸쳐 다루어 일본어업사 연구 선구자적 역할을 하고 있는데 특히 중세~근세 어장의 이용 및 소유권에 대한 해명을 통해 '漁場村落總有說'을 주장하고 있다. 나아가 하라 테루죠씨의 연구는 주로 어업제도에 대한 연구로서, 주로 법제사 측면에서 어업권의 역사적 변천에 대해 규명하고 있다.
山口和雄, 『日本漁業經濟史硏究』, (동경: 北隆館, 1948); 同, 『日本漁業史』, (동경: 東京大學出版會,1979); 羽原又吉, 『日本古代漁業經濟史』, (동경: 河出書房, 1949); 同, 『日本漁業經濟史』 上·中1·2·下, (동경: 岩波書店, 1953~1956); 同, 『日本近代漁業經濟史』 上·下, (동경: 岩波書店, 1957); 原暉三, 『日本漁業權制度論』, (동경: 北隆館, 1948).

[3] 니노헤이 토쿠오(二野瓶德夫)씨는 근세시대 어장의 소유 및 이용권에 대한 관계를 밝히고 우하라 마타기치씨의 '漁場村總有說'을 비판하고 대신에 '漁場總百姓共有說'을 주장하고 있다; 二野瓶德夫, 『漁業構造の史的展開』, (동경: 御茶の水書房, 1962).

肥)유통 등에 대한 업적을 남기고 있다.[4]

그리하여 1980년대 후반이후엔 어업정책·민속적 관점에서의 어촌 연구가 많이 전개되었다.[5] 이 시기는 공동체에 대한 1970년대 '봉건적 비판으로서의 부정적 공동체론'에서 '근대비판으로서의 긍정적 공동체론' 인식으로 바뀌어, 촌락을 비롯한 제반 공동체에 대해 보다 적극적인 재평가가 이루어졌다. 다만 이 단계의 어업·어촌사는 종래의 개별적 분석에서 벗어나 어업정책·어촌지역 관련 연구도 나타나기 시작하였으나, 아직 개별촌락 연구에 일관되고 있어 전체상·지역상에 대한 관심이 부족한 실정이었다.

2. 근세일본의 어업정책

1) 근세어촌사회의 성립

전근대 일본사회의 촌락은 주로 농촌을 지칭하는 것으로 인식되고 있다. 그러나 막번체제 하에서 각 지역사회 향촌제도가 성립되는 근세초기 이후, 해안가에 접한 촌락들의 어촌화 현상이 서서히 나타나게 되

---

4) 荒居英次, 『近世日本漁村史の研究』, (동경: 新生社, 1963); 同, 『近世の漁村』(동경: 吉川弘文館, 1970); 同, 『近世海産物経済史の研究』(동경: 名著出版社, 1988).

5) 사다 카네마나부(定兼學)씨는 어장이용이라는 관점에서 종전의 촌락 총유설인가 총백성 총유설인가의 양자택일론적 논쟁을 극복하여 근세어업·어촌사연구는 근세봉건사회사 전체에 관련시켜 전개해야만 한다는 인식하에 근세의 '지배자·촌락·민중'의 상호관계에 대해 고찰하였다.
盆田庄三, 『漁村社会の基礎構造』 上·下, (경도: 白川書院, 1970·1972); 同, 『漁村社会の生活慣習』 上·下, (경도: 白川書院, 1974); 同, 『漁村社会の變動過程』 上·下, (경도: 白川書院, 1979·1980); 同, 『漁村社会の史的展開』 上·中·下, (경도: 行路社, 1986·1987·1988); 伊藤康宏, 『地域漁業史の研究』, (동경: 農山漁村文化協會, 1992); 笠原正夫, 『近世漁村の史的研究-紀州の漁村を素材として』, (동경: 名著出版社, 1993); 高橋美貴, 『近世漁業社會史の研究-近代前期漁業政策の展開と成り立ち』, (동경: 淸文堂, 1995); 吉田悦造, 『近世魚肥流通の地域的展開』, (동경: 古今書院, 1996).

었다.6)

그러나 '漁村'이라는 용어는 일본근세시대 지가타(地方) 문서 및 고문서상에는 잘 찾아볼 수 없으며 다만 '浦方(우라가타)' 또는 '浜方(하마가타)' 등으로 나타나고 있다. 촌내에 어촌 집락이 따로 있는 경우엔 농·어촌 지역을 서로 구분하여 각각 '陸方(또는 岡方·地方)'과 '浦方'으로 나누어 표현하고 있으나, 이들 각 집락은 촌역인 및 조세·부역 부담에 있어 서로 분리 운영·지배되고 있었다.

한편 근세시대 막부 및 諸藩 영주들의 어업정책에 대한 기본적 방침은 어떠하였을까? 일본은 섬나라로써 해안가에 인접한 촌락들이 적지 않았으며 또한 비교적 많은 백성들이 바다와 접하며 어업에 종사할 수 있는 조건을 갖추고 있었다. 그러나 근세시대 막번체제의 기본방침이 농업을 기간산업으로 한 농본주의 체제였으므로 막번영주들 입장에서는 무조건 어업진흥에 주력할 수는 없었다. 따라서 어업은 명목상으로는 어디까지나 부차적 산업의 성격을 띠지 않을 수 없었다.

예를 들면 근세시대 국가인 에도막부 법령에 대해 살펴보면, 어업 및 어촌 관련 기사는 매우 찾아보기 힘들다. 근세 초기인 慶安 2(1649)년의 <게이안 법령(慶安の御触書: 「諸國鄕村江被仰出」 『德川禁令考前集』 第5卷2789号史料)>7) 32개조 항목 속에 浦方·山方을 대상으

---

6) 초기 어촌의 성격은 촌민의 일부만이 해안근처에 집락을 형성하여 농업을 겸업하는 형태의 반농반어촌적 성격과 촌민 거의 대부분이 어업생산에만 종사하는 순수어촌적 성격의 두 가지로 나눌 수 있다. 전자의 경우 그 생산 수단 및 결과에 있어 농촌중심의 향촌 사회적 분위기 속에서 점차 이질적 집락으로 구분되어 여러 가지 측면에서 별도 취급을 받든지 아니면 마침내 분리하여 독립된 다른 촌락을 이루는 경우도 적지 않았다. 그러나 영주는 대부분의 어촌에 대하여 독립된 하나의 행정단위가 아니라 일반 농촌 중심적 향촌 사회 범주의 일환 속에 포함시켜 지배하는 경우가 일반적이었다.

7) 荒居英次, 『近世の漁村』, 137~138쪽.
이 法令은 원칙적으로는 농업생산농민생활에 대해 규정한 것으로 에도막부의 농민지배 방침을 알려주고 있는데, 浦方·山方에 관한 2개 항목을 소개하면 다음과 같다.
一、山方ハ山のかせぎ、浦方ハ浦のかせぎ、それぞれに心を付、毎日油斷なく身を

로 하고 있는 2개 항목을 두어 일단 어촌 · 어업을 인정하고 있으나 매우 소극적인 태도를 취하고 있음을 알 수 있다. 그리고 寬保1(1741)년에 편찬된 『律令要略』이라 불리는 법률실무서 속에서도 '山野海川入會'[8]라는 제목의 법규가 수록되어 있을 정도에 지나지 않는다. 이것은 <漁獵海川境論>이라 불리는 것으로 어디까지나 전국 지배자의 입장에서 초기이후의 어업 · 어촌발달에 의해 속출하는 전국 어업 · 어장분쟁을 방지하기 위하여 편성한 것이었다.[9] 막부의 어업정책은 어촌을 어디까지나 농촌과 구분하지 않고 단지 향촌으로서만 파악하고 있는 점에서도 어업에 대한 소극적 방침을 알 수 있다.

이것은 근세시대 지방사회에 해당하는 藩의 촌락지배에 관련 법령[10]에 대해 살펴보아도 거의 같은 실정이라고 말할 수 있다. 단 紀州 · 長州 · 土佐 · 平戶처럼 일본해 및 瀨戶內海에 접하여 풍부한 어장을 가진 번들은 어업에 대하여 매우 적극적으로 어업을 장려하는 경우도 있었다. 물론 이러한 어업정책의 목표는 각종 어업세 확보를 위한 것이

おしまずかせぎ申すべく候、雨風又ハ煩、隙入候事もこれ有るべき間、かせぎにてもうけ候物をむさと遣候ハぬ様に仕るべき事、
一、山方浦方にハ人居も多く、不慮成ルかせぎもこれあり、(中略)浦方にてハ塩を焼き、魚を取り、商売仕るニ付、いつもかせぎハこれあるべと存じ、以来の分別もなく、儲候物をも當座にむざとつかひ候故、ききん(飢饉)の事などハ、里方の百姓より一入り迷惑仕り、餓死するものも多くこれあると相聞え候間、飢饉の年の苦労常々忘るべからざるの事

8) 石井良助校訂,『近世法制史料叢書』제2, (동경: 創文社, 1939), 311~312쪽.
9) 原暉三,『日本漁業權制度論』, (동경: 北隆館, 1948).
10) 加賀藩이 향촌사회에 발표한「御條目頭書」의 경우, 전체 55개 조목 중에서 직접 어업에 대해 다루고 있는 기사는 없으며 관계조항으로는 '막부·諸藩의 난파선 구조, 浦方·宿方에 설치된 게시판(高札) 사항 준수, 津留品·津入品을 엄수'의 3개 항목을 들 수 있을 정도에 지나지 않아 藩의 어업정책이 매우 소극적임을 알 수 있다. 이「御條目頭書」는 弘化 2(1845)년 이전까지는 藩의 관리가 매년 봄가을로 두 번씩 각 마을을 돌며 촌민들에게 낭독했으나, 이 이후부터는 촌역인인 키모이리(肝煎)가 자신의 집에 촌민일동을 모아 매달 2일마다 읽어서 주지시켰던 각 지역사회의 법령이다; 前田家 編集部,『加賀藩史科』제15편(金沢 : 石黒文吉, 1943), 741~748쪽.

었다.

 이와 같이 일본근세시대를 통해 전국적으로 살펴볼 때 어촌이라는 개념 자체는 비교적 낯설었으며 또 지방행정적 측면에서는 대개 농촌사회의 범주 속에 포함되는 것이 일반적이었던 것 같다. 일본근세시대 많이 작성되었던 지방행정서 즉 지카타쇼(地方書)의 경우도 사토 신겐(佐藤信源)의 『漁村維持法』(1780년)을 제외한다면, 거의 대부분이 농촌 중심적 향촌관을 토대로 하고 있어 어업·어촌만을 다룬 地方書는 찾아보기 힘들다.
 그러나 실제 근세일본의 각 지방 어촌에 대하여 살펴볼 때 어장이용을 둘러싼 적지 않은 분쟁과 어업이익 및 어업기술 다양화 등의 양상을 발견할 수 있다. 이는 바로 幕府·藩의 명분만으로는 도저히 파악할 수 없는 각 지역 특성에 기초한 사회운영 양상이 존재하기 때문이다. 따라서 이러한 각 지역사회의 독자적 발전에 대한 연구심화가 매우 시급한 과제로 등장하고 있다.

2) 근세어업기술의 확대

 일본어민들의 조업활동은 중세까지는 주로 거주지역 인근 해안가 즉 연안어업을 중심으로 이루어졌으나 전국시대 말 이후, 멀리 타 지역으로 장기간에 걸친 출어작업 이른바 타국출어를 전개하기 시작하여 근세 선진어촌의 어업기술이 전국적으로 파급·전파되는 계기가 되었다. 이하 타국출어를 이용한 어업기술의 확대·전래에 대하여 살펴보고자 한다.
 타국진출의 어민들은 주로 畿內를 중심으로 한 오사카만 어촌들로써 동쪽으로는 尾張·三河로부터 서쪽으로는 瀨戶內海에 이르는 중부지역 어민들이었다. 이들 畿內지역 연안촌락들은 일찍부터 어촌화하여 어업기술이 상당히 발전하였다. 고대이래로 奈良·京都·大坂 대도시와 가까운 大坂湾의 摂津・和泉・紀伊 지역은 동해 쪽의 若狹・丹後 지역과 더불어 일찍부터 선진어촌을 형성하고 있었다. 근세시대 일본 각지에서 시행되었던 다양한 형태의 근세어업도 실은 이 大坂湾과 若狹灣에서 전파・보급되었던 것이다.

근세초기이후 大坂湾 주변 선진어촌들은 어민증가로 인하여 연안어장 이용이 포화상태에 이르게 되자 무리를 지어 타 지역으로 출어하여 장기간에 걸친 조업을 반복하는 타국출어에 많은 관심을 가지게 되었다. 이것은 근세초기 새로 형성되기 시작한 城下町(영주가 거주하는 성 아래에 계획적으로 만든 도시) 및 목면업 발달이 타국출어를 증가시키게 되었다. 즉 타국출어는 대도시 江戸・大坂과 각 城下町에 공급할 식량으로서의 鮮魚어획과[11] 목면재배 농촌에 공급할 魚肥로서의 멸치어획의 두 가지로 크게 나눌 수 있다.

城下町의 형성은 영내 무사와 그 가족을 포함하여 상인・수공업자 등의 강제 이주로 인하여 거주인구가 증가하게 되자 영주는 그 생필품 조달을 고려할 필요가 있었다. 한편 어업이 발달하지 못한 후진지역의 경우 城下町 내에 필요한 어류조차도 공급할 수 없었으므로, 선진어업기술 어민을 유치함으로써 영내 어업을 개발하고자 하였다.[12]

한편 목면업의 발달은 고수확을 위해 보다 고품질의 비료 즉 魚肥

---

11) 식량으로서의 선어생산을 위한 타국출어 어민으로서는 摂津 西成郡 佃村과 大和田村 지역 어민의 江戸에도 진출을 들 수 있다. 城下町 어민들은 도쿠가와 이에야쓰(德川家康)와 긴밀한 관계를 맺어 그가 교토에 상경할 때에는 스스로 渡船 이용을 맡는 등 江戸幕府 보호를 받는 어용 漁師가 되었다.

12) 荒居英次, 『近世の漁村』, (동경: 吉川弘文館), 217~8쪽.
근세 최대의 城下町 江戸는 1590년 도쿠가와 이에야스의 250萬石 大名으로서 입국하면서 개발되기 시작하여 그의 1603년 江戸幕府 將軍 취임과 더불어, 일본근세시대 수도로 정해지면서 급속도로 발전하였다. 근세 중기에는 인구100만이라는 대도시로 발전하자, 그 어류소비량도 매우 증가하였다. 특히 江戸 입국 당시, 이 지방 즉 관동지역은 어업기술이 미숙하여 江戸성 내 필요한 어류 충당에도 커다란 곤란을 겪게 되자 선진지역 關西어민들을 유치해오기에 이르렀다.

에 대한 수요를 증대시켰다. 紀州 지역 밀감재배와 阿波 지역 藍재배도 고수확을 위해 많은 魚肥를 필요로 하게 되었으니 자연히 魚肥의 원료인 멸치조업에 많은 관심이 쏠리게 되었다.13) 이에 목면재배 지역 어민들은 급증하는 어비수요를 충당시키기 위하여 어자원이 풍부한 다른 지역 어장에 대해 깊은 관심을 표명하게 되었으니 이른바 타국출어이다.14) 동쪽으로는 관동지방의 相模지역으로부터 房総 · 常陸, 서쪽으로는 九州지역에서부터 対馬島 등으로 진출하게 되었다.15)

---

13) 원래 일본중세 농가에서 사용하는 비료는 草木灰 및 草肥, 분뇨 등이었으나 중세 말부터 油菜, 煙草, 木棉 등 환금성 높은 상품농작물이 재배되기에 이르러 비료효과가 높은 魚肥를 사용하여 수확증대를 시도하는 농민들이 급증하였다.

14) 어민들의 원방진출에는 軍船의 水夫로서의 출진이 크게 영향을 받게 되었다. 예를 들면 和泉 6개 어촌의 紀州지역으로의 출어는 永祿연간(1558~1570년)으로써, 당시 岸和田번 성주 미요시 사네야스(三好實休)가 막부로부터 외국선박 경비 명령을 받아 어부8명을 태워 紀州日高郡日／岬에 파견하면서 시작되었다. 이들 해안경비를 맡은 어민들의 시험 삼아 한 조업에 많은 어획물을 얻게 되자 寬永17(1640)년 해안경비제도가 끝난 이후에도 어민들은 岸和田번에 신청하여 매년 출어를 하게 되었으며 참가하는 어촌수도 6개 어촌으로 늘어났다.

15) 타국출어란 어민들의 거주지역에서 멀리 떨어진 지역으로 출어하여 장기간 그 곳에 머물면서 조업하다가 귀향하는 것을 반복하는 계절적 어업을 말한다. 멸치 어획기(9월~이듬해 5월)가 되면, 망주(網主)어부들은 만반의 준비를 갖추어 출발하였다. 관동지역으로 가는 출어선은 紀伊반도를 우회하여 東海道 연안을 따라 伊豆반도를 돌아 相模만에서부터 관동 각지 연안으로 입항하였다. 한편 九州지역으로 가는 출어선은 大坂만에서부터 출발하여 고요한 瀨戶內海 섬들을 통과하여 九州 지역의 肥前 · 対馬 · 日向 · 薩摩 등 어촌으로 향하였다. 목적지에 도착한 어선단은 어획기간 중 納屋(해안가에 설치된 상업용 창고)에 짐들을 두고 여기서 임시로 거주하였다. 이 기간 동안 잡은 멸치는 동행한 멸치상인들에게 매도하였으며 어획기가 끝나면 이들 출어민은 다시 귀향하였다. 한편 근세초기에는 매년 귀향하였던 출어민들도 점점 출어지에 토착하여 몇 년에 한 번씩 고향으로 돌아가게 되었다. 이런 경향은 특히 배나 어망도 소유하지 못한 영세출어민 사이에 두드러진 현상으로서 이들은 멸치잡이철 이외에는 어부로서 그 지역의 어업기술 발달에 크게 기여하였다.

3. 대마도 어촌의 성립 · 변모

1) 대마도 지리적 개관

　대마도는 대한해협 상의 고도로써 남북 약 82km, 동서 약 18km, 총 면적 709평방미터의 좁고 긴 섬으로 리아스식 침강해안으로 형성되어 일본에서는 네 번째로 큰 섬이다. 대마도에서 하카다(博多)까지 132km, 부산까지는 그 절반도 되지 않는 약 50km라는 가까운 거리에 위치하고 있어 일본보다는 한국에 훨씬 가까운 국경의 섬이다.
　대마도의 지질은 대부분 礫質양토로써 수분함유가 그다지 좋지 않아 전체 경지 25,534町步 중 수전은 겨우 654町步로써 전체의 약 2.6%에 지나지 않고 대부분 밭으로 이루어져 있었다. 그러나 굴곡이 심한 리아스식 침강해안과 한류·난류가 교차하는 대마도해류(黑潮) 등의 해양환경은 해조류 및 어군서식에 더할 나위 없이 좋은 천혜의 자연환경이다. 특히 浅矛湾은 해안선의 골곡이 절묘할 정도로 복잡하여 일찍부터 좋은 어장으로 알려져 왔다.
　평지가 매우 적고 산악이 중첩된 산악지대로 구성된 대마도지역은 농업만으로 생계를 영위하기 어렵고 또 조선과의 무역에 커다란 제한이 가해져 있어 해양자원을 개발할 수밖에 없었다. 한편 대마난류는 섬의 동·서 연안을 따라 남에서 북으로 흐르는데 시속 1~1.5마일 속도로 흐르며 복잡한 潮汐의 흐름과 광대한 해저 암초지역은 魚群의 집결을 가져와 매우 우수한 어장을 이루고 있다.
　대마도 동쪽 해안은 멸치 · 고등어 · 전갱이 · 방어 · 오징어 등의 回遊路에 해당하여 회유 어군들이 이 넓은 대륙붕상에서 잠시 머물곤 하였다. 각 어류들은 각기 漁期가 있어 한 번 떠나면 다음 어기까지는 구경할 수 없었다. 한편 서해안은 방어 및 도미가 많이 잡히며 청새치

(かじきまぐろ)가 그 뒤를 이었으며, 전반적으로 오징어 어획량이 적고 어느 한 곳에 특히 많이 잡히는 어종은 적었다. 이에 반해 동해안은 봄부터 겨울까지 오징어가 사시사철 잡히며 도미 및 방어도 비교적 좋은 수확을 보이고 있다. 특히 동해안 특정 어촌에서는 그 잡히는 어류의 종류 및 어획량도 다양하고 풍부하여 중부의 鴨居瀨·千尋藻·佐賀를 비롯하여 북쪽 泉·豊 지역 등을 들 수 있다. 도미, 고등어, 전갱이, 가을 오징어 등은 3마일 이상 멀리 떨어진 깊은 바다에서도 어획되었다. 이외 전복 및 소라는 남쪽 豆酘와 豊 지역 등에 많이 서식하며, 성게는 舟志灣 이북지역에 많이 서식하고 진주양식은 浅矛湾에서 주로 하였다.

<그림1> 대마도 개관

대마도연안	어촌명	날치	방어	전갱이	부시리	도미	청새치	상어	여름오징어	가을오징어	겨울오징어	벤자리	고등어	멸치	봄오징어
서해안	豆酘	◎	◎		○	○	◎	○				○			
	久根浜	○	○												
	上槻	○	○												
	小茂田	○	○		○										
	阿連	○	○		○	○			○						
	加藤					○	○								
	木坂	○				○	○		○	○					
	鹿見					○									
	伊奈	○	◎			○			○						
	佐須奈	○	◎	○		◎			○		○				
동해안	内院	○				○			○	○					
	厳原		◎			○			○	○					
	大船越	○				○			○	◎					○
	鴨居瀬		○	○		○				◎	○		◎	○	
	千尋瀬	◎	○			○			○	○			○	○	
	佐賀		○			○			○	○			◎	◎	
	一重					○			○	○			◎	○	
	琴					○			○	○			◎	○	
	五根緒								○	○					
	比田勝	○							○	○			◎	○	
	泉	○	◎		○				○	○		○	○		
	豊	○	◎			○			○	○		○	○		

* ◎는 많이 잡히는 지역, ○는 대체로 잡히는 지역

<표1> 대마도 해안에 잡히는 어종(宮本常一, 『対馬漁業史』, 208~9쪽 참조)

어종		고등어	전갱이	멸치	방어	청새치	날치	상어	벤자리	도미	봄오징어	여름오징어	가을오징어	겨울오징어
어획기	1	|		|	|					|				
	2	|		|	|					|				
	3			|						|				
	4	|	|	|						|	|			
	5	|	|			|				|	|			
	6	|	|			|		|		|		|		
	7	|	|		|	|				|		|		
	8			|	|									
	9	|											|	
	10	|		|			|						|	
	11	|												|
	12			|										|
어구	突					○								
	一本釣	○	○		○					○	○	○	○	○
	延縄				○			○		○				
	巾着	○	○	○										
	四つ張				○									
	大敷	○												
	立網													
	地曳									○				
	流し						○							
	追込								○					

\<표2\> 대마도의 어종과 어획기·어구(宮本常一, 『対馬漁業史』, 210쪽 참조)

　근세초기 대마도 지역민의 어업은 연안어업 및 해조류 채집위주로 행해졌으며 원거리 어업기술은 중세이래로 외부로부터 유입되어 온 것으로 보고 있다. 대마도에서 가장 오랜 전통을 자랑하는 曲지역 海人 조차도 전설에 의하면 鎌倉시대(1192~1333년), 문헌상으로는 室町시대(1336~1573년) 北九州 鐘ガ崎에서 왔다고 하며16), 또한 地曳網

어업은 중세말 멀리 大坂湾 和泉 佐野지역 어민들이 찾아와 대마도 62개 포구에서 시행했으며, 延繩 어업도 阿波·淡路 지역 어민들에 의해 시작되었다고 유추되고 있다. 이들 외부에서부터 온 사람들은 대마도 내 토지소유가 허락되지 않았으며 거주지 전용(地先專用)·定置·區劃 등 어업권도 인정받지 못했다. 거주형식도 마을 내에는 거주하지 못하고 納屋라는 창고에 임시 거주하는 형식을 취하였다.

이리하여 文化연간(1804~1817년) 타 지역 어선들이 재차 입어하였을 때에도 対馬藩은 식량부족을 이유로 외부인의 정주를 인정하지 않았으며 혹 허락하는 경우에도 阿須湾으로 한정하였다. 그리고 厳原 지역상인들로 하여금 問屋(항만에 살면서 화물의 보관·수송 중개 매매를 하던 업주로써 객주의 성격을 지님)을 독점하여 외부어선의 거주지 및 어획물 수집, 어획물 반송 노선도 반드시 厳原을 경유하도록 통제를 가하였다. 따라서 외부어민들과 대마도 지역민들과의 접촉은 매우 제한될 수밖에 없었다. 이러한 관습은 明治 시대 問屋제도가 없어진 이후에도 여전히 잔존하여 대마도민의 외부인 기피증을 낳게 되었다. 혹 외부인이 거주하는 일이 있더라도 일반 대마도민들의 주거지로부터 떨어진 곳에 살았다.

그러므로 외래자본의 대마도 정착이 좀처럼 쉽지 않았다고 한다. 예를 들면 대마도 해안의 정어리 건착망(巾着網)[17] 어망이 백 통을 넘을 때에도 대마도 토착어민의 어망은 하나 또는 두 통 정도에 지나지 않았으며 외부 건착망의 경우도 역시 정주하지 않고 기간제식 출어형태

---

16) 鐘ヶ崎 海士들은 壱岐를 거쳐 對馬島에 출어하게 되는데 이들이 宗氏의 대마도 정벌을 도왔다는 설을 참고한다면 그 진출은 훨씬 이른 시기에 이루어졌다고 추측된다. 다만 현재 이 鐘ヶ崎 해사가 정착한 曲에 남아있는 고문서는 寬正연간(1460~1466년)이 가장 오래된 것으로 알려져 있다. 이들 海士 선박이 한반도 남부에도 출어하러 왔던 것으로 보인다.
17) 건착망은 그물을 둥글게 쳐 줄을 당김으로써 주머니의 아가리를 조르듯이 해서 고기를 잡는 그물을 말한다.

를 취하고 있었다.

이와 같이 대마도 어업은 타국출어 형태로 원격지에서 조업하러 온 선진적 기술의 어업과 대마도 지역민에 의해 행해진 원시적 기술의 어업 두 가지로 나눌 수 있는데, 어업기술 및 어촌 발전에 있어 전자의 영향이 훨씬 컸던 것 같다. 그러므로 이 절에서는 외부로부터 대마도에 조업하러 온 타국출어에 대하여 먼저 살펴보고 나아가 근세이후 대마도 지역민 어업의 성립·변모 양상에 대하여 분석·고찰을 시도하고자 한다.

2) 대마도 어촌의 성립

(1) 타지방민 어업

대마도에 출어한 타지방민 어업은 大坂湾 연안에 위치한 和泉 佐野촌락으로써[18] 임진왜란(文禄・慶長の役) 당시 맡았던 일본군 길잡이 역에 대한 보상으로써 銀300매 運上(에도시대의 잡세)을 조건으로 對馬島 豊崎郡 泉浦를 중심으로 62개 浦口에 대한 어업권을 획득하게 되었다.[19] 이 62개 포구가 구체적으로 어떤 곳인가에 대해서는 명

---

18) 근세시대 和泉國 佐野村은 岸和田藩 5萬石 오카베(岡部)씨 지배 하로 근세시대 생산고인 村高는 慶長9(1604)년 2541石9斗3升5合, 寬永8(1631)년 3486石9斗9升9合이며, 호수는 慶長20(1615)년 350호(棟役錢 上納者), 寬永7(1630)년 374戶(田畑屋敷地「高名寄帳」), 正德3(1713)년 1666호(人口8597人―岡方656戶：浜方1010戶-)이다. 佐野村 전체 토지소유상황을 알 수 있는 것은 寬永7(1630)년 뿐이고 그 외는 농촌지역과 어촌지역이 각각 별도로 파악되고 있음을 살펴볼 수 있다. 쇼야(庄屋)는 기본적으로 藤田十郎太夫(浦方)와 吉田久左衛門(陸方)의 두 사람이 세습하고 있으며 전답지배를 비롯하여 촌락명세장부(名寄帳) 작성에 이르기 까지 각각 어촌(浦方)과 농촌(岡方)으로 나뉘어 지배·운영하고 있음을 알 수 있다. 正德3(1713)년 총호수 1666호의 절반인 약 800호가 전답을 보유하지 못한 無高者인데, 그 중의 1010호 정도가 浦方였으므로 浦方 촌민의 대부분이 無高였다. 그들 중 극소수만이 영세 토지 보유자이므로 近世初·中期 佐野村의 경우 農業生産만으로는 생활을 영위하기 어려운 영세 경작자 및 무소유자가 대다수 존재하고 있음을 알 수 있다.

19) 宮本常一, <言上佐野浦書上之事(寬永17년)> 『海の民』 (동경, 未來社, 1975), 190~191쪽.
　一　浦役錢九拾貫文代銀壱貫八百匁ニ而御座候事
　　右浦役錢と申事者　昔當国他国所々浦々ニ　海賊人數多御座候　船路之往還茂不

확히 알려져 있지 않으나 豊崎郷 16개, 伊奈郷 5개, 三根郷 5개, 仁位郷 16개, 与良郷19개, 佐須郷 1개의 포구가 포함되어 있다. 현재 알려진 바에 의하면 文化7(1810)년, 아래 37개 포구에 대한 사노어민들의 어업권이 확인된다. 즉 犬ケ浦, 久原, 狩尾, 賀佐, 田, 銘, 大浦, 小浦, 唐州, 廻, 貝口, 仁位, 佐志賀, 嵯峨, 貝鮒, 糸瀬, 濃部, 大山, 島山, 竹敷, 昼ケ浦, 黒瀬, 吹崎, 箕形, 加志, 今里, 尾崎, 大船越, 緒方, 久須保, 小船越, 芦ケ浦, 横浦, 大千尋藻, 小千尋藻, 曾, 鑓川 등이다.[20]

이들 사노 어민의 대마도 출어는 網組라는 조직을 결성하여 이동하였으며 멸치잡이가 시작되는 봄에 佐野를 출발하여 대마도에서 조업하다가 가을에 旅船으로 귀향하는 것을 매년 반복하고 있다. 혹 그들 중에는 그대로 대마도에 눌러앉아 거주하거나 재산을 축적하여 問屋이 되는 자들도 가끔 있었다. 단 대마도에서의 어업활동은 반드시 対馬藩의 城下町 厳原 佐野屋에 신고를 마친 후 허가받은 지역으로 향하게 되어 있었다.[21] 이들은 厳原 입항시에 은 4匁, 각 조업 해당어촌에 가서는 돛(帆) 一端(鯨尺으로 길이 약 10m이상, 폭 약36cm이상)에 대해 은3匁의 사례금을 지불하였다. 또 대마도에 올 때는 빈 배로 오지 않고 반드시 대도회지 생필품 등을 가득 싣고 왔다.

이들은 '하나의 포구에 한개 어망(一浦一網制)'이란 규정하에 할당받은 포구에서만 조업할 수 있었다. 각 어선 크기는 비교적 소규모로써

容易 卒爾ニ漁夫ガ網代ニ出鉤をたれすなとりの所作を可営事もなりかたく (中略) 迷惑ニ令存候まゝ所々の海賊衆江 多少の肴を遣 機嫌を窺申由 さればにや海上も相安定に候よし。(中略) 秀吉公高麗御陣立相極 諸国浦方の人々 渡海之水手ニ可被召呼候 (中略) 折節寺沢志摩守殿 御運上被成由 櫓三拾六丁立之橋舟ニ 當浦人水手ニ被仰付候

20) 앞의 책, 191~192쪽.
21) 延寶연간(1673~1680년) 船舶問屋은 佐野屋 이외에도 네 곳이 더 있었는데 연간 입항하는 선박은 모두 500~600척, 旅人의 숫자는 100~150명 정도였다. 수입물품의 대다수를 차지하는 것이 미곡으로써 3두3승 들이 가마니로 26,000가마니가 반입되었다고 한다.

20~30石 규모였으나 숫자가 많았으므로 싣고 오는 물품량도 상당수에 달하였을 것으로 유추되는데 미곡, 소금, 종이, 목면, 담배, 다다미 등 등이었던 것 같다. 그리고 귀향 시에는 어획량의 이할 정도를 대마도 지역민에게 넘겨주고, 나머지 멸치 등은 모두 말려서 大坂 근교 농촌에 상품농작물 등의 肥料로 높은 가격으로 팔아 넘겼던 것이다.

한편 17세기 중엽 寬文연간(1661~1672년) 대마번이 타 지역 어민들의 입국에 대해 제한을 가하였으나 특별히 이 佐野어민들의 출어만은 허가하였으므로 매년 20~30石 정도 규모의 어선을 이용하여 멸치잡이에 계속 종사할 수 있었다. 그러나 대마번이 浦請제도를 통하여 佐野 어민들의 어업권에 대해서도 점차 제한을 가하기 시작하였다. 浦請제도는 嚴原에 있는 問屋만이 각 포구 어획물을 처분할 수 있게 한 것으로써, 이후부터 佐野 어민들은 각 浦請問屋[22]으로부터 체제증명서를 발급받지 않으면 조업할 수 없다는 매우 까다로운 조건들이 추가되었다.

이 浦請問屋 제도가 시행되자, 조업을 위해 멀리 大坂灣에서부터 온 佐野 어민들은 또 다시 각 해당 포구 問屋으로부터 체재 증명서를 발급받고, 선박세까지 지불해야 하는 매우 불리한 형편에 놓이게 되었다. 그리고 각 포구에서 잡은 멸치 등의 어획물도 종전엔 자신들이 타고 온 어선 등에 적재하여 돌아갔으나, 이후 모두 嚴原 浦請問屋에 제출하도록 요구되었다. 浦請問屋 제출은 어획물의 삼분의 일이 세금으로 공제되므로 수지 타산상 멀리 대마도까지 와서 地曳網을 끌 필요성이 없게 되었다. 이에 佐野 어민들은 점차 대마도 출어를 포기하게 되고 그들이 장악하고 있던 대마도 내 각 포구 어업권도 점차 대마도 각 지역민에게 양도되어 갔다.

---

22) 嚴原의 山田忠兵衛, 喜田喜左衛門, 藤崎利右衛門, 山田市兵衛 등을 들 수 있다.

(2) 지역민 어업

근세초기 대마도민들은 농업에 종사하여 어업은 자급자족을 위한 백성들의 여가활용적 성격으로써, 전업어민은 阿須灣 曲浦의 海人 및 大坂湾의 佐野 어민들을 들 수 있다. 이외 어민들은 멀리 타지방에서부터 조업하러 온 멸치잡이 · 고래잡이 어민들로써 대마번에 運上이라는 형태의 조세를 바쳤다.

한편 대마도 어업은 농업과 매우 밀접한 관계를 맺고 있는데, 원래 대마도 어민들(백성어부라고도 부름)의 어업활동은 해조류 채집에서 시작되었다. 대마도는 지형 지질상으로 수전이 부족하여 거의 70~80% 가까운 경지가 밭이었으므로 보리 · 감자 같은 밭작물 비료에 해조류가 많이 이용되었다고 한다. 이와 같이 대마도에서는 해조류가 비료로써 매우 중시되었으므로 경지를 소유한 자들은 누구나 해조류 채취에 적지 않은 노력과 시간을 투자하였으며, 연안바다도 일찍부터 농민들에게 소유되어 그 경지면적과 이용 바다면적이 거의 비례하고 있었다.[23] 단 연안바다 이용이 토지소유자에 의해 점유되었다고는 하지만 거기에는 약간의 예외도 포함되어 있었으니 즉 한 촌락이 소유하는 해면은 반드시 그 앞바다로 제한되지 않았으니, 예를 들면 섬의 한 가운데 위치한

---

23) 한편 대마도의 어업권 소지자는 本戶라 불리는 계층으로서 모두 토지를 경작하였으며, 토지를 경작하지 않는 차남삼남, 외부로부터의 거주자는 모두 기류(寄留)라 하여 어업에 전문적으로 종사하고 있어도 앞바다(地先) 어업권을 가지지 못하는 경우가 많았다. 대마도의 토지 경작자는 모두 공평하게 해조채집권을 가졌으며 토지를 소유하지 못한 자는 어민이라 하여도 해조류를 채취할 수 없었다. 이러한 해조채집권을 비롯한 대마도의 어업관행은 慶長9(1604)년 제도화되어 연안바다의 공동이용·분배가 이루어졌다(<須河文書>를 참고하면 아래와 같다).
豊之浜大田之浜ハかんまへ崎小島より內ハ 慶長九年(一六〇四)之歲 郡中山海之御運上被召置候付 村々布瀨ヲさかへニわかり申候時分 二郞右衛門分ニ請取申候而取申候所ヲ 豊村人共 慶安三年(一六五〇)ノ八月ニ 此浜之儀 村中へ請取可申候ト申候付 二郞右衛門分申候ハ 慶長九年はまわけ御座候時 村中ノ者ヨリ衆ニ談合仕此はまの儀 只今迄取申候間 村中へ相渡候事 罷成不申候ト申候ニ 又村ヨリ申候ハ 郡中御げちえ衆皆々御座候とも はま一人まへヨリ外御取被成候者無御座候……

濃部 및 鴨居瀨가 광활한 수면을 소유할 수 있었던 것은 그 생계수단이 경지가 아니라 오로지 바다에 의존할 수밖에 없었다는 점에서 다른 촌락의 앞바다까지도 소유하는 것이 허락되었기 때문이다. 즉 嚴原町 曲 海人들은 이 지역의 유서 깊은 어민들로써 전복 및 소라를 잡아 생계를 하였으나 토지를 소유하고 있지 못하였으므로 해조채집권은 없었다.

한편 대마도 지역민의 어업기술에 대하여 살펴보면 대표적으로 立切網・織網 등의 어법을 들 수 있다. 첫째, 立切網 어법은 고래・물개・다랑어 등이 몰려오면 연안 후미에 어망을 쳐 물길을 차단하여 생포된 어류들을 작살로 찍어 잡는 방법이다. 이들 어류는 대무리를 이루어 대부분 해안 가까이까지 몰려오므로 어부들이 갑판을 두드리면서 연안 근처 후미에 몰아넣어 어망으로 차단시켜 잡는 것으로 여러 어촌이 공동으로 행하는 경우가 많았다. 그러나 새로 大敷網 어법이 대두하면서부터 이 어법은 점차 쇠퇴하게 된다. 둘째, 織網은 기다란 짚노끈에 短册 형태의 나무를 일정한 간격으로 끼어 만든 어망으로서 2척 또는 4척의 선박이 긴 어망의 양끝을 잡고 배를 저어 어류를 한 곳으로 몰아 마지막에 어망을 던져 잡는 방법이다. 이 어법은 그다지 크지 않고 소박한 어망을 사용하였으므로 비교적 큰 자본이 필요 없으며 또 각 포구 농민들도 쉽게 제작할 수 있었으므로 대마번 당국에서는 촌락어망(村網)으로 사용할 것을 권장하였다. 처음에는 백성 어망으로써 널리 사용되어 가장 많이 이용되었던 곳이 대마도의 동해안 鴨居瀨인데, 이곳은 농촌이면서도 바다에 깊이 의존한 지역이었다는 점에서 이러한 소박한 어법이 널리 행해지게 되었던 것 같다.[24]

---

24) 宮本常一, 『対馬漁業史』, (동경: 未来社, 1983), 138~143쪽.

3) 대마도 어업의 변화

(1) 에도시대~막말기

근세시대 대마도 도민의 어업은 순수하게 해산물 수확에만 전념하는 전업어민이 아니라 농·어업 겸업형태로써 대체로 연안어업에 치중하고, 근해(沖合) 어업은 외부에서 온 전업어민 즉 佐野·曲 海士 등이 담당하고 있었다. 그런데 享保연간(1716~1735년)부터 대마번이 타 지역 어민들의 입어를 금지하면서부터 佐野 어민들의 대마도 출어도 점점 힘들어지게 되었다. 마침내 佐野 어민들은 文化9(1812)년 대마도의 62개 포구 어업권 중에 30개를 반환하여 어업범위를 축소시켰다. 이에 대마도 도민들은 종전 佐野 어민의 소규모 地引網·延縄 어업에 착안하여 촌락 공동경영 형태의 촌락어망체제를 형성하여 본격적으로 어업을 전개하게 되었다.25)

天保연간(1830~44년)의 문서라 추정되는 「八鄕奉役中御答書」(『宗家文庫文書』)에 의하면 厳原町 与良鄕에서는 内山村을 제외한 각 촌락에 선박이 존재하여 그 중에서도 根緒村에 16척, 久田·久和村에도 각각 10척, 佐須奈郷에서도 久根浜 촌락에 22척, 今里·上槻村에도 각 15척씩, 椎根村에도 10척을 소유하고 있었다. 豆酘郷에서는 각 마을에 선박이 있는데 특히 豆酘村은 35척이나 존재하여 연안어업이 가장 왕성하게 전개되고 있음을 알려주고 있다. 豆酘村의 경우, 延享4(1747)년 曲村 海士와 함께 折網 조업을 하였으나 이 어망 자체를 직접 마을에서 제작하여 大瀬黒崎에서 折網을 이용한 어업을 전개하였다. 이들 선박 규모가 어느 정도인가는 분명하지 않으나 근해어업용으로써 방어·멸치·오징어 어획이 주류를 이루었던 것 같다.26)

근해어업은 대자본이 필요하였으므로 상인 또는 타 지역 어민들에

---

25) 天保5(1834)년 <八鄕吟味書上帳>(宗家文庫所藏).
26) 『厳原町誌』, (對馬島厳原町: 1996), 896~897쪽.

의해 전개되었다. 참치·방어를 잡는 大敷網이 언제부터 대마도에 사용되기 시작되었는지 명확히 알 수 없으나 天明연간(1781~1789년)기록이 잔존하고 있다.27) 그 후 文化연간(1804~1818년) 大敷網이 대성황을 이루어 長門방면으로부터 大敷魚網이 입어하자, 대마도 상인들은 대마번으로부터 허가받은 浦請 권한을 다시 長州 大敷網 소유자에게 하청하였다. 그러나 그 이익이 적지 않음을 깨달은 대마도민들은 서로 힘을 모아 공동출자 형식으로 직접 大敷網을 운영하게 되었다. 이 어법은 앞의 연안어업보다는 이윤이 매우 컸으므로 대마번도 재정적 차원에서 방임할 수 없어 天保3(1832)년 2할의 魚目運上과 浜出運上을 부과하게 되었다. 방어의 경우, 한 마리당 錢3厘의 運上을 부담시키기도 하였다.

대마도의 어업 중에서 특히 전국 어부들의 주목을 끈 것이 捕鯨業이다. 대마도에 언제부터 포경업이 시작되었는가는 잘 알 수 없으나 寬永10(1633)년 무렵 작성된 일기 속에 나타나므로 기록상으로는 寬永연간(1624~1644년)으로 잡고 있다. 근세초기에는 타지역 어부, 즉 壹岐 勝本지역 太田·土肥씨와 曲村의 海士로부터 突取법을 배웠으며 元祿연간(1688~1704년)에는 五島 小値賀의 金益組가 鹿見村 池之浦에 기지를 두었다고 한다. 安永연간(1772~80년)에는 壹岐 勝本의 도이 이치베에(土肥市兵衛)를 중심으로 일년에 24~5마리의 고래를 포획하여 참고래(背美鯨) 한 마리당 運上銀 1관문을 징수하여 연간 金 200량에 달하였다고 한다.28)

---

27) 宮本常一, 『対馬漁業史』, 91~92쪽
天明4(1784)년 고바야시 요베에(小林与兵衛)아리다 츄죠(有田忠藏) 두 사람이 사가(佐賀)시타가(志多賀)의 大敷網의 책임자로 되어 우라우케를 하고 있다. 이것은 어민으로부터 어망 부설권을 빌리는 댓가로 포은(浦銀)을 납부하고 대마번에는 조세로서 운상은(運上銀)을 바치는 제도였다. 이 運上銀이란 은 1매 또는 은 반매의 浦請銀이었으나 점차 어획물이 많아지자 어목운상(魚目運上)이라 불리우게 되었으며(天明7年에는 운상은이 2할로 증가 됨), 대마도번은 통제를 위하여 아미모토가타 부교(網元方 奉行)를 따로 설치하였다.

이에 대마번은 포경업의 막대한 이익에 깊은 관심을 가져 伊奈村 茂江浦 및 鰐浦에 納屋를 설치하여 曲 海士들에게 포경업을 시켰으나 실적이 그다지 좋지 않았으므로, 運上 확보를 위하여 寬政4(1792)년 茂江浦 지역은 壱岐 상인 하라다 죠베에(原田增兵衛)와 마치다 헤우에몬(町田平右衛門)에게, 鰐浦 지역은 嚴原 상인 오이케 마쥬지로(大池間忠次郞)와 曲村 海士 만지로(万次郞)에게 양도하였다. 그리고 文化14(1817)년에는, 廻浦 포경업의 영업권을 長州의 다쓰노미 에이지로(辰巳屋 栄次郞)에게 10년간 빌려주기도 하였다.

한편 대마도의 각 지역 어민들도 포경업의 이익에 주목하여 文政6(1823)년 仁位鄕 千尋藻의 지방관 다이스케(大助)와 젠기치(善吉), 鑪川村의 지방관 반좌에몬(半左衛門), 与良鄕 橫瀨村의 지방관 히사사부로(久三朗) 네 사람은 일반고래 한마리당 冥加銀 500匁과 참고래 한마리당 600匁을 조건으로 포경업을 신청하였다. 그리고 새로운 포경방법으로서 망취(網取)법이 도입되어 종전의 돌경(突鯨)법을 대신하게 되었다. 이외 해산물 수확으로서는 약용으로서의 진주 양식업과 가다랑어 포 제조 등등이 있다.

이와 같이 연안·근해 어업이 활기를 띠게 되자, 대마번은 보다 많은 運上銀을 징수하기 위하여 해산물·어획물 수속기관을 별도로 독립시켜 御浦奉行所를 신설하였다. 이 御浦奉行所의 직무는 어선·어민들의 어업관련 업무, 대마도내 포구 관리(浦役)들의 근무 동향, 어부의 호구관련 업무, 해양관련 조세업무, 어획물 및 표류물 등에 대한 조사 조세 업무 등등 해안 관련 행정 전반을 다루게 하였다.

文久2(1862)년의 「対馬巡検報告書」(『通航一覽』)에 의하면 타국선박의 입어활동에 따른 運上銀을 碇錢이라 하여 배 한척 당 90文錢13匁 4分, 또 帆別錢이라 하여 돛길이 1反당 銀 2分씩 징수하였으며

---

28) 早川純三郞, 『通航一覽』卷 132(동경 : 國書刊行會, 1913), 567~568쪽.

동시에 浜出運上銀도 징수했다. 방어잡이는 9월~11월까지는 1마리당 60文, 12월~입춘 무렵까지는 90文으로써 대개 어선이 150여척 조업하였으므로 총 運上액의 견적이 1,750兩정도 되었다. 이로 살펴볼 때 막말 무렵 대마번이 징수한 어업 조세액은 상당한 규모로써 재정적으로 매우 큰 도움을 받았던 것을 추측할 수 있다.

(2) 어업의 근대화

근대이후 대마도의 각 포구에 커다란 변화가 나타나기 시작하였다. 明治연간(1868~1911년)에 이르러 막번체제 시대 어업관행에 따른 어업구획을 고수하는 자와 자유조업을 원하는 자들 간의 어장분쟁이 끊이지 않았다. 이에 明治19(1886)년, 어업질서 유지를 위하여 <漁業組合準則>이 공포되었다. 이 준칙은 잠정적인 것으로써 明治34(1901)년의 어업법 제정, 나아가 明治43(1910)년의 준칙개정 단계를 거쳐 비로소 근대적 어업제도가 확립되었다. 그러나 실제 어업권 행사에 있어서 本戶 이외 세력들이 모두 축출되어 구 막번체제 당시와 그다지 다르지 않는 어업이 여전히 계속되고 있었다. 조합은 명목 뿐으로써 어업권 취득을 위하여 만들어진 각 포구의 조합 가입이 本戶에 제한되었다. 또 반농반어의 상태도 여전히 계속되어 전업어민은 좀처럼 탄생되지 못했다.

그러나 大正연간(1912~1925년)에 전환기를 맞이하여 대마도 總町村組合의 어선동력화를 위한 보조금 지원으로 점차 전업어민이 증가하고 재래 농가의 어업겸업화로 각 포구에 어업조합이 설립되었다.[29]

昭和8(1933)년부터는 어업조합의 명칭을 협동조합으로 바꾸는 등 여러 가지 획기적 시책이 이루어져, 이때부터 비로소 상부상조에 바탕을

---

[29] 예를 들면 厳原町의 경우 曲(조합원 49인), 厳原(30인), 南牟婁(45인), 久田(46인), 小浦(12인), 安神(25인), 久和(33인), 內院(43인), 豆酘(88인), 久根浜(37인), 上槻(23인), 椎根(45인), 小茂田(44인), 阿廉(55인) 등 14개 어업조합이 明治39(1906)년부터 大正8(1919)년에 걸쳐 설립되었다.

둔 어촌경제의 중추기관으로써 협동조합운동이 시작되는데 만주사변(1931년), 중일전쟁(1937년), 태평양전쟁(1941년)으로 이어지는 이른바 15년 전쟁에 돌입한 일본은 어업조합을 총력전의 담당자로 편성하여 昭和18(1943)년 한 촌락에 하나의 어업회를 조직하여 통제경제의 集配기관으로 삼았다. 즉 식량 확보를 위한 어획물 집하기관이자, 어업자재 燃油기관으로 삼았던 것이다.

    昭和20(1945)년의 패전이후, 어업제도에 보다 본격적인 개혁이 단행되었다. 昭和24(1949)년 2월 15일 발포된 <정령 제47호>에 의한 '수산업 협동조합법 시행령'은 어업권취득 모체가 되는 漁協 설립과 더불어, 어촌경제 중추단체 형성을 목적으로 한 협동조직의 설정을 시도했다. 昭和25(1950)년 3월에는 어업법이 공포되어 어업권 면허가 어업협동조합에 의해 행해지게 되자 조합원은 모두 어업권을 생사할 수 있게 되었으며 또 어업권 어업 위주 조합원(구 本戶)중심 조합과 근해어업 중심(구 寄留)조합이 탄생하여, 그 운영에도 각각 다른 특징을 보였다. 따라서 종래의 어업권은 소멸하고 구권리자들에 대해서는 나라가 그 권리를 보상하여 어업증권이 교부되었다.

    한편 면허어업에 포함되지 않는 어업들은 자유어업(釣 · 延繩)을 제외하고 모두 허가어업제로 바뀌었다. 上対馬町의 경우 卷網 · 沖建網 같은 허가어업들은 면허어업을 방해할 수 없다는 조건이 붙어있으므로 어업질서가 면허어업 우선으로 유지되고 있음을 알 수 있다.

    한편 현대에 이르러 전후(1945년 이후)의 고도성장은 재래 겸업농가의 변신을 가져오게 되었다. 즉 노동효율이 나쁜 농경을 그만두고 바다로 완전히 방향전환을 하게 되었기 때문이다. 현재 연안어업은 해양자원의 고갈로 인하여 재배어업의 추진과 자원관리형 어업확립으로 나아가게 되어 특히 진주양식 등을 들 수 있다.

4. 맺음말

이상에서 대마도 어업기술의 형성 및 지역사회 변화를 중심으로 일본근세 어촌사회의 성립과 변모에 대하여 살펴보았다.

최근 일본에서는 지역학에 대한 관심과 더불어 주변·변경지역 연구를 비롯하여 국가와 국가간의 교차점 지역, 대마도 및 제주도 같은 국경상의 落島에 대해 깊은 관심을 표명하고 있다. 이른바 현금의 독도 분쟁에서 알 수 있듯이 국경 상에 위치한 도서지역들은 한·중·일·러시아를 비롯한 동북아 각국들로 하여금 한 치의 양보 없는 치열한 각축전을 벌이는 영토분쟁의 진원지로써 대두하고 있으며, 동시에 해양환경·문화에 대한 관심도 더욱더 증가되고 있다. 이에 본고에서는 부산을 둘러싼 해양 환경적 관심에서부터 출발하여 고대이래 한국과 깊은 교류를 맺어온 대마도에 대하여 그 주요산업을 이루었던 어업·어촌을 중심으로 지역론적 분석에의 접근을 시도하였다.

전근대 일본의 어촌사회 성립 및 어업기술 발달도 대체로 근세시대로 유추되고 있는데, 이는 근세시대 등장한 새로운 대도시 城下町에 공급할 식량으로써의 鮮魚와 목면을 비롯한 상품농작물 재배에 필요한 비료 魚肥 등의 수요급증으로 인하여 활발히 전개된, 선진 어민들의 타국출어 과정을 통하여 전국적으로 보급·파급되어 갔다.

한편 대마도의 지형은 대한해협상의 孤島로써 평지가 매우 적은 산악지대로 형성되어 수전이 전체경지(25,534町步)의 약 2.6%에 지나지 않는 밭농사 위주였으므로 전근대의 경제운영은 어업을 비롯한 해양자원 개발 및 한국과의 무역 등에 의존하지 않을 수 없었던 것 같다. 또한 대마난류와 복잡한 조석의 빠른 흐름, 광대한 해저 암초지역은 많은 어군들의 집결을 가져와 매우 우수한 어장을 이루어 대마도 동쪽 해안에서는 오징어·도미·방어·고등어·전갱이, 서쪽 해안에서는 방어

· 도미 · 청새치 등 어종이 많이 잡혔다. 이외 전복·소라·성게 등의 서식 및 진주양식과 또 전국 어민들의 주목을 끈 고래조업 등을 들 수 있을 것이다.

한편 근세시대 전기 대마도의 어업기술은 대체로 타 지역으로부터 유입되어, 대마도 지역민 어업은 연안어업 및 해조류 채집 위주로써 한동안 외부인에 의한 선진어업기술과 지역민에 의한 영세어업기술의 이중구조를 취하여왔다. 그러나 17세기 중엽이후 대마번의 타 지역 어민들에 대한 입국제한과 請浦問屋 제도를 통한 각종 통제정책은 타국출어민 佐野어민들의 어업활동을 축소하게 되었다. 이에 대마도 지역어민들도 촌락어망 체제를 만들어, 地引網延繩 어업활동에 본격적으로 참가하게 되었다. 그리하여 18세기 후반~19세기 전반에 이르러 대마도 어민들에 의한 촌락공동 경영이라는 어업체제가 형성되었으며, 대마번도 보다 많은 어업세를 징수하기 위하여 어촌·어업을 별도 관리·지배할 御浦奉行所를 신설하여 해안관련 행정을 다스리게 하였다. 타 지역 어부들의 활동이 축소된 막말 무렵, 대마번이 징수했던 어업세가 상당하였다는 사실은 바로 대마도 지역민에 의한 어업 활성화를 알려주는 것으로써 이는 대마도 어업은 타지역민에 의해 시종일관 주도되어 왔다는 종전의 연구에 반박할 수 있는 기초 자료가 된다고 문제 제기하는 바이다.

근대이후 대마도 각 포구에 커다란 변화가 일어나 明治19(1886)년의 '어업조합준칙', 明治34(1901)년의 '어업법' 제정, 明治43(1910)년 '어업조합준칙 개정' 등을 거쳐 비로소 근대적 어업제도가 확립되고, 大正 연간(1912~1925년)의 어선동력화와 어업조합설립은 하나의 전환기를 가져왔다. 나아가 昭和8(1933)년 어업조합이 협동조합으로 개칭되면서 비로소 상부상조에 바탕을 둔 어촌경제의 중추기관으로써 협동조합운동이 시작되었다. 또한 제2차 세계대전 기간 동안 어업조합은 총력전의 담당자로 편성되기도 하였다.

　昭和20(1945)년의 패전이후 어업제도에 본격적인 개혁이 일어나 어업조합의 대대적인 합병으로 인한 대형 어업협동조합의 탄생은 어촌경제의 중추적 역할을 함과 동시에 어업권 면허를 관장하게 되었다. 또 현대에 이르러 전후일본의 고도성장은 재래 겸업농가들로 하여금 전업어업으로 방향전환을 하여 진주양식을 비롯한 재배어업 및 자원관리형 어업을 확립하게 되었다.(본고는 『역사와 경계』52집에 수록한 바 있음)

한국해양사연구총서 1

조선전기 해양개척과 대마도

인쇄일 초판1쇄 2007년 3월 23일
발행일 초판1쇄 2007년 3월 31일
지은이 부경대학교 해양문화연구소
발행처 국학자료원
등록일 1980. 12. 15 제17-423호
편집 김은희, 이초희, 박지혜
총무 한선희, 손화영 / **영업** 정구형
인터넷 이재호 / **물류** 박지연, 김종효, 박홍주

서울시 강동구 암사동 463-25 2층 / Tel : 442-4623~4 Fax : 442-4625
www.kookhak.co.kr / E-mail : kookhak2001@hanmail.net
ISBN 978-89-6137-182-7 *93090 / 가 격 22,000원

저자와의 협의하에 인지는 생략합니다.